Watercolor

Sarah Plaumann

Watercolor

Menschen & Porträts

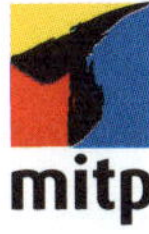

Bibliografische Information der Deutschen Nationalbibliothek
Die Deutsche Nationalbibliothek verzeichnet diese Publikation in der Deutschen Nationalbibliografie; detaillierte bibliografische Daten sind im Internet über <http://dnb.d-nb.de> abrufbar.

Bei der Herstellung des Werkes haben wir uns zukunftsbewusst für umweltverträgliche und wiederverwertbare Materialien entschieden.
Der Inhalt ist auf elementar chlorfreiem Papier gedruckt.

ISBN: 978-3-7475-0152-8
1. Auflage 2020

http://www.mitp.de
E-Mail: mitp-verlag@sigloch.de
Telefon: +49 7953 / 7189 - 079
Telefax: +49 7953 / 7189 - 082

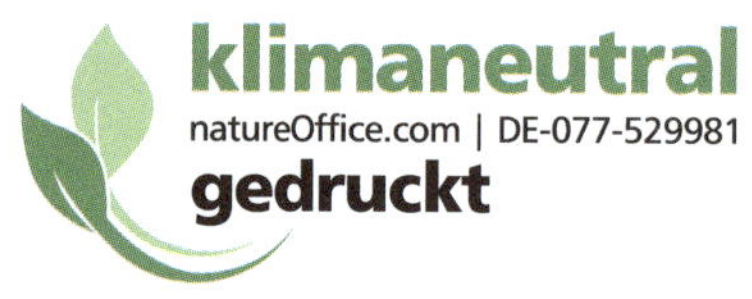

Lektorat: Sabine Schulz
Sprachkorrektorat: Doris Weißgerber
Satz: Sarah Plaumann
Druck: Medienhaus Plump, Rheinbreitbach

Inhalt

Einleitung

Hallo, liebe Leserin, hallo, lieber Leser!

Wunderbar, dass du mein Buch in der großen Welt der Kreativbücher gefunden hast. Ich bin so stolz auf mein erstes Buch und freue mich darauf, meine Watercolor-Erfahrungen mit dir teilen zu dürfen. Als professionelle Illustratorin arbeite ich mit unterschiedlichen Kreativtechniken. Aufgrund der vielen Möglichkeiten, mit schönen Farbvariationen und Verläufen zu arbeiten, ist Watercolor dabei eine meiner Lieblingsmaltechniken.

Was mir besonders gefällt ist, dass Watercolor-Motive nicht perfekt werden müssen und die Ergebnisse immer unterschiedlich aussehen. Diese Vielfalt macht das Malen mit wasserbasierten Farben so spannend. Das Interesse daran, Menschen zu malen, war gerade in der Kunst immer groß. Schon die alten Meister wie Leonardo Da Vinci, Van Gogh und Vermeer haben uns gezeigt, wie unterschiedlich man Menschen dabei malen kann. In diesem Buch erkläre ich dir meine Herangehensweise, Menschen mit Watercolor zu malen.

Egal, wie erfahren du schon bist: Dieses Buch habe ich für alle geschrieben und es eignet sich sowohl für Einsteiger als auch für Fortgeschrittene. Ich begleite dich von den Grundlagen des Malens mit Watercolor über Proportionen und Körperpartien eines Menschen hin zu deinen ersten selbstgemalten Projekten. Diese kannst du mithilfe der Schritt-für-Schritt-Anleitungen leicht selbst nachmalen und Erfahrungen sammeln. Um dir den Einstieg in das Thema Menschen zu erleichtern, stelle ich dir die **Vorskizzen** für die einzelnen Projekte als kostenlosen Download auf meiner Internetseite www.psillustrationen.de kostenfrei zur Verfügung, die du mit der Rastertechnik (siehe dazu die Seiten 66-67) einfach übertragen kannst.

So kannst du dich gut auf die Watercolor-Technik konzentrieren, und du wirst begeistert sein, mit wie wenig Schritten und Pinselstrichen du ein effektvolles und individuelles Porträt oder einen spannenden Menschen malen kannst.
Ich kann dir schon am Anfang sagen, dass du für das Malen mit Watercolor eine

Portion Mut benötigst und keine Angst davor haben darfst, dich auszuprobieren und mal einen »Fehler« zu machen. In der Ruhe liegt hier die Kraft: Es ist auch noch kein Meister vom Himmel gefallen, denn nur durch das Machen lernt man das Malen.

Also nur Mut und bitte keine Selbstzweifel. Kreativität soll dir Spaß machen! Lass dich inspirieren, deinen eigenen Stil zu finden. Ich bin gespannt darauf, wie deine Art der Darstellung aussehen wird.

Ich wünsche dir viel Spaß und Erfolg beim Ausprobieren!

An die Pinsel - fertig - los!
Deine Sarah

Mein Dank

Mein herzlicher Dank geht an meine Familie und Freunde, die mir Kraft und Liebe schenken und an meinen Partner, der so sehr an mich glaubt. Ebenfalls danke ich dem mitp-Verlag für die großartige Zusammenarbeit; im Besonderen der Lektorin Sabine Schulz.

Über die Autorin

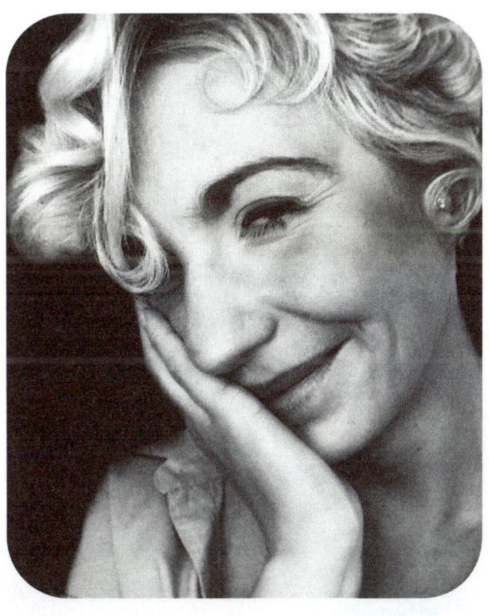

Sarah Plaumann ist freiberufliche und selbstständige Illustratorin und Grafikdesignerin. In ihrem kleinen Studio in Kempen am Niederrhein entwirft sie ihre grafischen und illustratorischen Ideen für Unternehmen und Verlage. In der *Münster School of Design* absolvierte sie 2016 ihr Design-Studium mit dem Schwerpunkt Illustration. Seit jeher sind das Illustrieren und kreative Arbeiten für die Autorin nicht nur ein Beruf, sondern auch eine Leidenschaft.

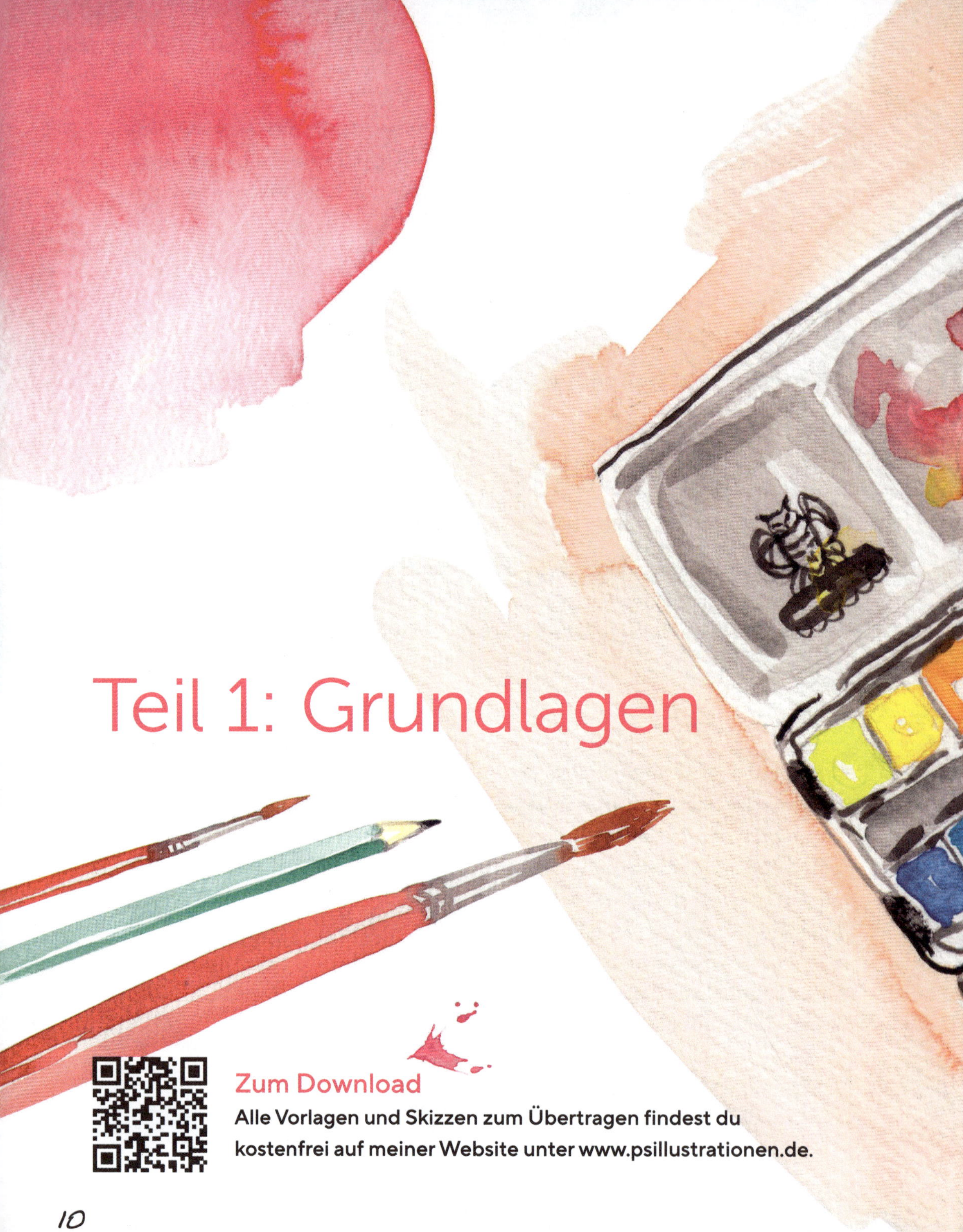

Teil 1: Grundlagen

Zum Download

Alle Vorlagen und Skizzen zum Übertragen findest du kostenfrei auf meiner Website unter www.psillustrationen.de.

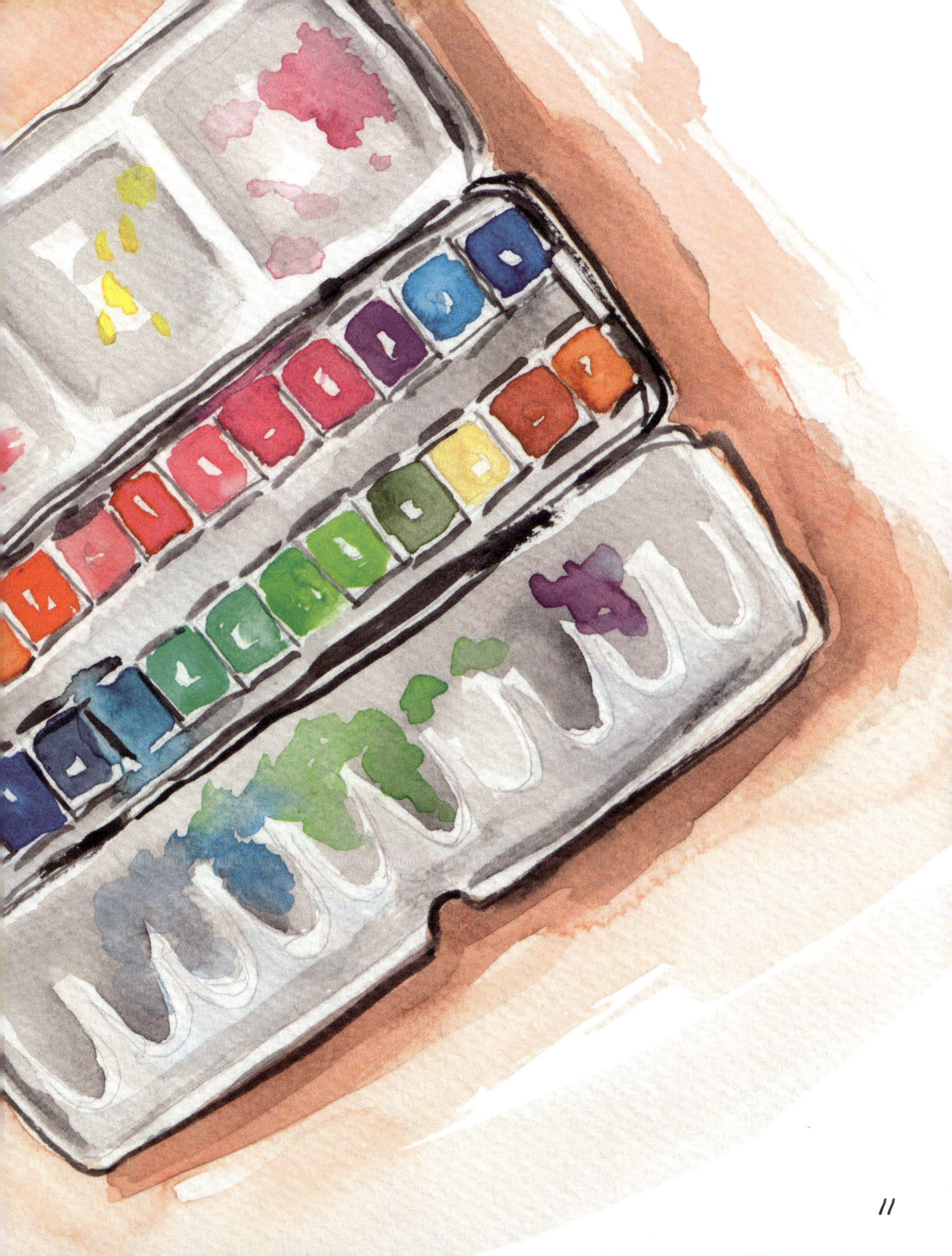

1 Material und Arbeitsplatz

1.1 Material

Grundsätzlich

Ich empfehle dir, verschiedene Hersteller auszuprobieren, damit du herausfindest, mit welchen Materialien du die besten Ergebnisse erzielen kannst. Jeder Kreative hat eigene Vorlieben, und gerade bei Papier und den Pinseln wirst du deine Favoriten beim Ausprobieren selbst herausfinden. Ein Pinsel, dessen Haare minderwertig sind, oder Papier mit einer Papierstärke von unter 300g /m² sind für das Malen mit Watercolor ungeeignet. Hier gebe ich dir eine Übersicht über die von mir für dieses Buch genutzten Materialien. Diese können dir als Grundlage und Orientierung dienen und spiegeln meine Erfahrung und Vorlieben aus der Praxis wider.

Papier

Aquarellpapier gibt es in unterschiedlichen Grammaturen und Oberflächenstrukturen. Grundsätzlich empfehle ich, für Watercolor Aquarellpapiere mit mindestens 300g /m² zu verwenden. Beim Arbeiten mit wasserbasierten Farben nutzt du viel Wasser, das vom Papier aufgesaugt wird. Wenn das Papier nicht dick genug ist, dann wellt es sich, und deine Watercolor-Farben verlaufen nicht sehr gut. Gerade bei Menschen als Motiv braucht man oft feine Details im Gesicht, um Gesichtszüge und Ausdruck zu zeigen. Deshalb empfehle ich dir, am Anfang mit recht glattem Aquarellpapier zu arbeiten. Je glatter das Papier, desto kleinteiliger kann darauf gearbeitet werden. Ich nutze am liebsten das Papier Aquarell Naturweiß mit 300g /m² von »Boesner«. Dieses Papier kann man sowohl als Anfänger als auch als Fortgeschrittener hervorragend für Watercolor nutzen.

Pinsel

Ich empfehle dir, einfache Rundpinsel in verschiedenen Größen anzuschaffen. Mit dem Rundpinsel kannst du sowohl flächig als auch fein arbeiten. Der Rundpinsel ist durch seine Form sehr vielseitig. Mit leichtem Druck auf die Pinselspitze lassen sich feine Details und mit mehr Druck größere Flächen malen. So musst du beim Malen nicht ständig den Pinsel wechseln. Man unterscheidet bei Pinseln grundsätzlich zwischen Echthaar- und Synthetikhaarpinseln. Ich selbst benutze die Rundpinsel aus synthetischen Fasern von »Cosmotop Spin Da Vinci«. Obwohl die Haare synthetisch sind, nehmen sie die Farbe sehr gut auf und geben sie wunderbar ab. Diese Pinsel haben ein gutes Preis-/Leistungsverhältnis. Ich besitze Rundpinsel in den Größen von 0 bis 14. Mit dieser Auswahl kannst du sowohl fein als auch flächig arbeiten und alle Motive in diesem Buch nachmalen.

Pinsel groß

Pinsel ab Größe Nr. 6 eignen sich besonders gut, um flächig zu malen.

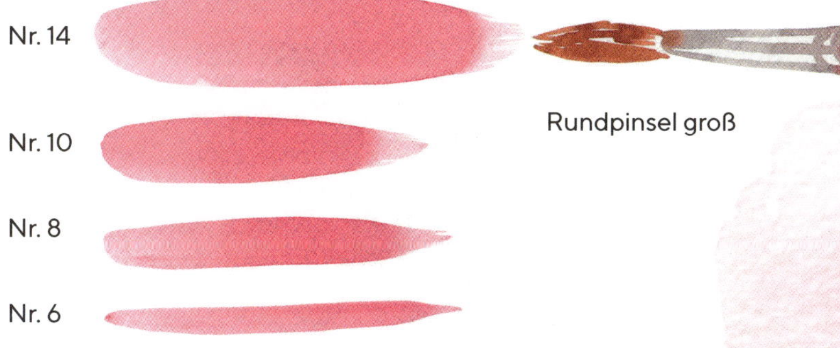

Rundpinsel groß

Pinsel klein

Mit Pinseln bis Größe Nr. 5 lassen sich Details sehr gut malen.

Nr. 5
Nr. 4
Nr. 2
Nr. 0

Rundpinsel klein

Farben

Auch bei Aquarellfarben gibt es eine riesige Auswahl. Bei Farben unterscheidet man zwischen Näpfchen- und Tubenfarben. Achte beim Kauf von Aquarellfarben auf die Qualität, also auf starke Pigmente, die ein schönes Farbergebnis garantieren. Hier empfehle ich höher pigmentierte Farben, z.B. von der Firma »Schmincke«. Am Anfang reicht es, wenn du dir einen Aquarellkasten mit 12 Standardfarben besorgst. Wenn du mehr malen solltest, sind Tubenfarben sinnvoller, da sie ergiebiger sind. Später wirst du dir vielleicht auch eine eigene Farbpalette an Näpfchen oder Tuben zusammenstellen, da auch bei der Farbauswahl jeder Kreative seine eigenen Vorlieben hat. Ich selbst verwende Näpfchen von »Schmincke Horadam« und Tuben von »Van Gogh Royal Talens«. Näpfchenfarben aktivierst du direkt im Näpfchen, indem du sie mit Wasser aus dem Pinselkopf anlöst. Bei Tubenfarben wird die Farbe auf eine Mischpalette gedrückt und dann mit Wasser aktiviert. Hierbei gilt es, nur einen kleinen Tropfen in deine Mischpalette zu drücken, da die Farben sehr ergiebig sind.

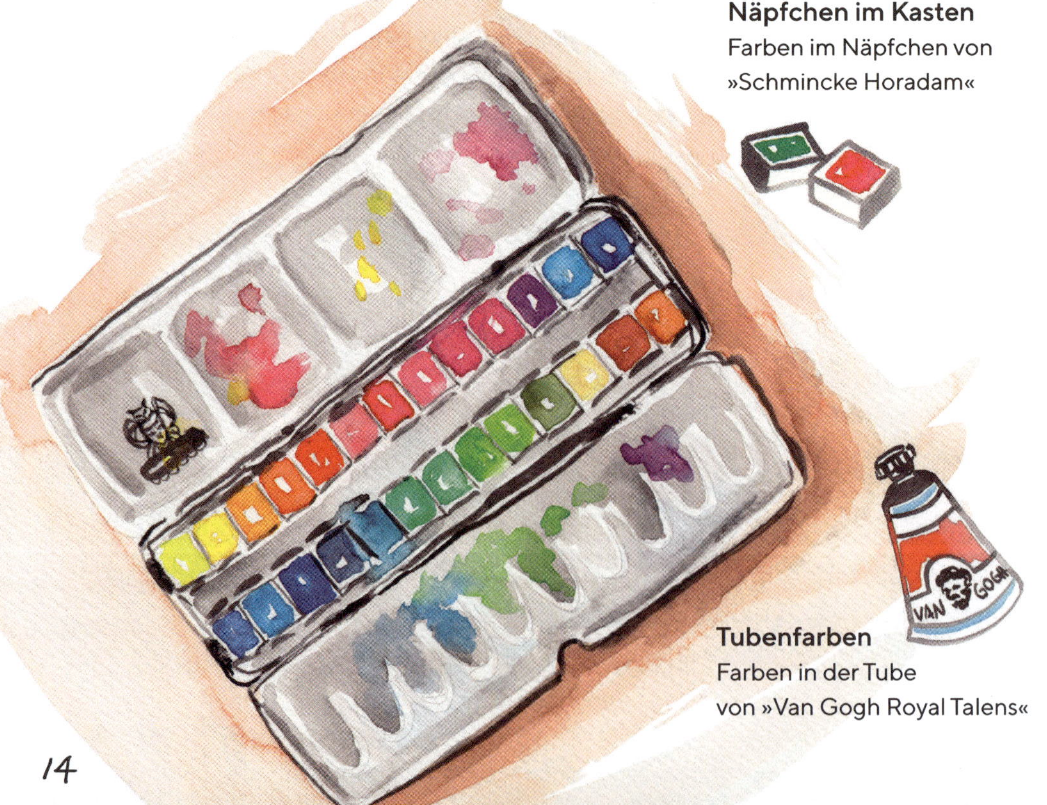

Näpfchen im Kasten
Farben im Näpfchen von »Schmincke Horadam«

Tubenfarben
Farben in der Tube von »Van Gogh Royal Talens«

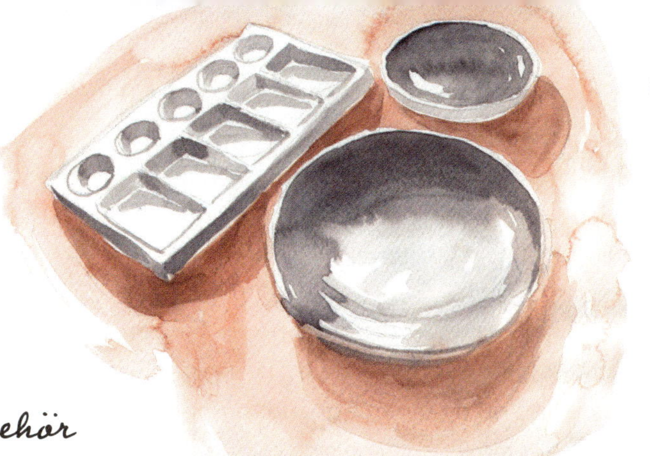

Zubehör

Zum Zubehör gehören immer mindestens zwei Wasserbehälter zum Auswaschen der Pinsel. Hier nutze ich gerne alte Gurkengläser. Diese lassen sich leicht auswaschen, und du musst das Wasser aufgrund der Größe der Gläser nicht ständig austauschen. Für die Vorskizzen deiner Motive empfehle ich einen Bleistift in der Härte HB. Außerdem benötigst du immer eine Küchenrolle oder einen Lappen, auf dem du deine Pinsel nach dem Auswaschen ablegen und sie abtrocknen kannst. Wenn du mit Aquarellfarben aus Tuben arbeitest, benötigst du zusätzlich noch eine Mischpalette, um die Farbe vorzubereiten. Als zusätzliche Mischpalette empfehle ich dir Porzellanteller. Diese eignen sich prima, da sie sich einfach auswaschen lassen und lange halten. In Mischpaletten aus Plastik setzen sich oft Pigmente der alten Farben ab, sodass sich diese lösen und mit den neuen Farben mischen, wodurch deine Farbe ungewollt verändert werden kann.

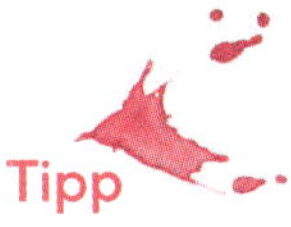

Tipp

Lege deine ausgewaschenen Pinsel am besten immer auf einem Tuch ab, um sie zu trocknen. Wenn du Küchenrollenpapier verwendest, siehst du, ob sich noch Farbe im Pinsel befindet. Das Tuch verfärbt sich dann, und du solltest den Pinsel nochmals gründlich auswaschen. Lasse deinen Pinsel auch nicht im Wasser stehen, sonst geht er kaputt.

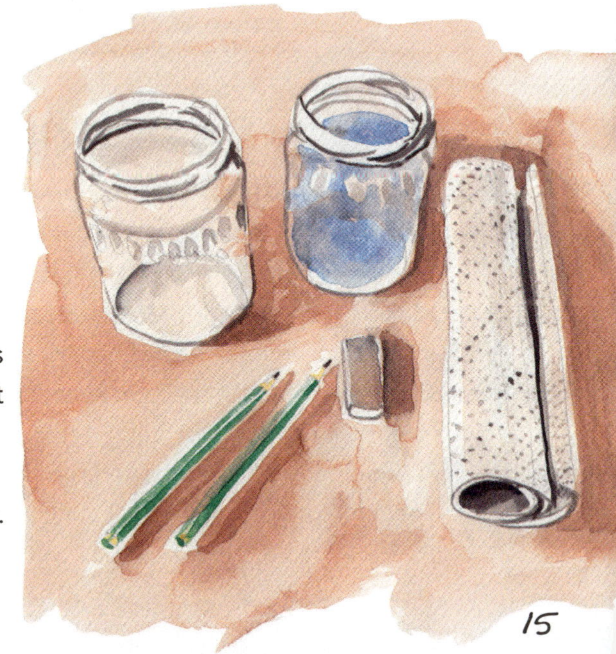

1.2 Arbeitsplatz einrichten

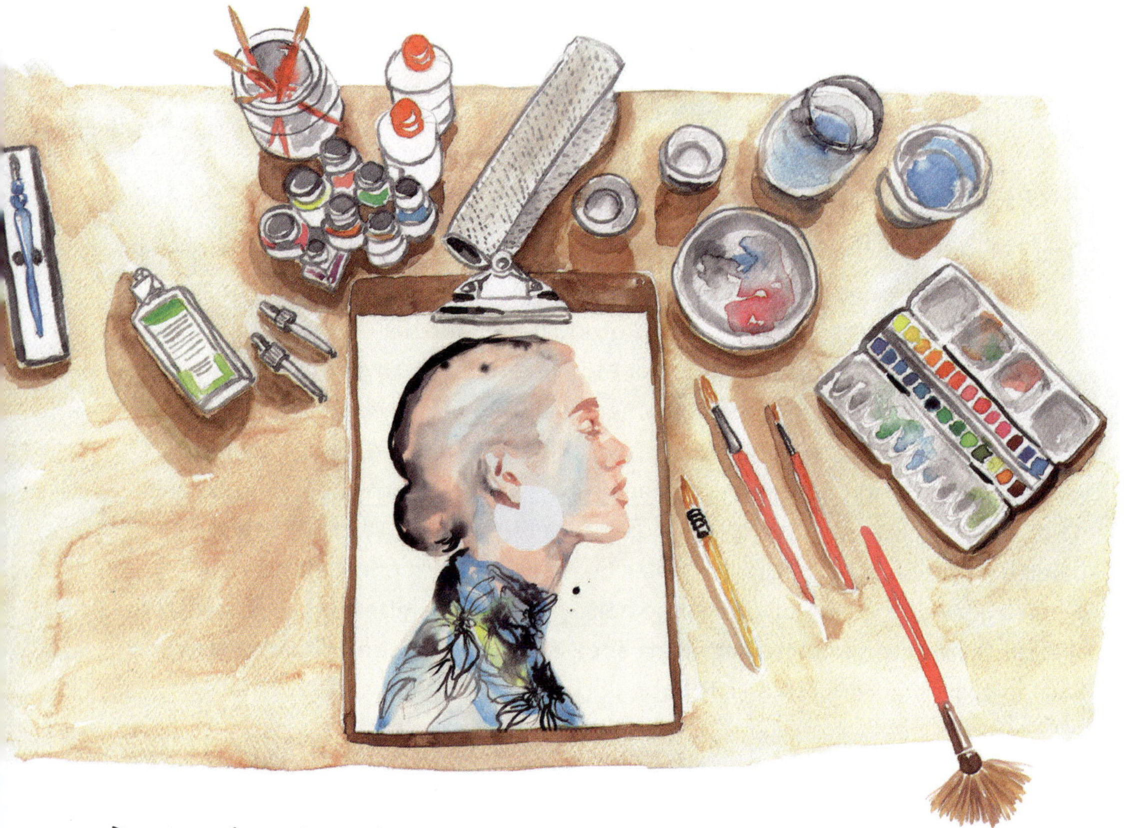

Dein Arbeitsplatz und die Materialien

Dein Arbeitsplatz sollte sich in einer Umgebung befinden, in der du dich wohl fühlst. Ideal ist ein beheizter Raum, der dir allein zum Malen zur Verfügung steht. Ein Tisch mit einer großen Fläche ist dabei sehr vorteilhaft. So kannst du beim Malen deine Materialien und Werkzeuge weitläufig verteilen und dich in deiner Armhaltung und Umgebung frei bewegen. Meinen Tisch schütze ich immer mit Naturzeichenpapier in DIN A2. So kannst du die Tischplatte, auf der du malst, in einem guten Zustand halten, auch wenn mal etwas danebengeht. Als Rechtshänder solltest deine zum Malen benötigten Materialien am besten immer auch rechts von deinem Malgrund liegen. Bei Linkshändern ist es genau umgekehrt.

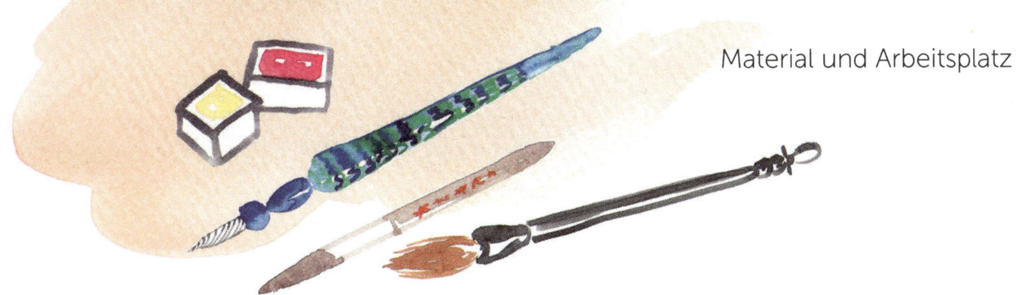

Meinen Malgrund befestige ich gerne auf einem Klemmbrett. So habe ich einen festen Untergrund und ich kann das Motiv auch mal anheben, um es aus anderen Perspektiven betrachten zu können. Materialien und Werkzeuge, die ich nur manchmal benötige, stehen bei mir links von meinem Malgrund. Zubehör wie Rubbelkrepp, Glasfeder und Zeichentusche benötige ich selten, habe sie dann trotzdem immer griffbereit auf dem Tisch.

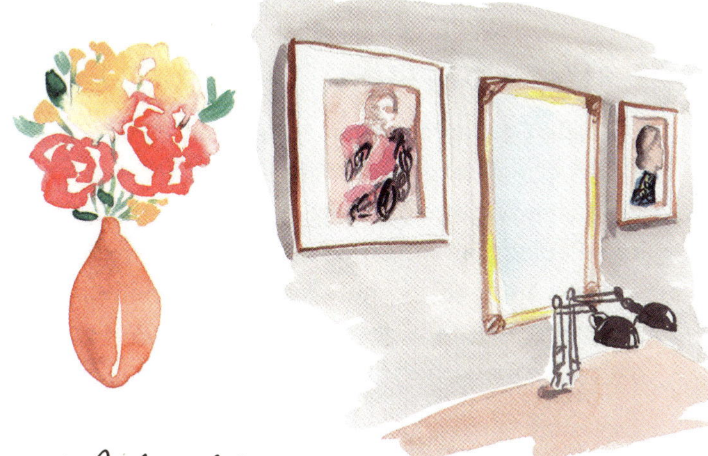

Deine Umgebung und Beleuchtung

Achte besonders abends und an dunklen Wintertagen auf eine gute Beleuchtung. Bewährt hat sich bei mir eine einfache Tischleuchte mit einer Echtlichtbirne. Diese ist sehr hell und hat gleichzeitig den großartigen Effekt, dass sie eine realistische Farbgebung deiner Farben ohne Gelbstich wiedergibt. Dein Stuhl sollte möglichst bequem sein, denn Malen ist oft zeitaufwendig und man sitzt lange und viel. Du solltest dir einen Platz schaffen, an dem du dich wohl fühlst. Ich verschönere meinen Arbeitsplatz z.B. mit Blumen und hänge mir meine gemalten Bilder auf. Das motiviert und schafft Atmosphäre. Wenn du diese Tipps zum Arbeitsplatz beherzigst, steht deiner Kreativität nichts mehr im Wege und du kannst anfangen zu malen und dich dabei gleichzeitig sehr wohlfühlen.

2 Technik

2.1 Watercolor

Allgemeine Eigenschaft

Wenn du mit Watercolor malst, malst du entweder sehr zügig (Lavieren), oder du brauchst Geduld (Lasieren). In den meisten Fällen ist tatsächlich beides notwendig. Diese Grundmaltechniken machen das Malen mit Watercolor aus. Wer beide Techniken beherrscht oder lernt, der erreicht später großartige Ergebnisse.

Lasieren/Lasur (Nass auf Trocken)

Die erste Grundtechnik des Malens mit Watercolor ist das Lasieren. Der Begriff Lasur bezeichnet eine durchscheinende Malschicht. Lasuren sind typisch für das Malen mit Watercolor. Hier zeigt sich die »transparente Natur« der Farben auf dem Papier. Man spricht vom Lasieren, wenn du eine Farbschicht über eine andere bereits getrocknete malst. So entstehen unterschiedliche Ebenen. Wichtig ist hier, dass die erste Farbschicht gut durchgetrocknet ist, bevor du die zweite Farbschicht ansetzt.

Lasieren mit zwei Farben
Eine Lasur mit zwei Farbtönen. Male erst den hellen Ton und dann den dunkleren Ton.

Lasieren mit einer Farbe
Durch eine Lasur mit dem gleichen Farbton entstehen unterschiedliche Tonwerte der gleichen Farbe.

Lavieren/Lavur (Nass in Nass)

Die Lavur ist die zweite wichtige und effektvolle Watercolor-Grundmaltechnik. Lavieren bedeutet das Verziehen von Farbe in Wasser, wobei diese entweder verdünnt oder farblich verändert wird. Eine häufig verwendete Lavur sieht man z.B. im Himmel von Naturmotiven. Hier gehst du mit dem Pinsel noch einmal in die gesetzte Farbe und verwischst sanft die Übergänge. Du kannst entweder Farbe mit Wasser verdünnen und sie so lavieren, oder du mischst zwei Farben, indem du sie ineinander lavierst.

Lavieren mit Farbe

Eine Lavur mit zwei Farbtönen, die ineinanderlaufen.

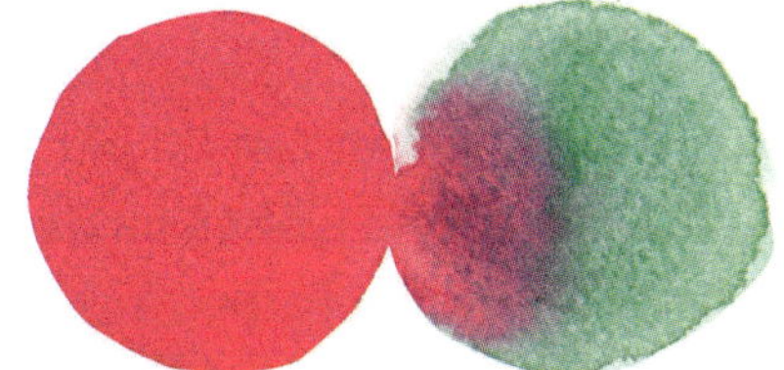

Lavieren mit Wasser

Eine Lavur mit einer Farbe, die durch Wasser laviert wird.

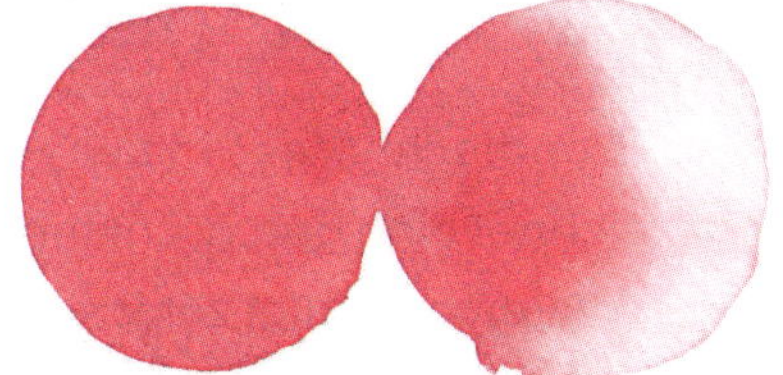

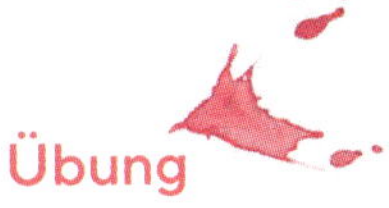

Übung

Probiere die beiden unterschiedlichen Grundmaltechniken aus, indem du Kreise mit Farbe füllst, und übe das Lasieren und Lavieren zuerst einmal grundsätzlich. Diese Grundtechnik solltest du beherrschen, um später Motive umsetzen zu können. Hier gilt es, fleißig zu üben, um ein Gefühl für die Techniken zu bekommen.

2.2 Spezial-Maltechniken

Spritztechnik

Mit der Spritztechnik kannst du interessante Akzente setzen. Du kannst mit dem Pinsel Spritzer und deutlichere Kleckssspuren auf deinem Motiv erzeugen. Je größer der Pinsel, desto kräftiger fällt das Ergebnis dabei aus. Tränke deinen Pinsel dafür mit viel Wasser und Farbe. Schlage ihn dann sanft auf einen anderen Pinsel, um den von dir gewünschten Effekt an der von dir gewünschten Stelle deines Motivs zu erzeugen. Mit der Spritztechnik erhältst du schöne, dynamische und spontane Ergebnisse. So kannst du Flächen beleben oder deinem Porträt beispielsweise Sommersprossen verleihen. Sei hiermit jedoch vorsichtig , da die Kleckse willkürlich fallen und du dein Motiv mit dieser Technik unkontrolliert verfeinerst.

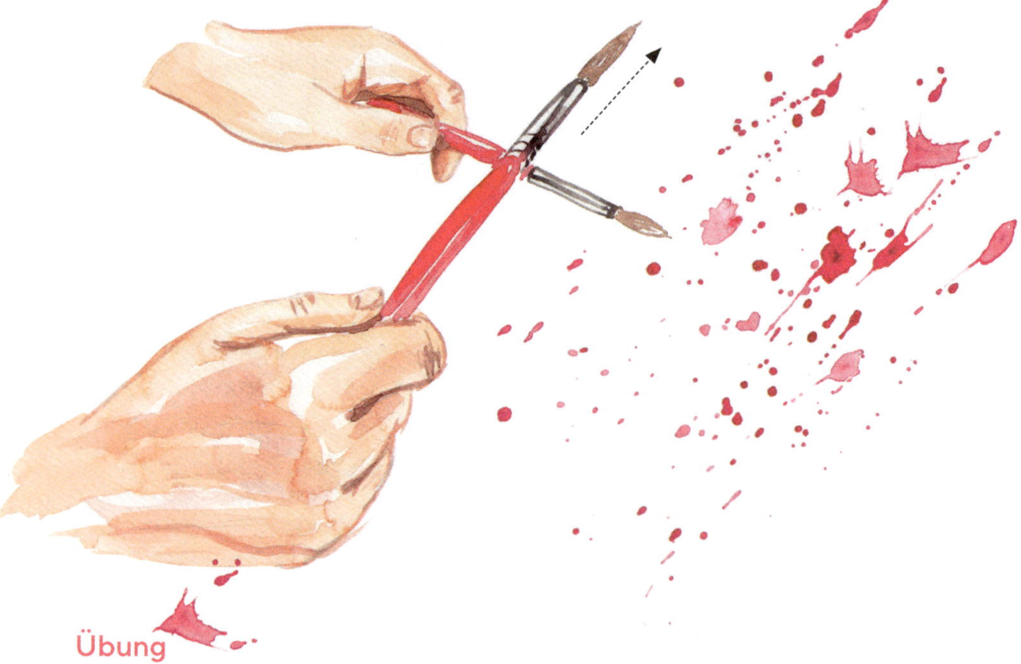

Übung

Schlage deinen in Farbe getränkten großen Pinsel vertikal über einen horizontal darunter liegenden Pinsel. So kannst du spontane Watercolor-Kleckse erstellen.

Granulieren

Mit dem Granulieren zu arbeiten, ist für das Malen von Menschen oder Kleidung in Bewegung sehr effektvoll. Die Granuliertechnik führst du mit einem einfachen Rundpinsel aus. Fülle dabei den Pinsel mit viel Farbe und weniger Wasseranteil (also recht trockener Farbauftrag). Beim Granulieren ziehst du den Pinsel flach gehalten über die Struktur des Papiers. Dabei bleibt die Farbe nur auf der oberen Papierstruktur haften. Die tiefer liegenden »Papiertäler« bleiben weiß. Die weißen Bereiche bei dieser Technik sehen aus wie kleine Lichter und erzeugen Spannung im Motiv.

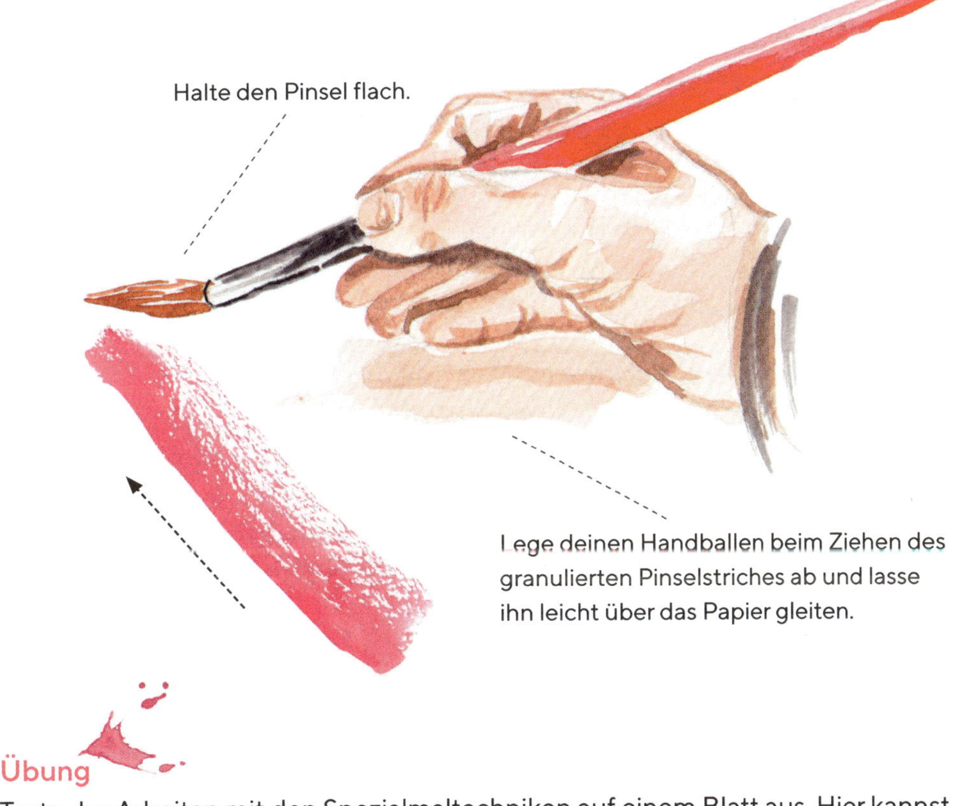

Übung

Teste das Arbeiten mit den Spezialmaltechniken auf einem Blatt aus. Hier kannst du selbst ein Gefühl für das Arbeiten mit dem Spritzen oder dem Granulieren bekommen. Sieh diese Techniken als zusätzliche Möglichkeiten an, deine Werke mit Watercolor zu veredeln.

2.3 Darstellung mit Watercolor

Die drei Arten der Darstellung mit Watercolor

Es gibt drei Arten, wie du mit Watercolor Menschen malen kannst. Überlege dir immer vorher, welche Art der Darstellung du beim Malen verwenden möchtest. Halte diese Darstellung in den von dir vorgesehenen Bereichen deines Motivs immer durch. Bei den drei Darstellungsarten verwendest du als Grundlage die zwei Grundmaltechniken Lasur und Lavur. Bei den einzelnen Projekten in Teil 2 zeige ich dir immer ganz oben rechts auf der Seite, welche Darstellungsarten ich in dem Projekt verwendet habe. Die Symbole für die jeweiligen Darstellungsarten erläutere ich unten, diese siehst du bei den Projekten oben rechts auf der Seite.

1. Silhouette oder auch gefüllte Fläche

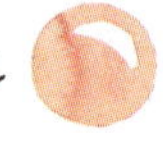

Du kannst eine ganze Figur aus einer Silhouette mit der Lavurtechnik darstellen. Hierbei füllst du grundsätzlich Flächen und Begrenzungen mit einer Lavur aus und lässt dabei interessante Farbverläufe entstehen. Wichtige Lichter sparst du aus und lässt diese weiß bzw. lässt das Papier durchscheinen.

2. Kontur

Wenn du dich für eine Darstellung aus reinen Konturen entscheidest, malst du mit gezielten Pinselstrichen nur die wichtigsten Elemente deiner Figur. Hier kannst du die Konturfarben auch verbinden und ineinander lavieren. Der Tonwert bestimmt hierbei die Tiefe deiner gemalten Konturenbereiche. Je dunkler deine Farbe, desto mehr Tiefe hat dein Watercolor-Motiv.

3. Silhouette und Kontur

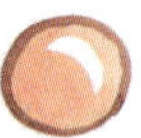

Die Darstellung mit einer Kombination aus Silhouette, also einer gefüllten Fläche, und Konturen wirkt am effektvollsten und ist sehr plastisch. Hierbei wird im ersten Schritt immer eine Lavurschicht auf deine Vorskizze gemalt, und danach werden Details oder Schatten mit einer zweiten oder sogar dritten Konturschicht ausgetragen. Diese Art der Darstellung entfaltet das volle Potenzial der Watercolor-Technik.

Beispiel am Motiv
Hier siehst du genau, mit welchen Darstellungsarten ich gearbeitet habe und welche Grundmaltechnik ich für die Bereiche verwendet habe.

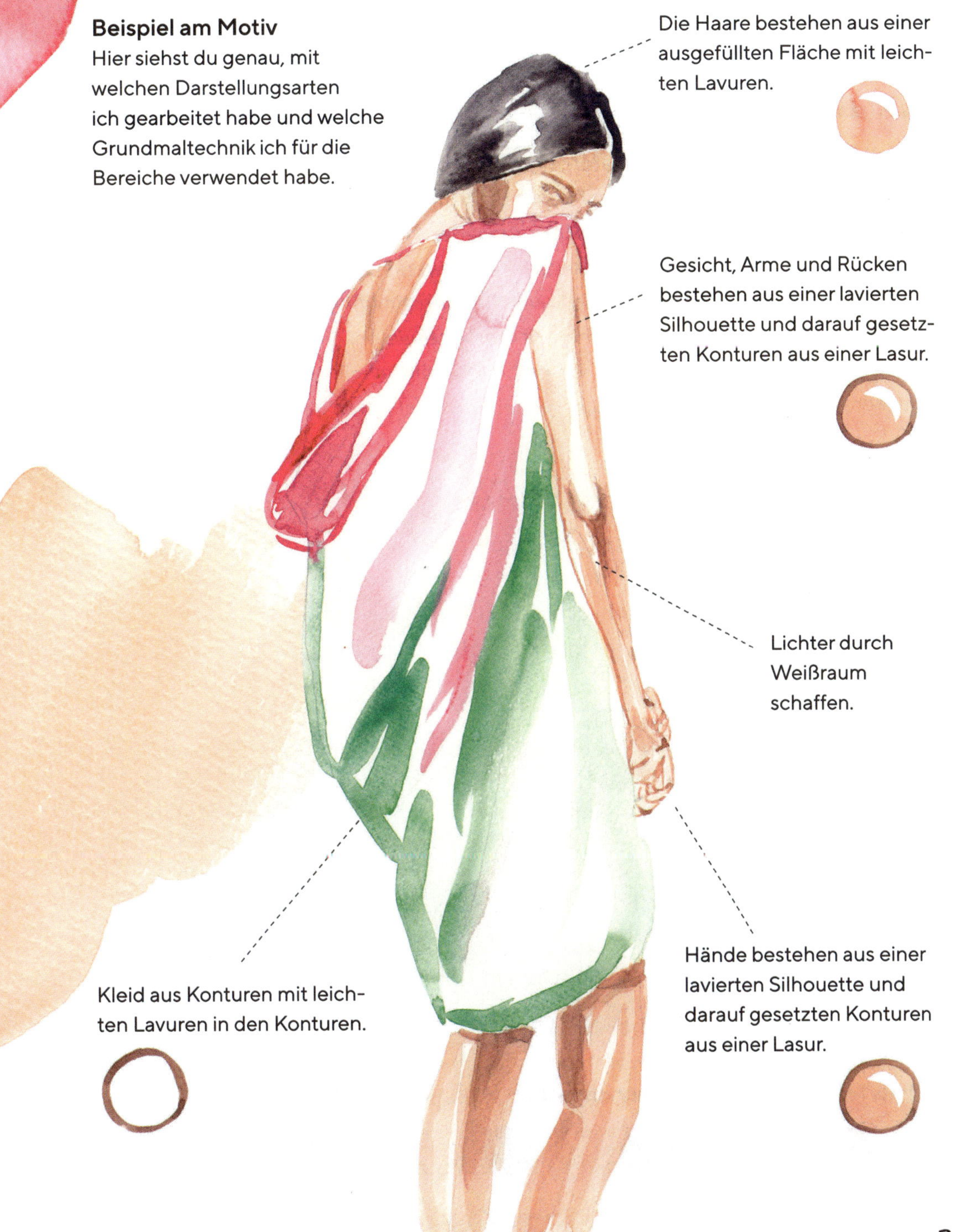

2.4 Farben mischen

Farbkreis

Der Farbkreis besteht aus Primärfarben. Primärfarben nennt man auch Grundfarben: Gelb, Rot und Blau. Diese Farben lassen sich aus keiner anderen Farbe mischen. Sekundärfarben sind Farben, die sich aus den Primärfarben mischen lassen. Die Sekundärfarben sind Orange, Violett und Grün. Zwischen jeder Primär- und Sekundärfarbe befindet sich ein dazwischenliegender Ton, der als tertiäre Farbe bezeichnet wird. Diese Farben sind Gelbgrün, Blaugrün, Gelborange und Rotorange. Teilst du den Farbkreis, so erhältst du kalte und warme Farben.

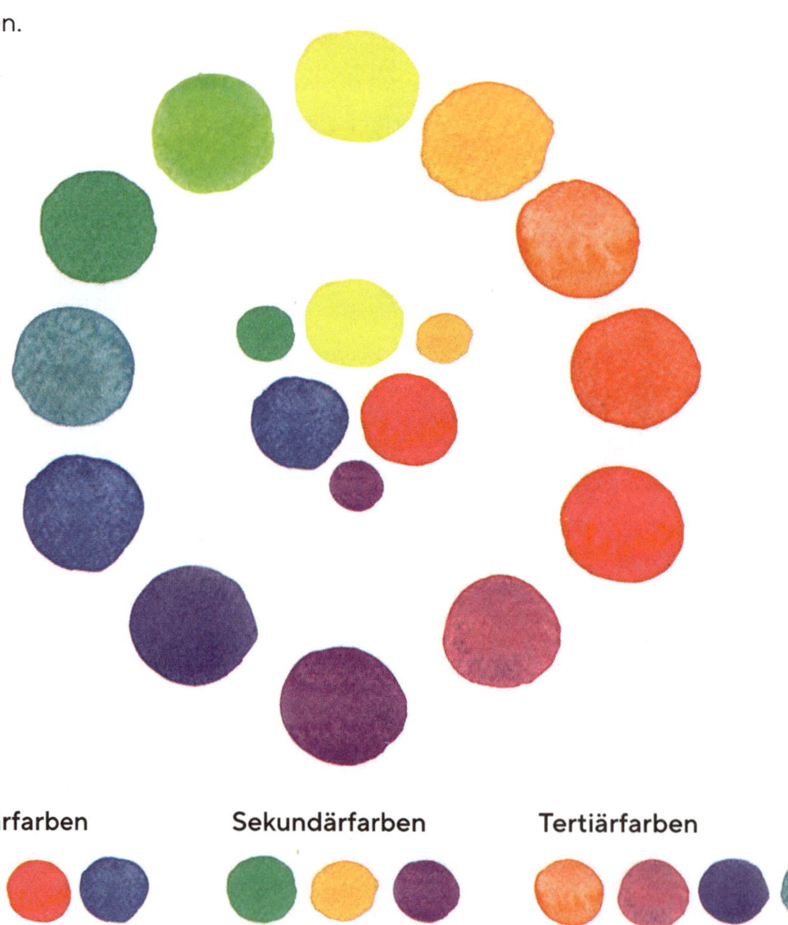

Mischtechniken

Es gibt zwei Mischtechniken, die du mit Watercolor anwendest. Entweder hellst du deine Farbe durch Verdünnen mit Wasser auf oder du mischst sie mit einer anderen Farbe, sodass ein neuer Farbton entsteht.

1. Farbe aufhellen

Die erste Variante, mit Watercolor zu arbeiten, ist das Aufhellen deiner Farbe. Dies kannst du erreichen, indem du die Farbpigmente einer ausgewählten Farbe immer mehr mit Wasser verdünnst. Um ein Gefühl für das Aufhellen der Farbe zu bekommen, empfehle ich dir, dies zu Beginn einmal mit drei verschiedenen Farben auszuprobieren. Fange mit viel Farbe im Pinselkopf an und gib dann immer mehr Wasser hinzu. In meinem Beispiel siehst du, wie der Farbton deutlich hellere Abstufungen erhält und sich die Intensität der Farbe verringert.

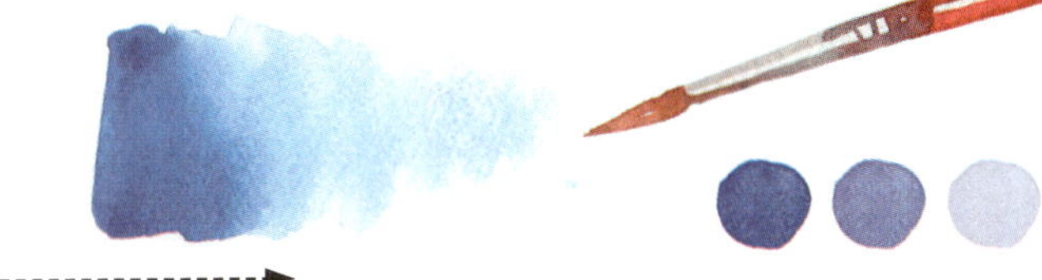

Neuer Farbton durch Verdünnen mit Wasser

2. Farbe mischen

Möchtest du neue Farbtöne erhalten, so kannst du zwei Farbtöne miteinander mischen. Schaue hierzu gerne auf den Farbkreis, so erkennst du, welche Farben sich gut miteinander mischen lassen und welche Farben du durch das Mischen erhältst. Mischst du z.B. Rot und Gelb miteinander, so erhältst du einen Orangeton. Übe diese Mischtechnik, indem du dir zwei Primärfarbtöne heraussuchst und dann miteinander vermischst. Durch das Kombinieren miteinander erhältst du wie im Beispiel einen neuen Ton oder eine andere Farbnuance. Taste dich langsam an die Farbenwelt heran und finde deine eigenen Lieblingstöne und Mischungen.

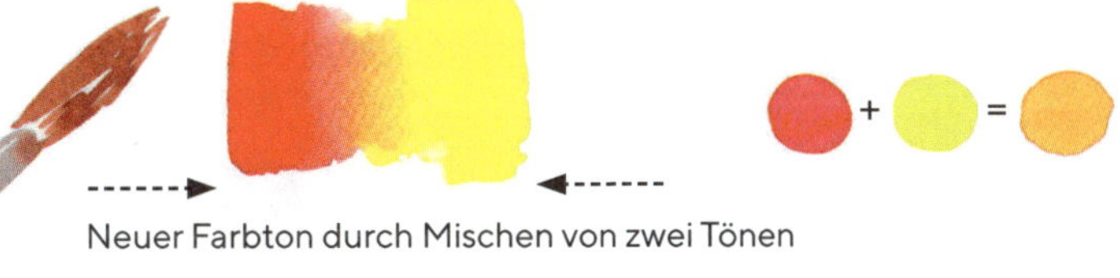

Neuer Farbton durch Mischen von zwei Tönen

2.5 Farbpaletten

Farbpaletten erstellen

Es gibt im Farbkreis verschiedene Farben, die du gut miteinander kombinieren kannst. Eine harmonische Kombination von Farben wird als Farbpalette bezeichnet. Hier zeige ich dir, welche Farbpaletten es gibt und wie sie funktionieren. Farbpaletten enthalten spannende Farbkontraste, die dein Motiv sehr effektvoll beeinflussen können. Male zum Beispiel ein Motiv nur mit kühlen Farben, oder wenn du gerne ein auffälligeres Motiv haben möchtest, arbeitest du mit Komplementärpaletten.

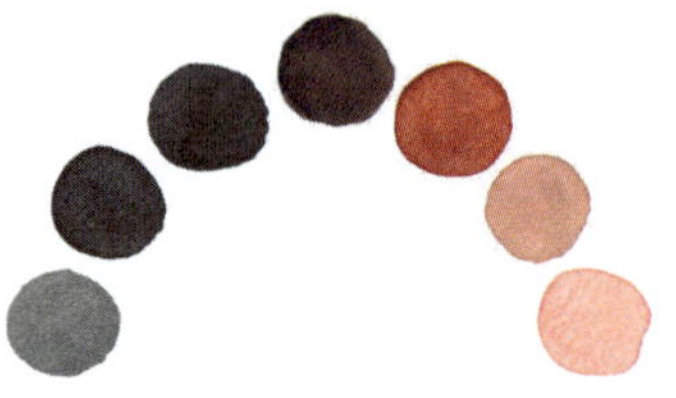

Neutralisierende Farben
Braun, Schwarz und Grautöne sind immer gut geeignet, um eine Farbpalette zu neutralisieren. Das bedeutet, den Farben etwas mehr Ruhe zu geben und ihnen etwas Intensität zu nehmen.

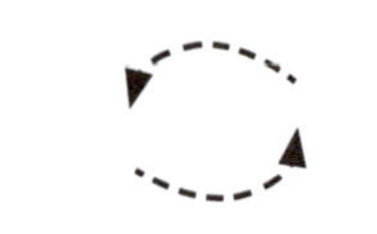

Palette drehen
Wenn du die inneren Zeiger in ihrer Anordnung einen Farbton weiter drehst, erhältst du automatisch einen neuen harmonischen Farbenmix aus deiner gewünschten Farbpalette.

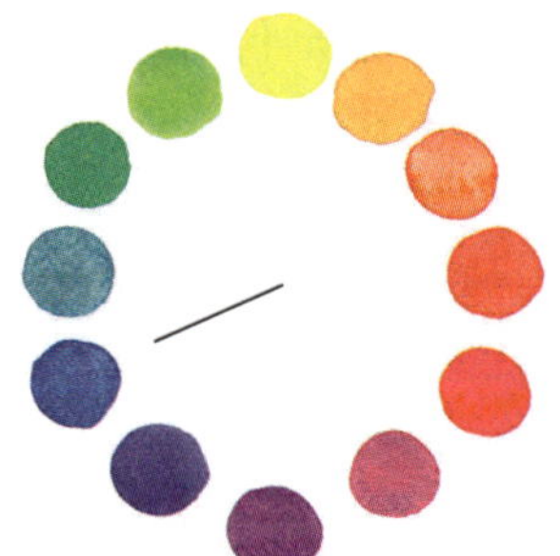

Monochromatische Palette
Die Farben einer Monochrompalette bestehen immer aus einem einzelnen Farbton, z.B. Blau. Du verwendest hierbei verschiedene Abstufungen dieses Farbtons (Sättigungsgrade) mit Tonwerten von hell nach dunkel.

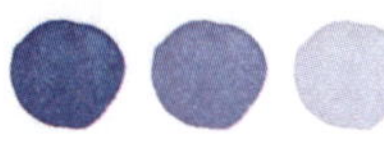

Komplementäre Palette

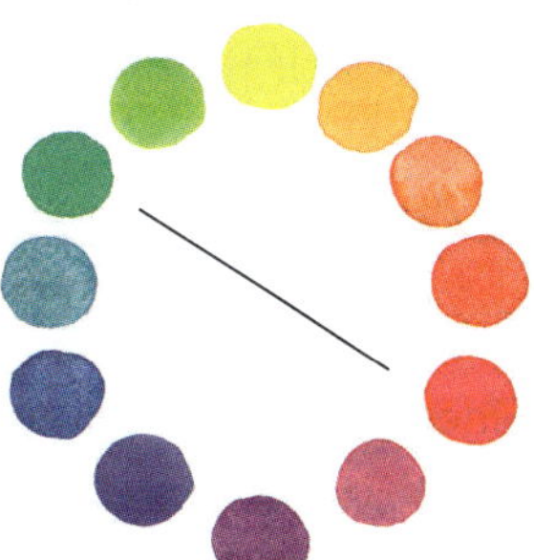

Komplementäre Farbtöne liegen sich im äußeren Ring des Farbkreises genau gegenüber und bilden einen sehr intensiven und spannenden Farbkontrast.

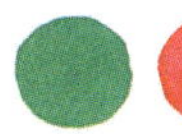
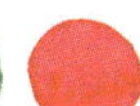
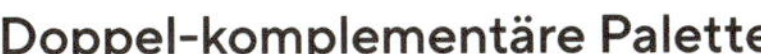

Doppel-komplementäre Palette

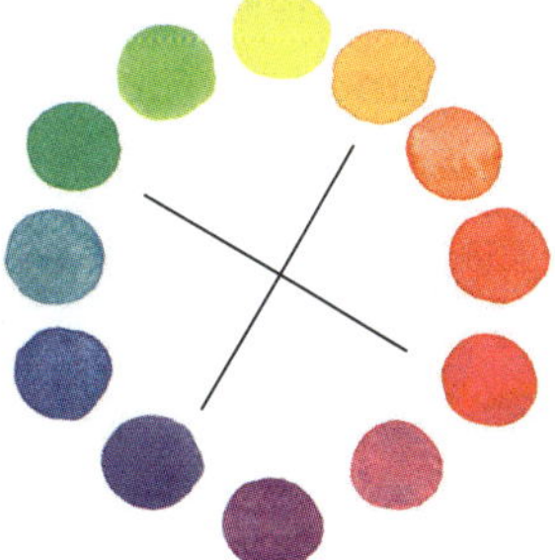

Bei der Doppel-komplementären Palette benutzt du zwei komplementäre Farbpaare. Hier bilden die von dir ausgewählten Farben ein Kreuz auf dem Farbkreis.

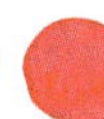

Triadische Palette

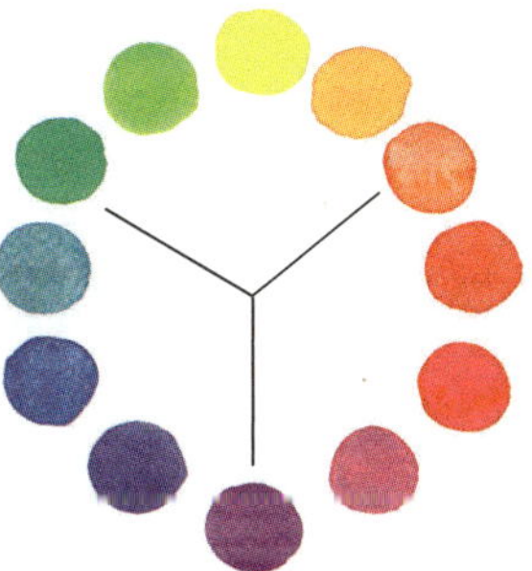

Eine triadische Palette besteht aus drei Farben, die im gleichmäßigen Abstand zueinander als Triade (Dreieck) im Farbkreis angeordnet sind.

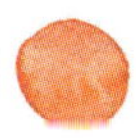

Analoge Palette

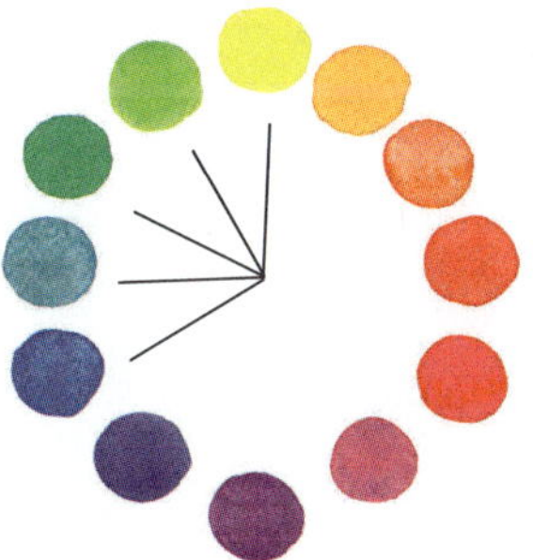

Diese Farbpalette besteht aus Farben, die im Farbkreis nebeneinander liegen. Diese Komposition wirkt immer sofort harmonisch.

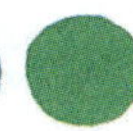

2.6 Hauttöne mischen

Die Haut mit Tönen plastisch malen

Die Haut eines Menschen kannst du am besten immer im ersten Schritt mit einer flächigen Lasurschicht darstellen. Diese Lasurschicht scheint später transparent hindurch. Es entsteht so eine Plastizität bzw. Tiefe in der Haut deiner Watercolor-Menschen. Bei den Hauttönen ist es wichtig, dass du dir vorher einen gewünschten Ton zusammenmischst. Verwende bei Hauttönen immer Nepalgelb als Grundton. Diesen Farbton mischst du dann, je nach gewünschtem Teint, mit Anteilen aus Rot, Orange oder Braun. Probiere hier verschiedene Hauttöne aus und notiere dir die Farbkombination, die du verwendet hast. So kannst du diese später immer wieder nachmischen.

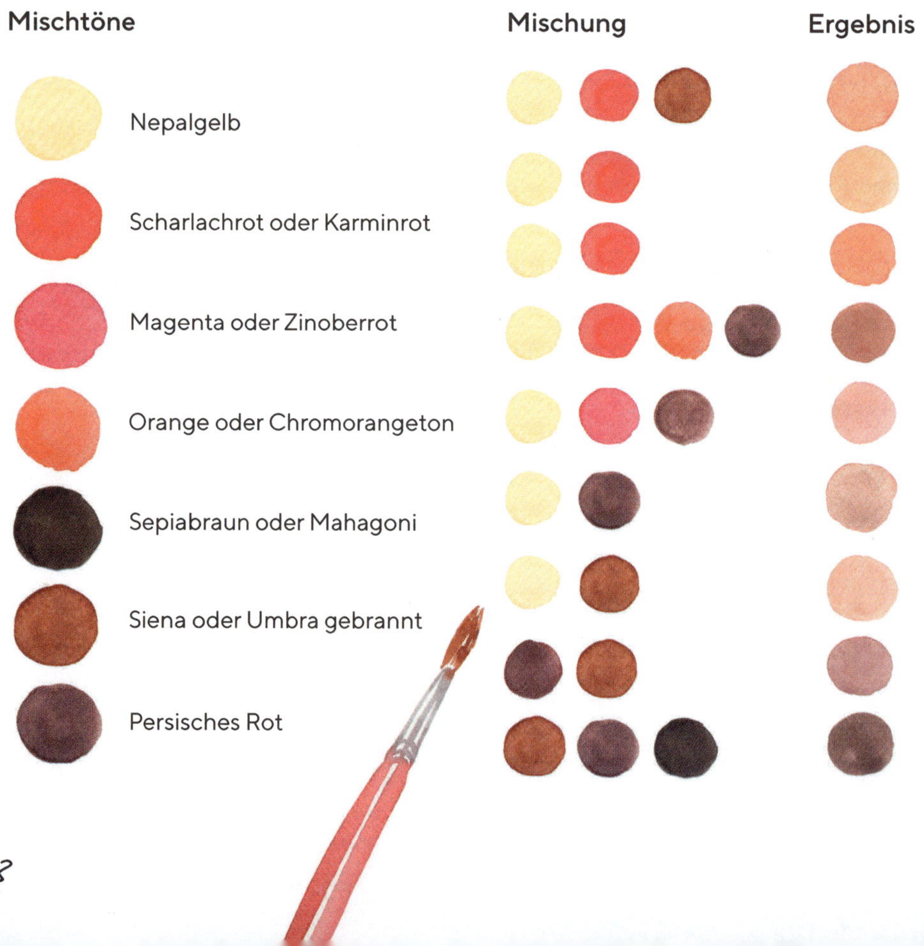

Mischtöne

Nepalgelb

Scharlachrot oder Karminrot

Magenta oder Zinoberrot

Orange oder Chromorangeton

Sepiabraun oder Mahagoni

Siena oder Umbra gebrannt

Persisches Rot

Mischung

Ergebnis

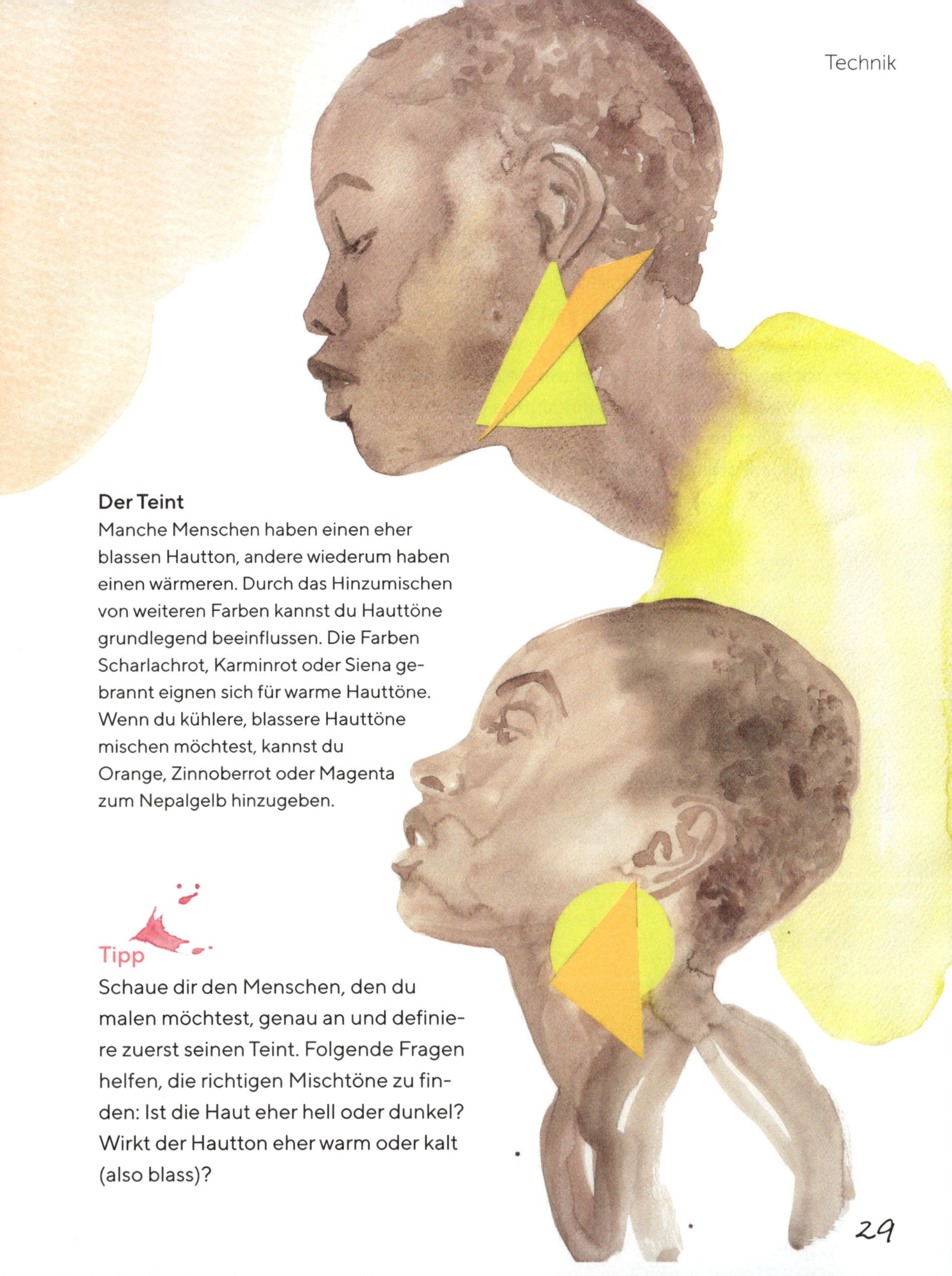

Der Teint

Manche Menschen haben einen eher blassen Hautton, andere wiederum haben einen wärmeren. Durch das Hinzumischen von weiteren Farben kannst du Hauttöne grundlegend beeinflussen. Die Farben Scharlachrot, Karminrot oder Siena gebrannt eignen sich für warme Hauttöne. Wenn du kühlere, blassere Hauttöne mischen möchtest, kannst du Orange, Zinnoberrot oder Magenta zum Nepalgelb hinzugeben.

Tipp

Schaue dir den Menschen, den du malen möchtest, genau an und definiere zuerst seinen Teint. Folgende Fragen helfen, die richtigen Mischtöne zu finden: Ist die Haut eher hell oder dunkel? Wirkt der Hautton eher warm oder kalt (also blass)?

2.7 Weißräume

Flächen weiß aussparen

Freiräume oder auch Weißräume sind beim Malen mit Watercolor sehr wichtig. Diese Weißräume deuten Lichter an oder trennen Watercolor-Elemente voneinander. Bevor du ein Motiv malst, solltest du dir immer überlegen, wo diese Weißräume in deinem Motiv stehen werden. Eine deckende Weißschicht gibt es im Watercolor nicht, weshalb du Weißräume in deiner Illustration stehen lassen solltest. Wenn du doch einmal versehentlich deinen Weißraum übermalen solltest, dann kannst du diesen später mit einem weißen Acrylstrich korrigieren, indem du mit dem Acryl über das getrocknete Motiv malst.

Tipp

Wenn du am Anfang mit den Weißräumen sehr unsicher bist, kannst du auch Rubbelkrepp benutzen. Dieses malt man mit einem Pinsel auf den Raum, der später weiß bleiben soll. Diesen Vorgang führst du durch, bevor du mit dem Motiv beginnst. Später kannst du die Gummilösung des Rubbelkrepps abrubbeln. Darunter befindet sich dann dein ausgesparter Weißraum.

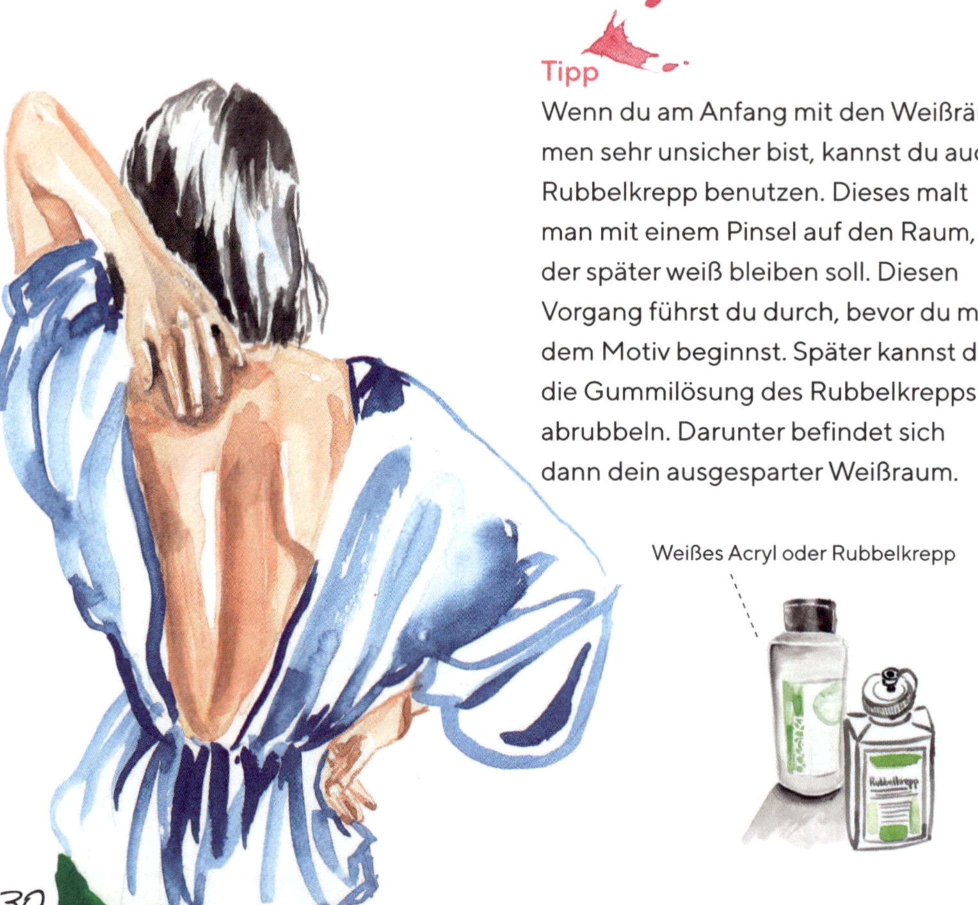

Weißes Acryl oder Rubbelkrepp

2.8 Schatten und Licht

Licht setzen

Eine einfache Methode, um Licht darzustellen, ist das Spiel mit Transparenzen. Wenn du deine Farbe mit viel Wasser verdünnst, dann malst du automatisch mit einem helleren bzw. transparenteren Farbton. Licht kann man entweder durch eine transparentere Lasur oder durch eine auslaufende Lavur darstellen. Durch eine transparentere Farbschicht kannst du leicht einen Vorder- und Hintergrund oder Licht und Schatten entstehen lassen. So lassen sich gut Elemente malen, die im Licht oder im Hintergrund sein sollen.

Schatten setzen

Wenn du dagegen Schatten setzen möchtest, arbeite immer mit mehr Farbe im Pinselkopf oder mit einem intensiveren Tonwert. Diesen kannst du immer über deine erste transparente Schicht malen. Hier ist es nur absolut wichtig, dass diese gut durchgetrocknet ist, damit die Farben nicht ineinander verlaufen. Wichtig beim Malen mit Schichten im Watercolor ist immer, dass man voll hell nach dunkel arbeitet.

Tonwerte

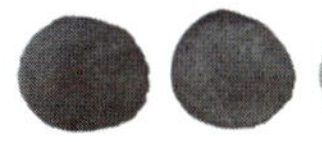

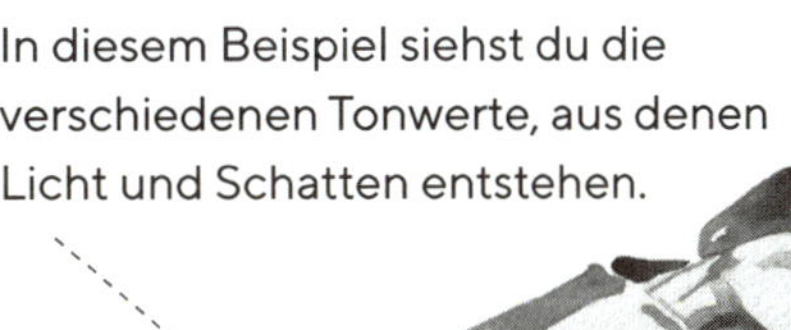

In diesem Beispiel siehst du die verschiedenen Tonwerte, aus denen Licht und Schatten entstehen.

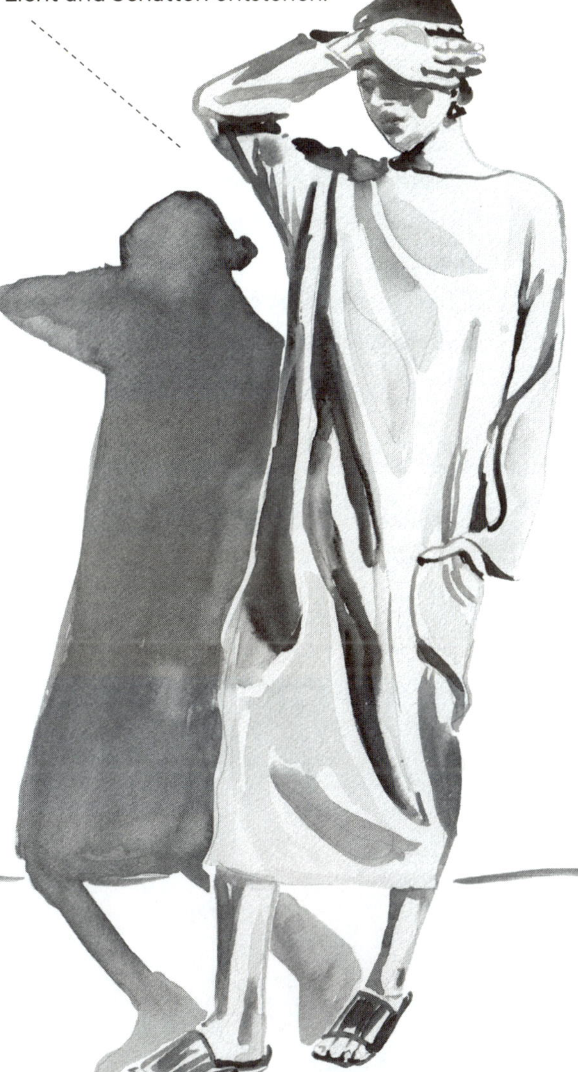

2.9 Farbauftrag und Pinselführung

Wärme dich auf, bevor du mit Watercolor malst

Bevor du anfängst, Motive zu malen, beginnen wir mit ein paar «Aufwärmübungen». Hierbei übst du, mit welcher Pinselhaltung du einen Strich ziehst, wie viel Druck du auf den Pinselkopf ausüben kannst und was dieser bewirkt. Außerdem probieren wir verschiedene Malrichtungen mit dem Pinsel. Diese Übungen helfen dir später, gezielte Pinselstriche in deinen Motiven zu setzen.

Farbauftrag

Du beeinflusst den Farbauftrag in deinen Motiven, je nachdem, wie dein Farb-/Wasserverhältnis zueinander ist. Um Dynamik darzustellen, eignen sich trockene Farbaufträge, da man die Pinselführung in den Linien gut sehen kann. Wenn du mit nassem Farbauftrag arbeitest, dann entfaltet sich der typische Watercolor-Charakter, und es entstehen spannende Farbverläufe in deinen gemalten Flächen. Der Farbauftrag wirkt außerdem sanfter.

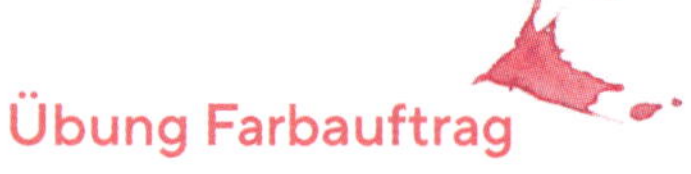

Übung Farbauftrag

1. Trocken
Verwende für einen trockenen Farbauftrag wenig Wasser und nimm viel Farbe auf. Male einen Kreis. Du siehst bei diesem Farbauftrag, wie du den Pinsel bewegt hast, und die Struktur des Papieres lässt sich gut erkennen.

2. Nass
Nimm viel Wasser und Farbe in deinen Pinselkopf auf und male wieder einen Kreis. Nun siehst du einen nasseren Farbauftrag, bei dem die Übergänge der Farbe verlaufen. Dieser Farbauftrag wirkt sanfter und nicht so hart wie ein trockener Farbauftrag.

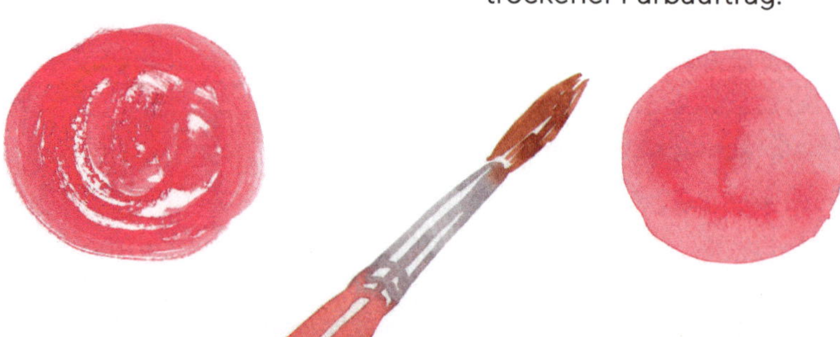

Übung Pinseldruck

Probiere beim Ziehen deiner Striche, den Druck auf den Pinselkopf zu variieren. Übe mal mehr und mal weniger Druck auf den Pinselkopf aus.

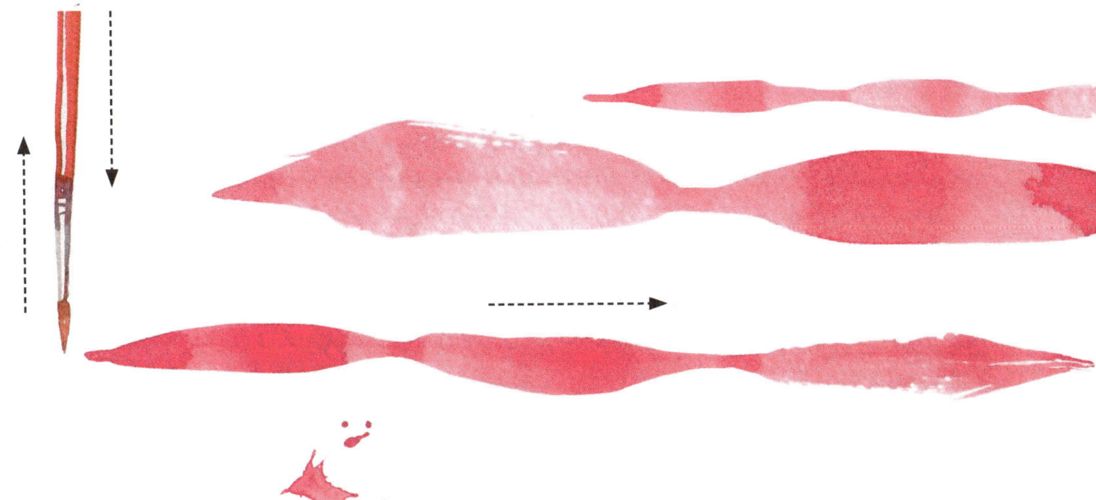

Übung Malrichtungen

Probiere deine verschiedenen Pinsel einmal aus. Ziehe Linien in verschiedene Richtungen. So bekommst du ein Gefühl für die Pinsel und die verschiedenen Malrichtungen. Hierbei lernst du, wie sich die Pinselhaare bewegen und was für Linien du damit erzeugen kannst.

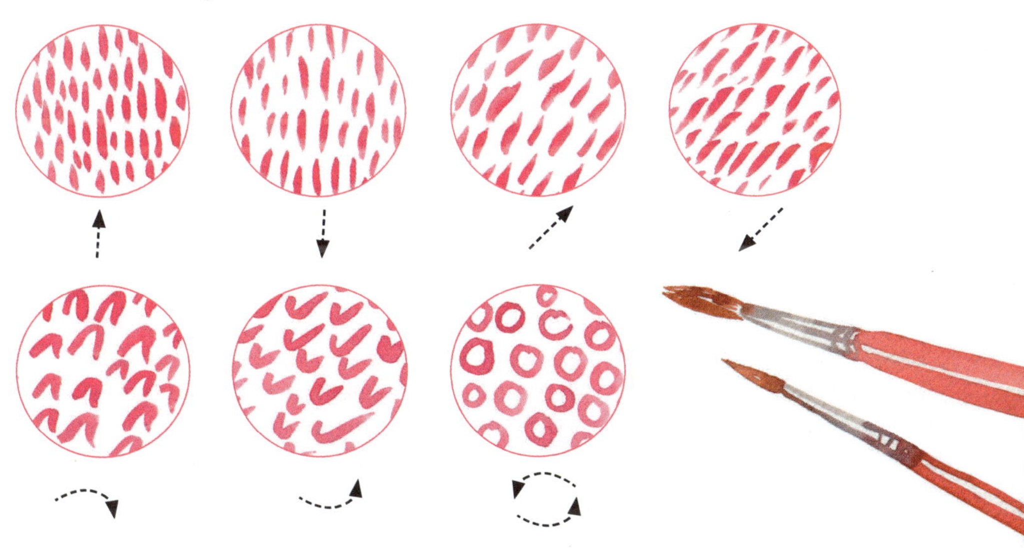

3 Menschen

3.1 Proportionen

Proportionen eines Erwachsenen

Um einen Menschen mit Watercolor gut darstellen zu können, solltest du dich mit den Proportionen und Körperpartien des Menschen auseinandersetzen. Für die Darstellung von Menschen gibt es hier einige Grundregeln, die dir helfen, die Proportionen richtig darzustellen. Du musst beim Watercolor nicht immer hundertprozentig anatomisch korrekt arbeiten. Mit Watercolor lassen sich Menschen durch die Maltechnik auch abstrakter darstellen. Die Flächen im Motiv kannst du zum Beispiel dynamisch füllen oder nur andeuten. Das erleichtert auch die Darstellung der Proportionen.

Maßeinheit

Als Einheit für die Proportionen des Körpers kannst du die Kopfhöhe und Kopfbreite deiner Figur verwenden. Die Höhe und Breite des Kopfes gelten als Maßeinheit für den restlichen Körper.

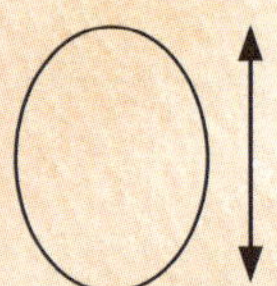

Körperhöhe

In der Regel sagt man, dass die Größe des erwachsenen Körpers etwa 7 ½ Kopfhöhen entspricht. Meistens malt man einen Menschen mit einer Länge von 8 Köpfen, damit die Figur etwas gestreckter wirkt. Acht Köpfe untereinander ergeben also in etwa die Gesamtgröße eines erwachsenen Menschen in der Höhe.

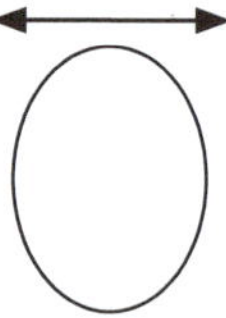

Schulterbreite

Die Kopfbreite kann ebenfalls als Maßeinheit verwendet werden, diesmal jedoch für die Körperbreite eines Menschen. In der richtigen proportionalen Anordnung ergeben drei Köpfe nebeneinander in etwa den breitesten Bereich eines erwachsenen Menschen, also der Körperbreite.

Die Kopfhöhe als Maßeinheit für den restlichen Körper

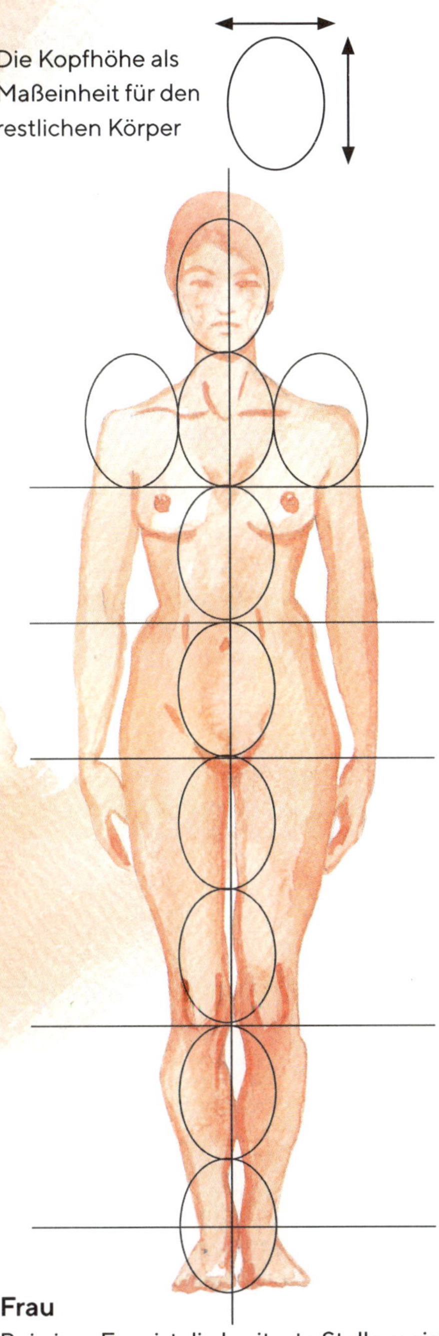

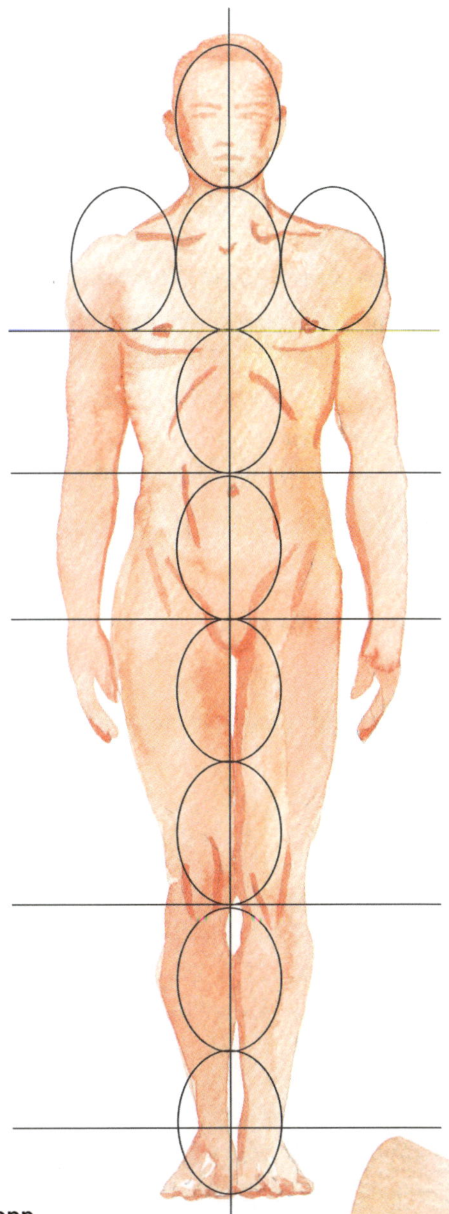

Frau
Bei einer Frau ist die breiteste Stelle meist die Hüfte.

Mann
Die breiteste Stelle bei einem Mann sind meist die Schultern.

3.2 Körperpartien

Elemente des Körpers

Schau dir die einzelnen Elemente des Körpers genauer an und übe diese Elemente, auch ohne einen ganzen Menschen mit Watercolor zu malen. Das hilft dir später bei der Darstellung der ganzen Figur. Der Mensch besteht aus dem Oberkörper, von dem alle weiteren Körperpartien abgehen. Dazu gehören die Arme, Hände, Beine, sowie die Füße. Hier ein paar allgemeine und spezifische Tipps, mit denen du diese am besten malen kannst:

Weibliche Formen
Bei Frauen malt man die Körperformen runder, fließender und weicher.

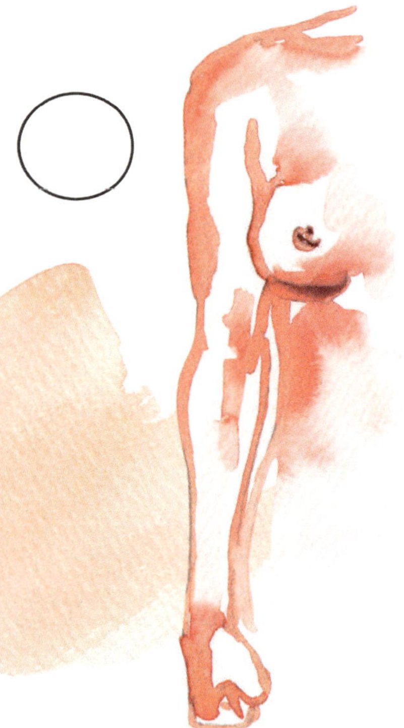

Männliche Formen
Männer kannst du am besten mit etwas strengeren, eckigen Formen im Oberkörper darstellen.

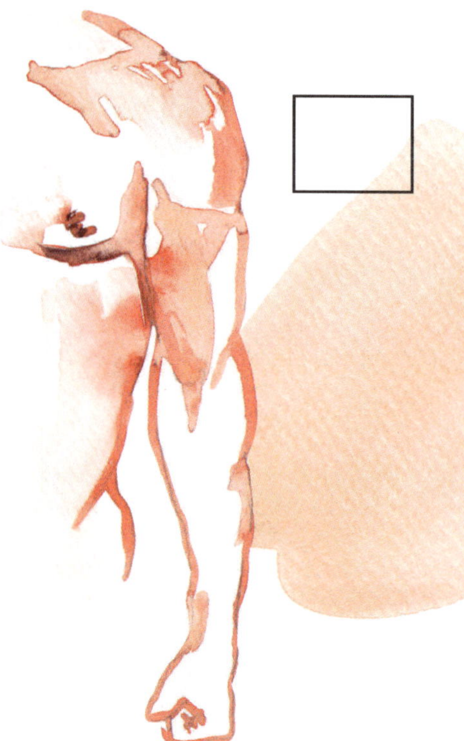

Oberkörper

Den Oberkörper kannst du gut mithilfe der Kopfgröße als Maßeinheit zusammensetzen. In der Länge misst der Oberkörper bei Frau und Mann in etwa drei Kopfhöhen untereinander. Wenn du die Schultern definieren möchtest, sind es ca. drei Kopfbreiten nebeneinander. Die Brust liegt dabei zwischen der ersten und der zweiten Kopfhöhe.

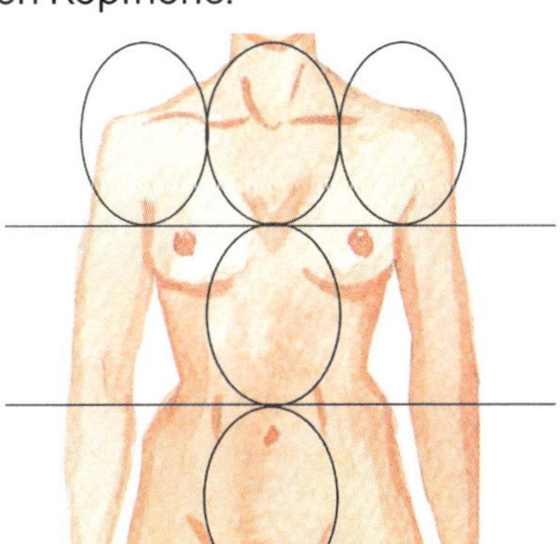

Darstellung der Körperformen im Detail

In den Illustrationen unten lassen sich die Unterschiede zwischen Mann und Frau gut erkennen. Male eine Frau mit runden und fließenden Formen. Männer wirken oft stämmiger und kantiger, daher solltest du einen Mann eher mit eckigeren und kantigeren Formen im Oberkörper betonen.

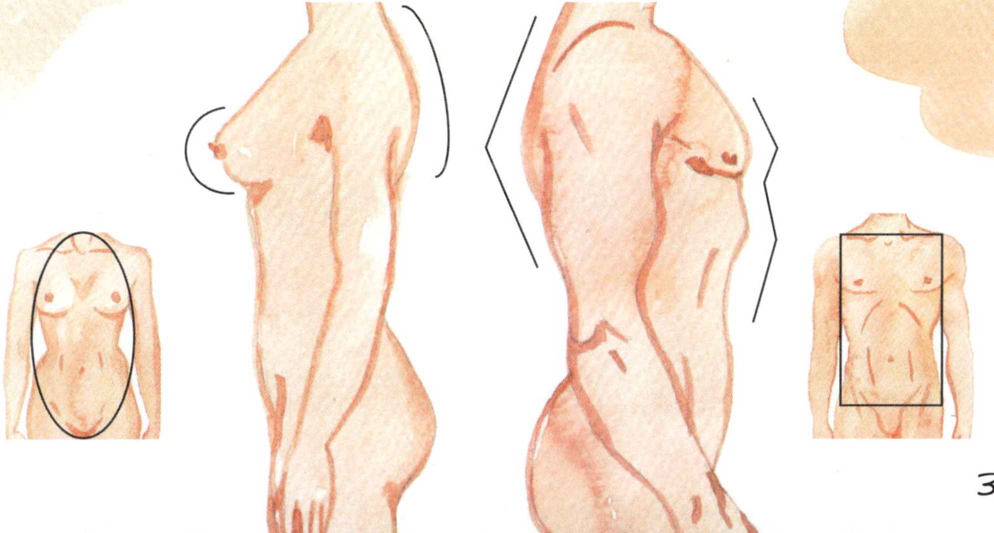

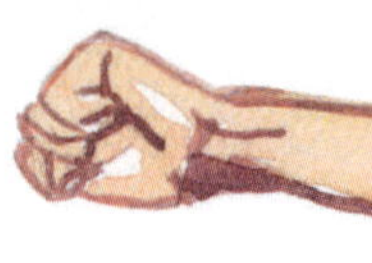

Arme

Der Arm besteht aus Ober- und Unterarm. In einem Motiv mit Menschen können Arme die Bewegung oder die Haltung/ Pose der abgebildeten Figur verdeutlichen. Meistens siehst du dabei Schatten in der Armbeuge oder dem Ellenbogen. Mit leichten Lasurschichten kannst du die Schatten in der Armbeuge und dem Ellbogen andeuten. Studiere verschiedene Armhaltungen und male Arme in unterschiedliche Posen. Schaue dir an, wo der Ellbogen und die Armbeuge Schatten werfen, und lasse Lichter durch Weißräume entstehen.

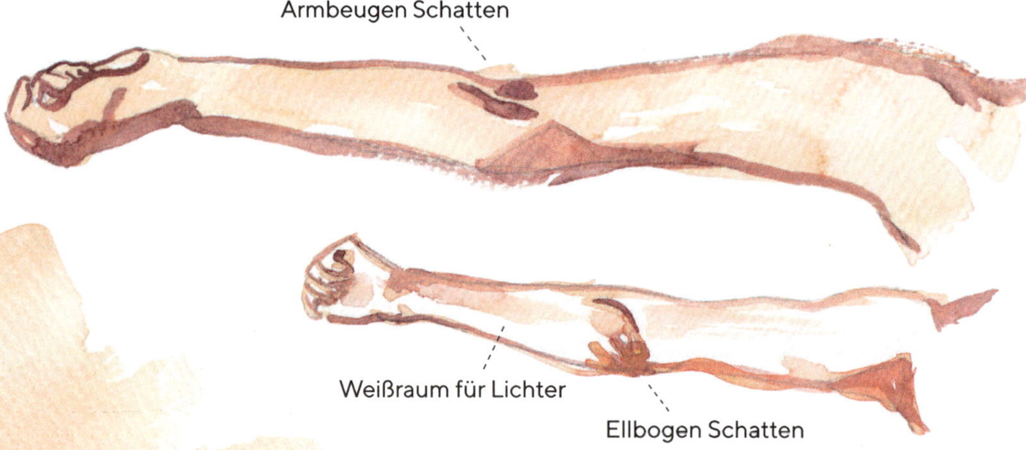

Proportionen Arme

Eine Armlänge mit Hand entspricht ca. 3 Kopfhöhen. Ohne die Hand entspricht die Länge eines Armes, gemessen vom Schulteranfang, ca. 2 ½ Kopfhöhen.

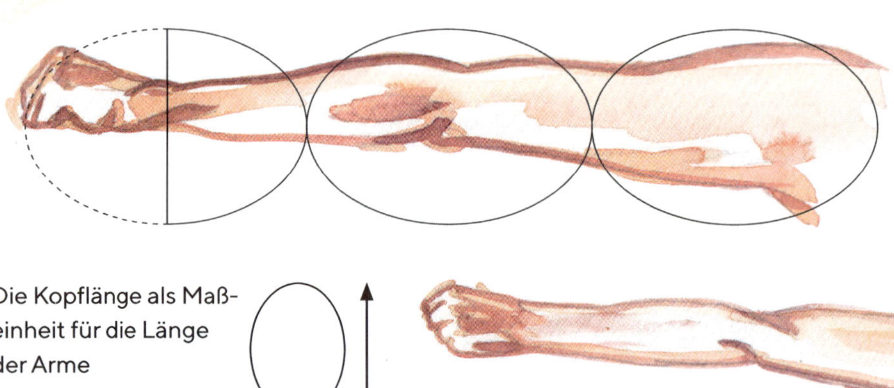

Die Kopflänge als Maßeinheit für die Länge der Arme

Hände

Die Hände sind eine sehr aussagekräftige Körperpartie. Mit ihnen gestikulieren wir und führen Handlungen aus. Eine Hand ist anatomisch gesehen sehr komplex aufgebaut und besteht aus mehreren Fingergliedern. Hände haben einen eigenen Ausdruck. Sie können Wut zeigen, indem man eine geballte Faust malt, oder durch eine filigrane Bewegung der einzelnen Finger Eleganz ausdrücken. Die verschiedenen Posen kannst du, grade am Anfang, am besten immer leicht mit einem Bleistift vorskizzieren. Hände werfen in der Handfläche, den Nägeln und an den einzelnen Fingergliedern leichte Schatten. Diese Schatten kannst du mit einer dunkleren Watercolor-Lavurschicht sehr gut andeuten.

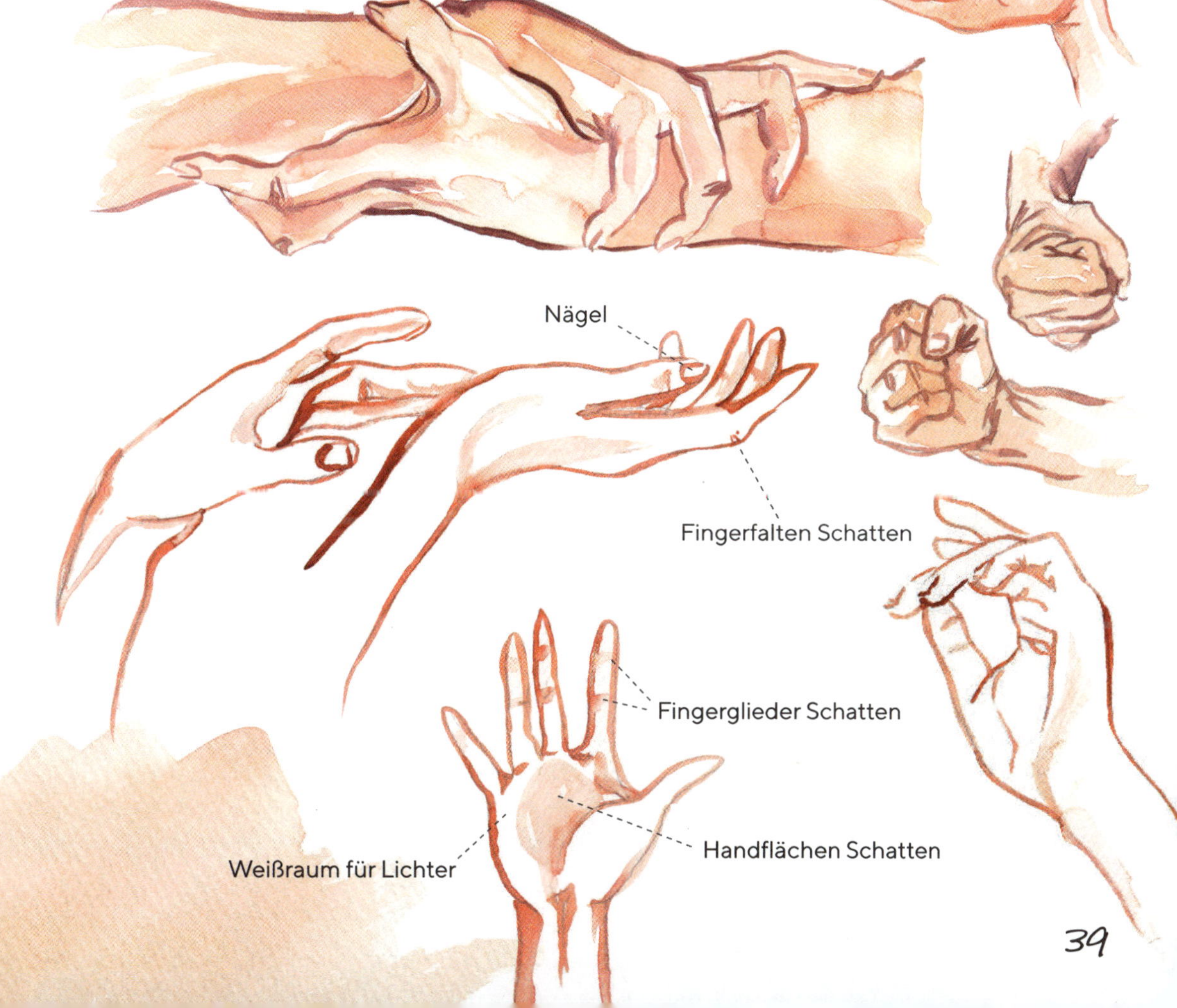

Beine

Die Beine bestehen aus Ober- und Unterschenkel. Ungefähr oberhalb der Mitte des Beines befindet sich das Knie. Beine stellen in Motiven oft Bewegungen dar oder unterstützen die Haltung und Posen der Figur. Ein Bein ist am Knie, in der frontalen Ansicht, meist etwas nach innen gebogen und niemals ganz gerade. Wenn du ein Bein mit Watercolor malst, findest du Schatten im Kniebereich oder an den Schenkelinnen- und Außenseiten. Einen Lichtpunkt mit Weißraum findest du oft am Knie. In der Profilansicht siehst du die gebogenen Formen des Pos und der Ober- und Unterschenkel.

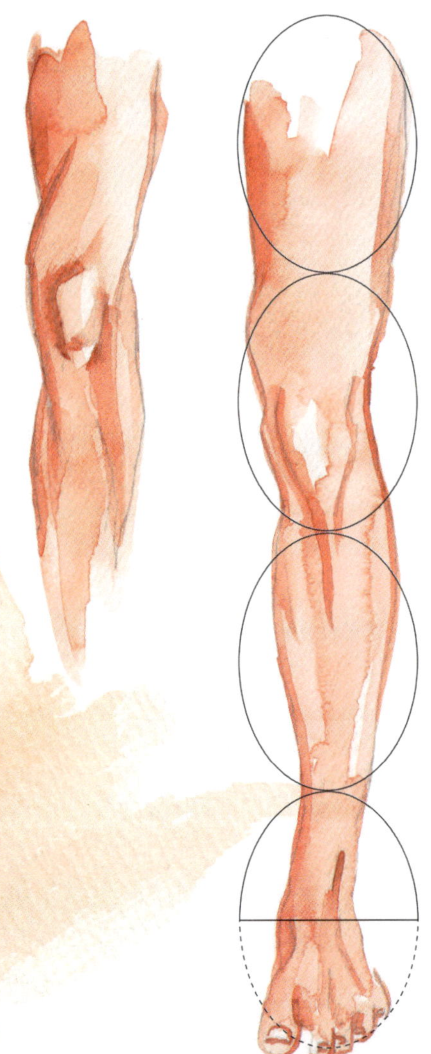

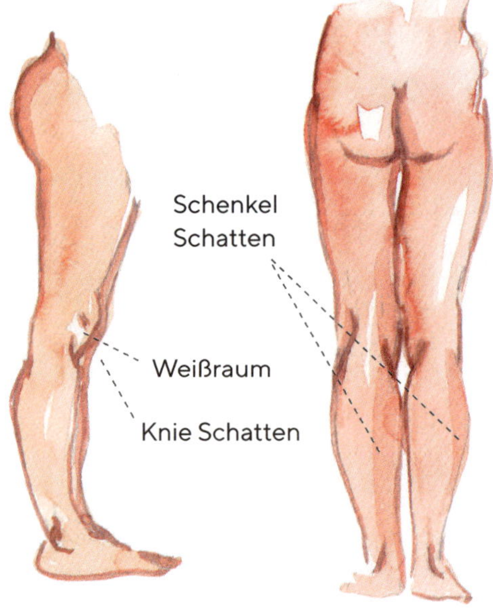

Proportionen Beine
Eine Beinlänge mit Fuß entspricht ca. 4 Kopfhöhen. Ohne Fuß entspricht die Länge eines Beines ca. 3 ½ Kopflängen. Gemessen wird ab der Hüfte.

Die Kopflänge als Maßeinheit für die Länge der Beine

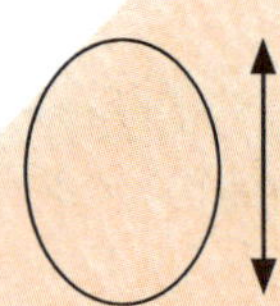

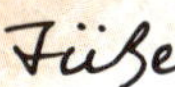

Füße

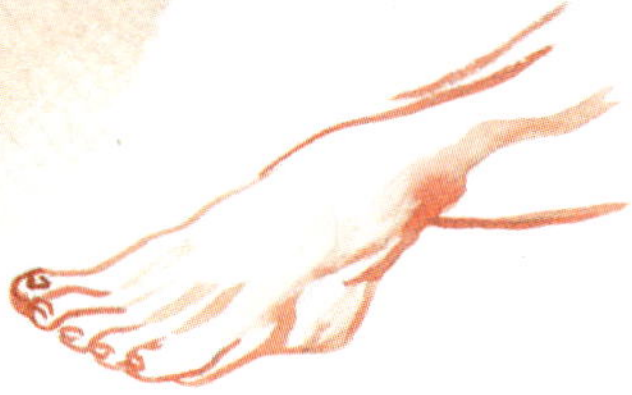

Die Füße bestehen aus einzelnen Zehen, die ebenfalls in verschiedene bewegliche Glieder aufgeteilt sind. Ein Fuß ist, ähnlich wie die Hände, eine anatomisch komplexe Körperpartie. Mit den Füßen bewegen wir uns und stoßen uns ab. Sie geben Gleichgewicht und lassen uns laufen. Die verschiedenen Posen des Fußes kannst du ebenfalls am besten immer leicht mit einem Bleistift vorskizzieren. Die Füße werfen normalerweise Schatten zwischen den eng aneinanderliegenden Zehen, am Fußknöchel, an den Nägeln, den Falten unter dem Fuß sowie den Sehnen auf dem Fuß. Diese Schatten kannst du mit einer dunkleren Watercolor-Lasurschicht andeuten und auf deine erste Haut-Lasurschicht setzen.

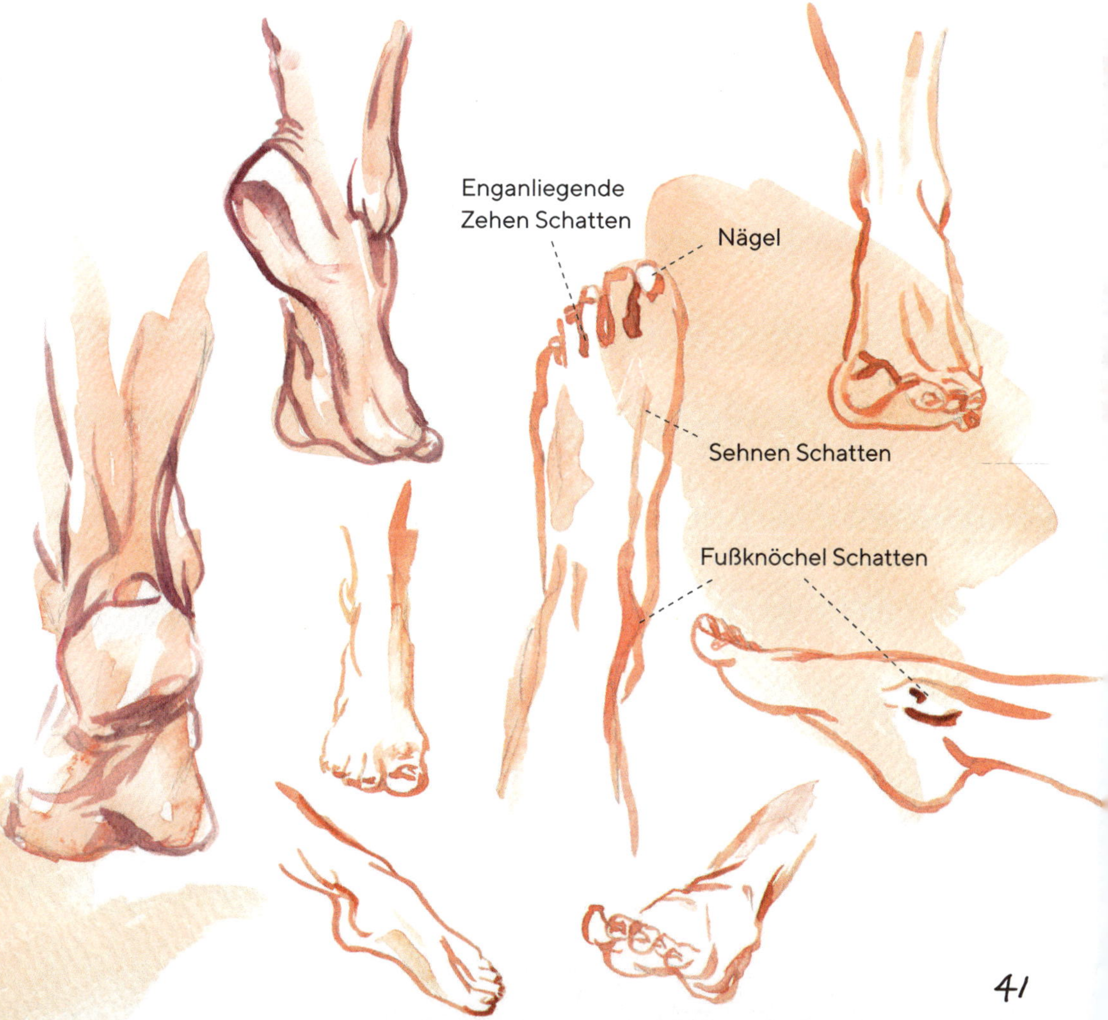

Enganliegende Zehen Schatten

Nägel

Sehnen Schatten

Fußknöchel Schatten

3.3 Haltung und Posen

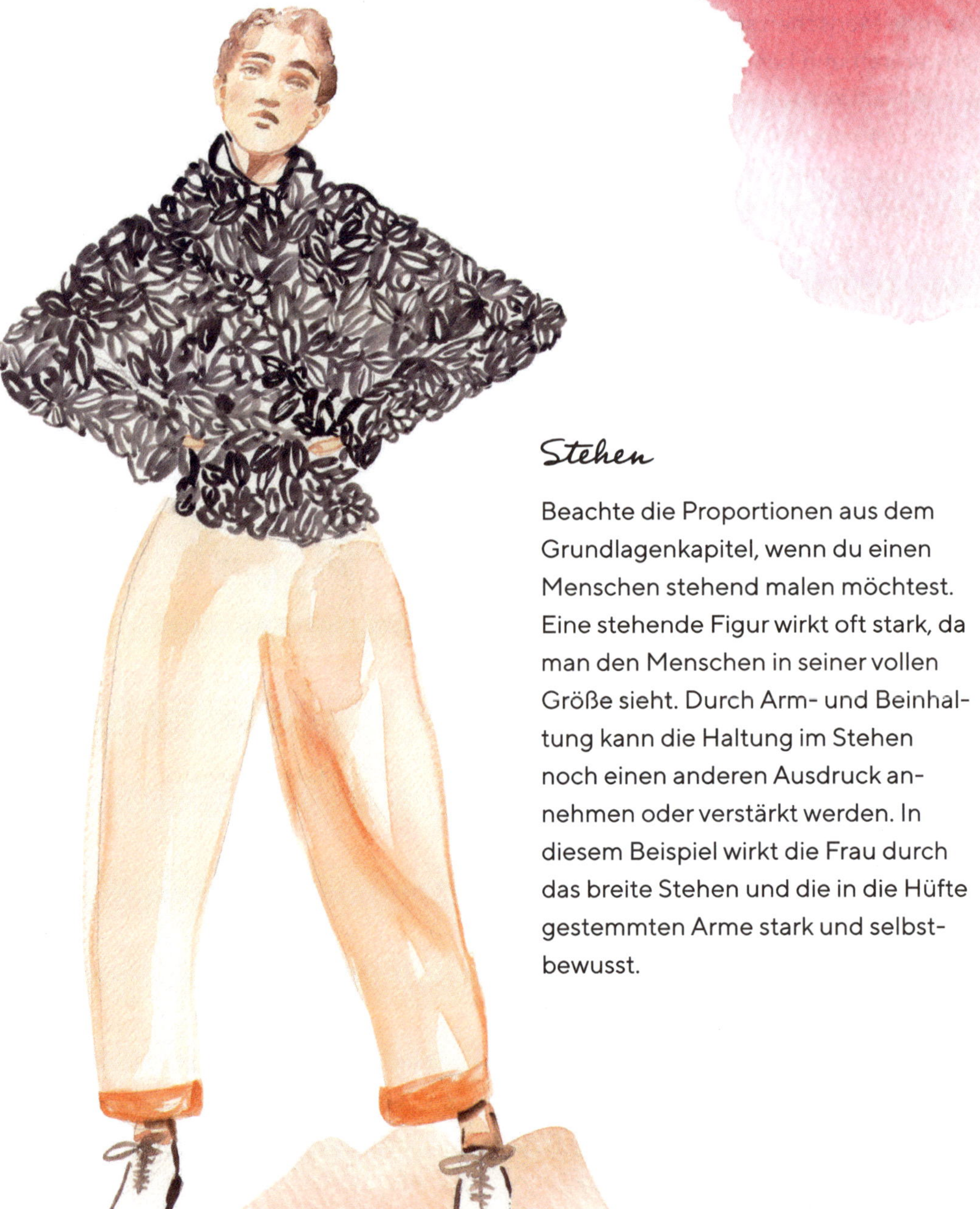

Stehen

Beachte die Proportionen aus dem Grundlagenkapitel, wenn du einen Menschen stehend malen möchtest. Eine stehende Figur wirkt oft stark, da man den Menschen in seiner vollen Größe sieht. Durch Arm- und Beinhaltung kann die Haltung im Stehen noch einen anderen Ausdruck annehmen oder verstärkt werden. In diesem Beispiel wirkt die Frau durch das breite Stehen und die in die Hüfte gestemmten Arme stark und selbstbewusst.

Sitzen

Sitzende Menschen spüren die Schwerkraft und hängen immer etwas in ihrer Haltung. Auch der Oberkörper neigt sich immer etwas nach vorne. Wenn ein Mensch sitzt, dann besitzt die Länge seines Körpers eine verkürzte Proportion. Du kannst die Sitzhöhe eines Menschen wieder mit der Kopfhöhe messen. Diese entspricht in etwa fünf Kopfhöhen. Sitzende Figuren wirken meist ruhig, konzentriert oder beobachtend.

Die Kopfhöhe als Maßeinheit für den sitzenden Menschen

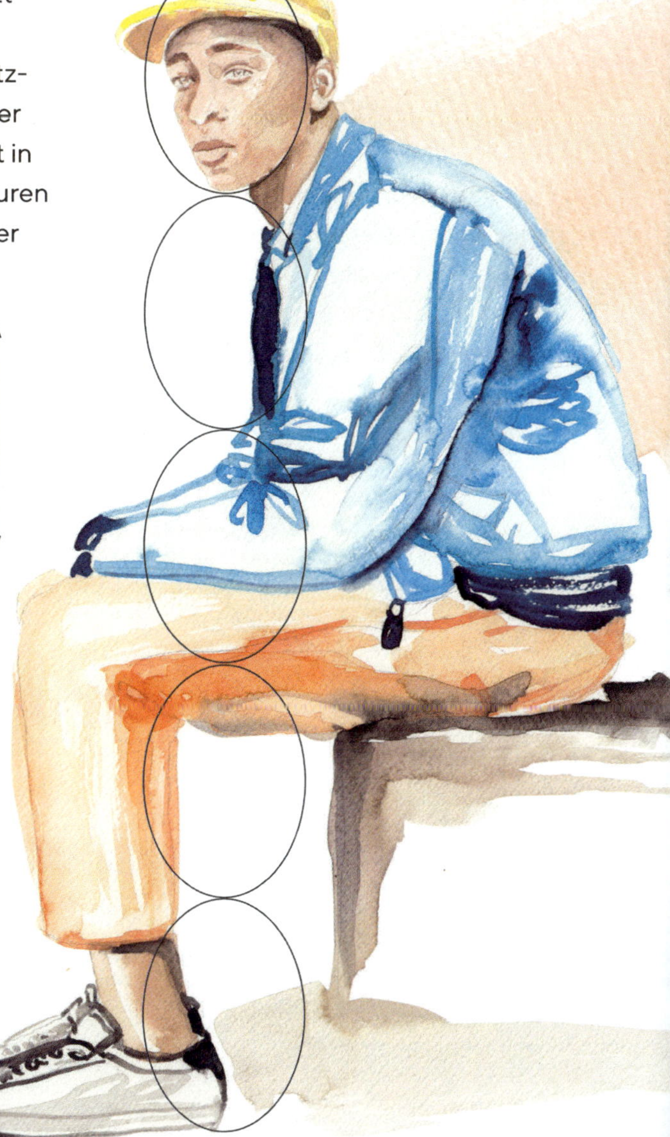

Liegen

Eine liegende Figur besteht aus den gleichen Proportionen wie eine stehende Figur. Hierbei kann der Körper durch angewinkelte Arme und Beine zusätzlich verkürzt wirken. Beachte dies in deinen Vorskizzen. Eine Figur, die du liegend malst, wirkt meist schwer in ihrer Darstellung. Eine liegende Position wirkt weniger dynamisch und eher ruhig und entspannt. Bei einer liegenden Darstellung kannst du gut mit einer kontrollierten Linienpinselführung arbeiten, um die Körperhaltung in der Darstellung zu unterstützen.

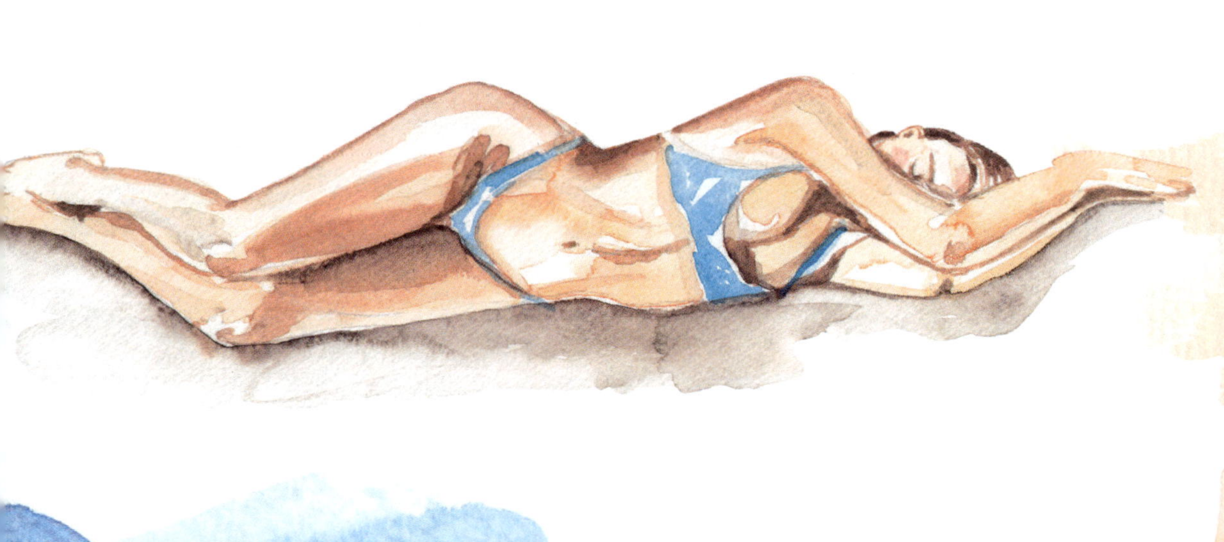

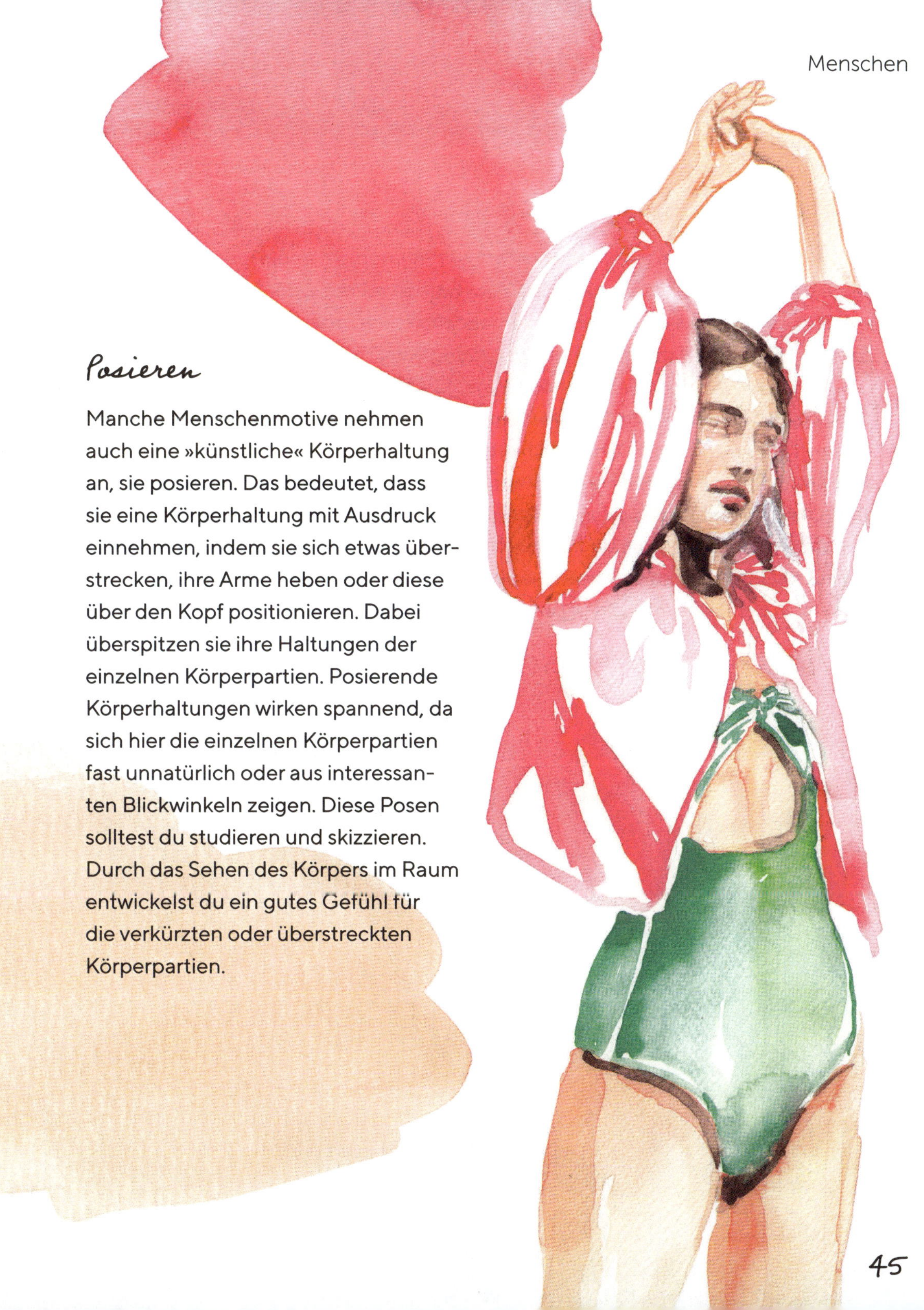

Posieren

Manche Menschenmotive nehmen auch eine »künstliche« Körperhaltung an, sie posieren. Das bedeutet, dass sie eine Körperhaltung mit Ausdruck einnehmen, indem sie sich etwas überstrecken, ihre Arme heben oder diese über den Kopf positionieren. Dabei überspitzen sie ihre Haltungen der einzelnen Körperpartien. Posierende Körperhaltungen wirken spannend, da sich hier die einzelnen Körperpartien fast unnatürlich oder aus interessanten Blickwinkeln zeigen. Diese Posen solltest du studieren und skizzieren. Durch das Sehen des Körpers im Raum entwickelst du ein gutes Gefühl für die verkürzten oder überstreckten Körperpartien.

3.4 Bewegung und Dynamik

Der Mensch in Bewegung

Wenn du Bewegung darstellen möchtest, kommt es nicht darauf an, eine perfekte durchgezogene Linie zu malen. Wichtiger ist es, mit Watercolor dynamische Striche zu ziehen, die Bewegung darstellen oder unterstützen sollen. Den Eindruck einer Bewegung in einer Darstellung verstärkst du, indem du keine kontrollierten und durchgezogenen Linien, sondern spontane und schwungvolle Pinselstriche mit Weißräumen malst. Arbeite hier immer in die Richtungen, in die sich etwas bewegen soll. Den dynamischen Pinselstrich kannst du vorab üben. Am besten stellst du Bewegung und Dynamik mit geschwungenen, auslaufenden und gebogenen Pinselstrichen dar. Lasse bei Menschen, die in Bewegung sind, auch immer einen starken Kontrast mit Weißräumen entstehen und arbeite nicht zu flächig. Gefüllte Flächen wirken schwer und Striche eher leicht.

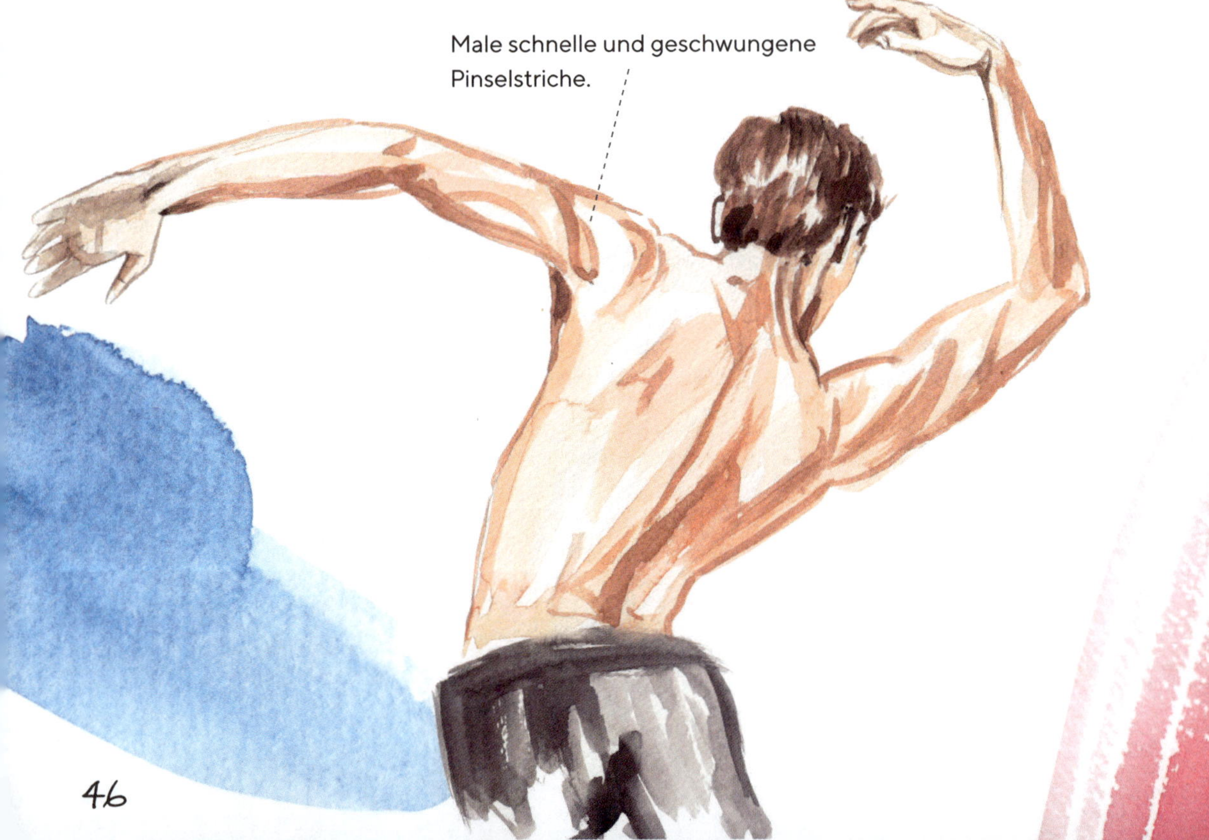

Kleidung in Bewegung

Wenn du Menschen malst, dann sind sie meist angezogen. Die Kleidung des Menschen geht in der Bewegung oft mit oder wirft interessante Falten. Diese Bewegung des Menschen und der Kleidung stellst du ebenfalls mithilfe dynamischer Pinselstrichen dar. Male die Kleidung oder die Falten in die Richtung mit, in die sich eine Körperpartie des Menschen bewegt. Verwende hierbei auch in der Kleidung geschwungene Linien mit dem dynamischen Strich.

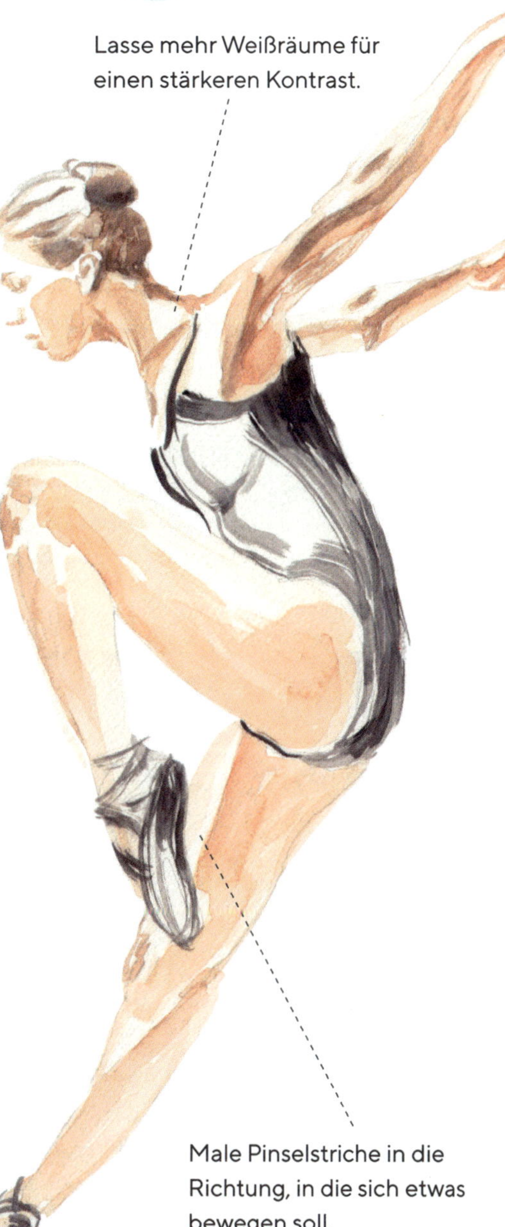

Lasse mehr Weißräume für einen stärkeren Kontrast.

Male Pinselstriche in die Richtung, in die sich etwas bewegen soll.

Pinselführung mit dem dynamischen Strich

In den folgenden Übungen zeige ich dir, wie du mit dynamischen Pinselstrichen arbeiten kannst. Dynamische Pinselstriche werden beim Malen, im Gegensatz zu kontrollierten Linien (siehe Beispiel unten), schnell gemalt. Einen dynamischen Strich zieht man immer nur einmal. Man setzt an und zieht den Strich schnell bis zu einem gewünschten Punkt durch. Die Bewegung deines Pinsels spiegelt sich dann in deinem Pinselstrich auf dem Papier wider. Übe nun diese Art der Linienführung einmal.

Übung: Dynamischer Pinselstrich

Fülle deinen Pinselkopf mit viel Farbanteil im Pinsel, jedoch mit weniger Wasser. Male nun einen Pinselstrich in die Richtung, in die sich etwas bewegen soll und ziehe diesen Pinselstrich in einem Zug schwungvoll durch.

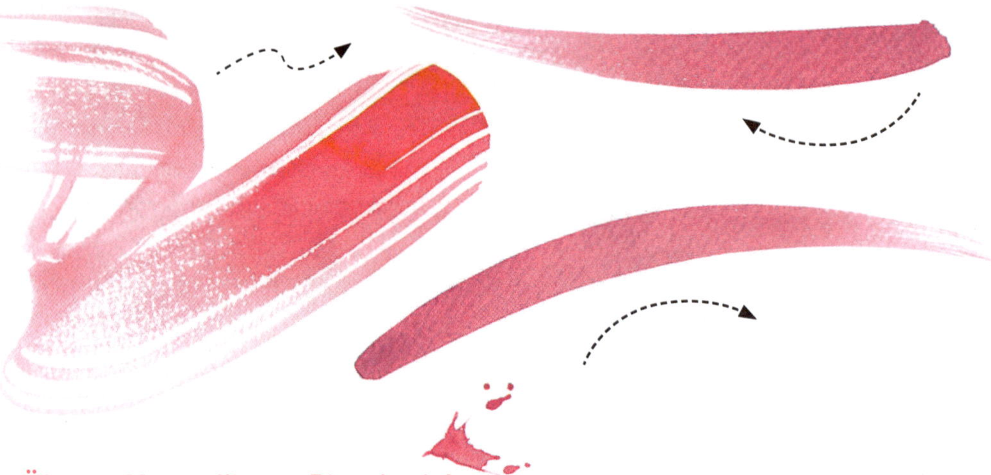

Übung: Kontrollierter Pinselstrich

Ein kontrollierter Pinselstrich wird dagegen langsam gezogen. Dabei bestimmst du den Anfangs- und Endpunkt deiner Linie. Durch diese Linienführung erzeugst du Ruhe in deinem Motiv. Der kontrollierte Pinselstrich ist für eine dynamische Darstellung ungeeignet.

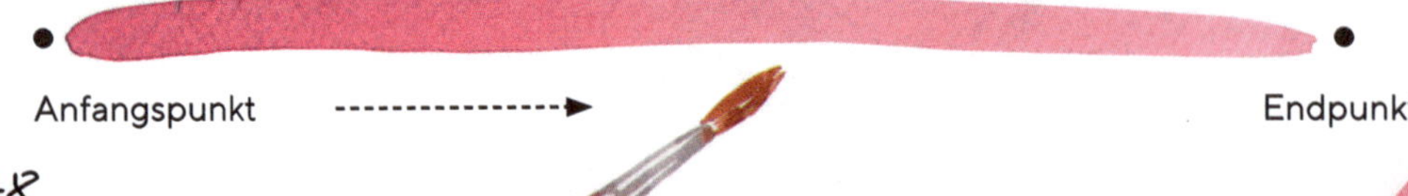

Übung: Verformter Pinselkopf

Du kannst eine dynamische Linie auch mit einem aufgefächerten Pinselkopf malen. Hierbei nimmst du zuerst viel Farbe und auch recht viel Wasseranteil in deinen Pinselkopf auf. Nun drückst du mit deinem Daumen und Zeigefinger den Pinselkopf flach, wodurch sich die Form der Pinselhaare auffächert. Durch die unregelmäßigen Abstände der Pinselhaare entstehen interessante und bewegte Pinselstriche. Diese Linien unterstützen die Dynamik in deinem Motiv und erzeugen unkontrollierte und zufällige Weißräume. Probiere diesen Pinselstrich selbst aus und übe ihn vorher auf einem leeren Papier.

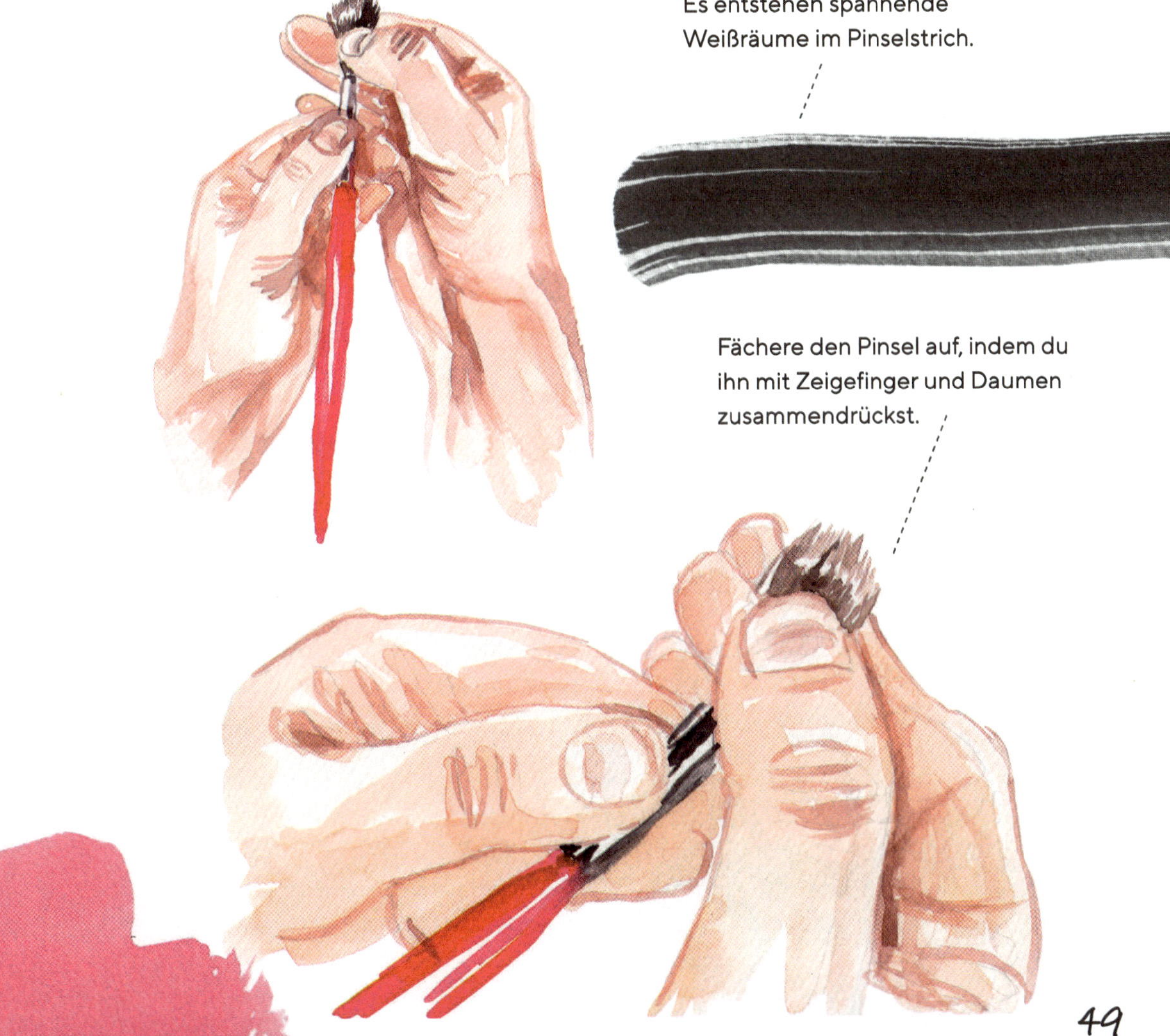

4 Porträts

4.1 Proportionen Gesicht

Proportionen Frontal

Für das Malen von Porträts habe ich dir ein paar allgemeine Grundregeln zu den Proportionen zusammengefasst. Diese Tipps sollen dir beim Verständnis des grundsätzlichen Aufbaus von Gesichtern und bei der Umsetzung helfen. Bei einem recht frontalen Porträt trifft bei allen Menschen folgender proportionaler Aufbau zu:

Aufteilung
Die Gesichtspartie ist in drei fast gleichgroße Bereiche aufgeteilt.

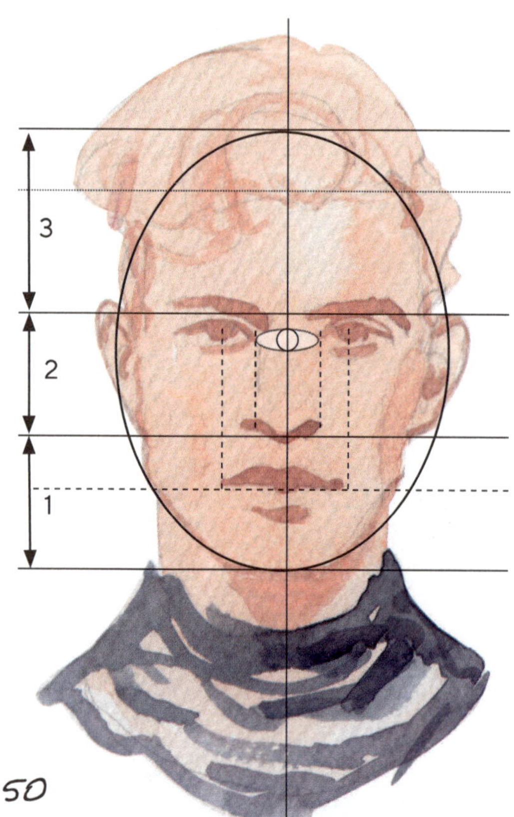

Kopfform
Die Kopfform eines Menschen ist prinzipiell oval geformt.

Die Augen
Zwischen den Augen findet immer ein weiteres Auge Platz. Das Auge ist dabei so lang, wie die Nase breit ist.

Die Nase
Die Nasenspitze befindet sich dort, wo das Ohr aufhört.

Das Ohr
Das Ohr beginnt auf der Höhe der Augenbrauen und endet bei der Nasenspitze.

Der Mund
Der Mund geht von der Mitte des einen bis zur Mitte des anderen Auges.

Proportionen im Profil

Ein Porträt im Profil kann recht dramatisch wirken, denn von der Seite erkennt man die individuellen Charakteristika eines Menschen viel deutlicher als in der frontalen Ansicht. Mit einem gedachten Kreis am Hinterkopf positionierst du die Gesichtspartien. Die Nase, Lippen und das Kinn befinden sich außerhalb des Kreises. Augen und Ohren sind immer im Kreis zu finden. Weitere Tipps zum Aufbau:

Kopflänge und -breite
Die Breite des Kopfes (ohne Nase) entspricht fast immer auch der Länge des Kopfes, gemessen jeweils an der längsten Stelle.

Die Augen
Die Augenbrauen fangen wieder auf der Höhe des Ohres an.

Die Nase
Die Nase beginnt dort, wo das Ohr aufhört.

Das Ohr
Wenn du den Kopf in drei gleiche Teile teilst, liegt das Ohr meist hinter dem zweiten Teil.

Der Mund
Die Oberlippe steht immer ein wenig über die Unterlippe hervor.

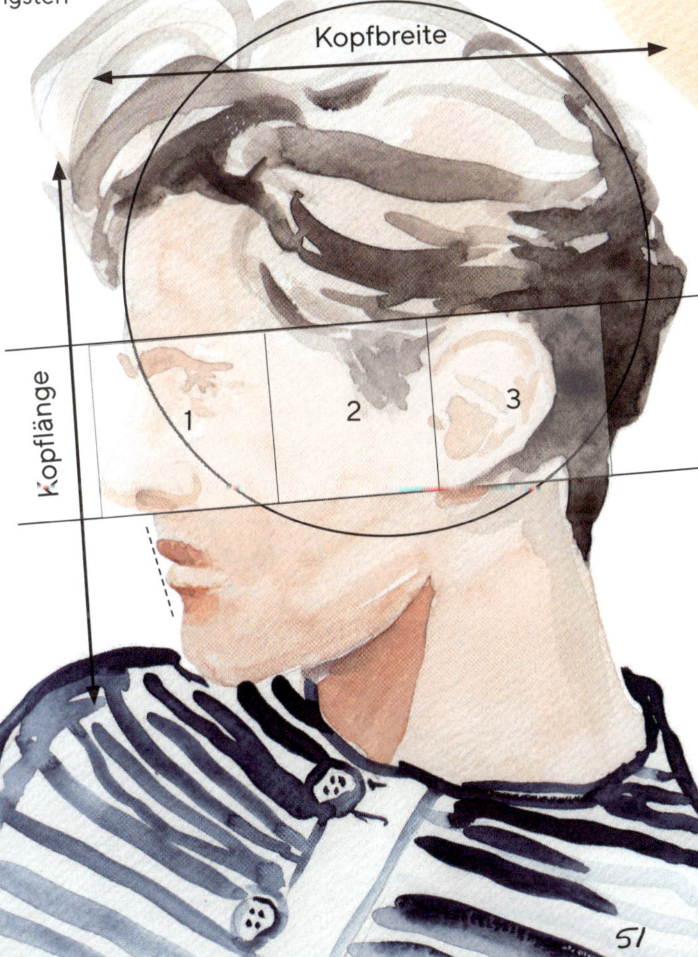

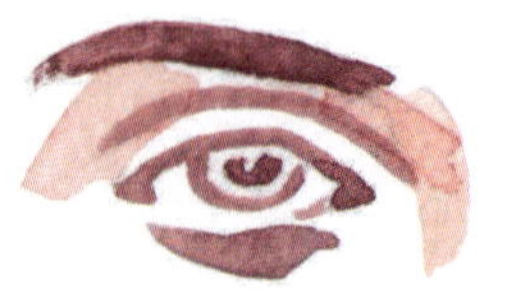

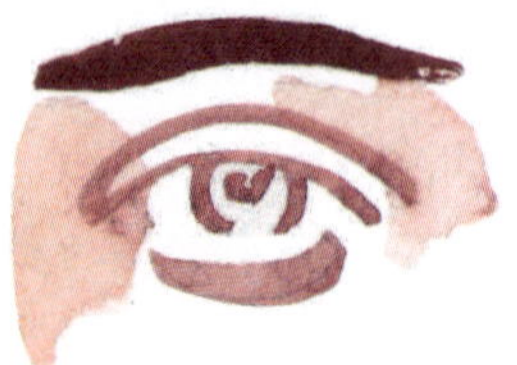

4.2 Gesichtspartien

Die Augen

Der Ausdruck in den Augen ist unter anderem das Wichtigste bei einem Porträt. Die Augen zeigen die Seele und die Stimmung des Menschen. Du kannst sie mit Watercolor in zwei Varianten malen. Entweder als farbige Silhouette mit der Lavurtechnik oder du malst sie recht realistisch in mehreren Schichten mit der Lasurtechnik. Ich erkläre dir nun, wie du Augen schrittweise mit Watercolor malen kannst.

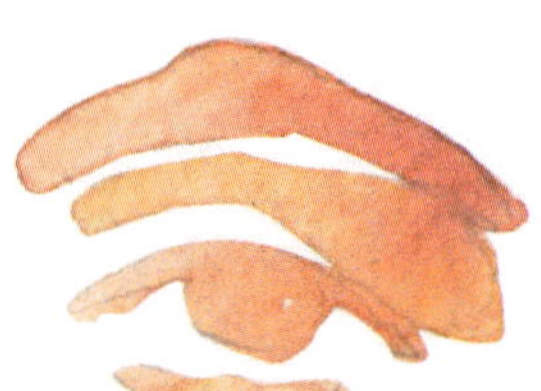

1. Augensilhouetten

Du kannst das Auge als farbige Silhouette malen und so spannende Lichter und Formen entstehen lassen. Bei dieser Variante malst du das Auge in seiner Form flächig aus. Nutze hier die Lavurtechnik und laviere dabei verschiedene Farben ineinander. Probiere hierbei verschiedene Farbtöne aus und kombiniere sie miteinander.

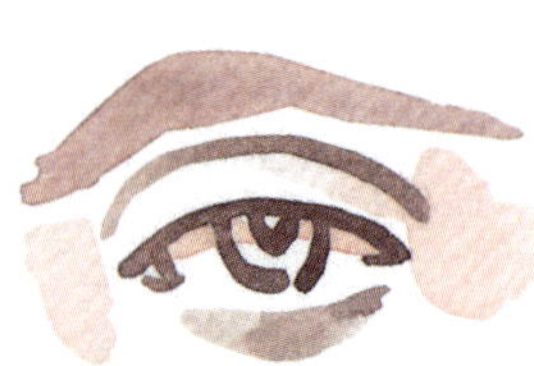

2. Augenkontur

Wenn du gerne realistischere Augen malen möchtest, arbeite am besten mit der Lasurtechnik. Die Farbschicht mit dem Hautton bildet den Untergrund, auf dem das Auge lasiert wird. Hierbei lässt du das Auge aus mehreren Schichten entstehen und gibst dem Auge dadurch mehr Tiefe. Unten siehst du, wie man ein Auge aufbauen kann. So entstehen die Schatten und Lichter im Auge.

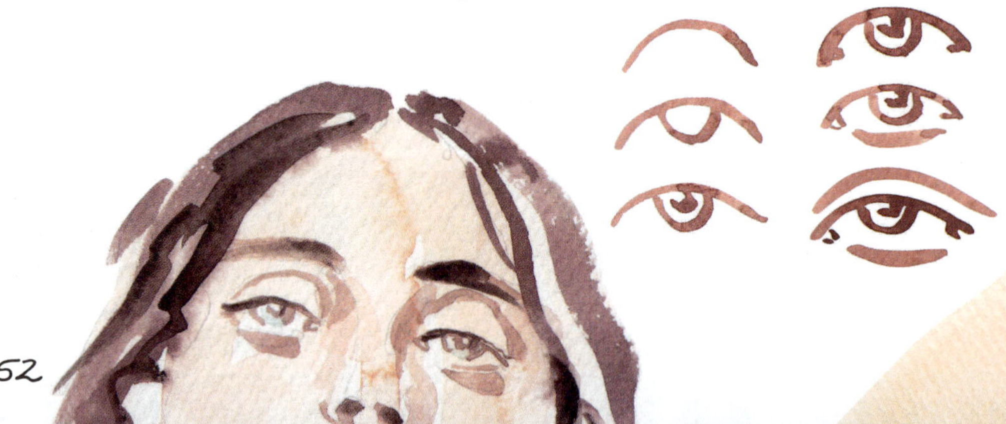

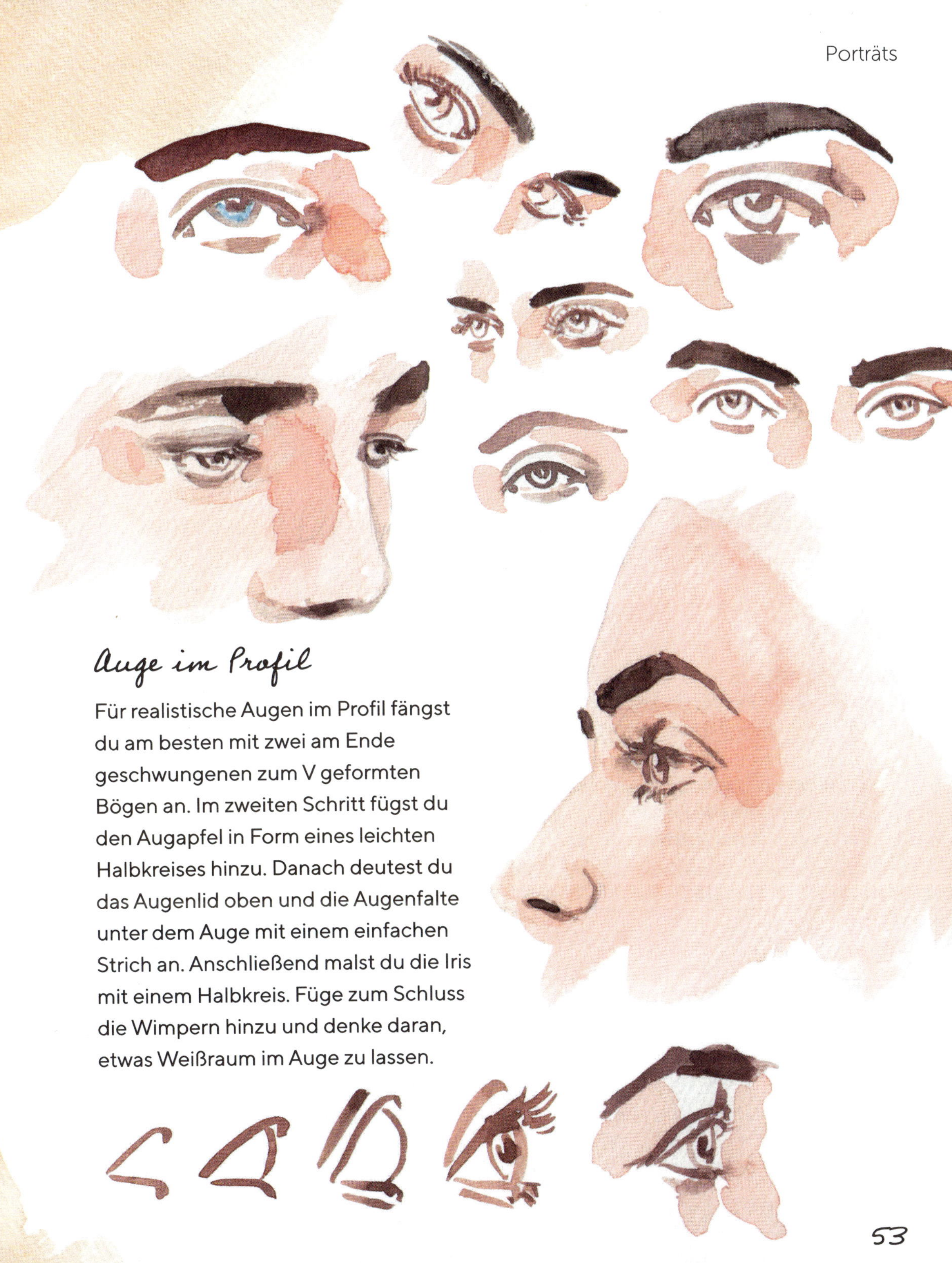

Auge im Profil

Für realistische Augen im Profil fängst du am besten mit zwei am Ende geschwungenen zum V geformten Bögen an. Im zweiten Schritt fügst du den Augapfel in Form eines leichten Halbkreises hinzu. Danach deutest du das Augenlid oben und die Augenfalte unter dem Auge mit einem einfachen Strich an. Anschließend malst du die Iris mit einem Halbkreis. Füge zum Schluss die Wimpern hinzu und denke daran, etwas Weißraum im Auge zu lassen.

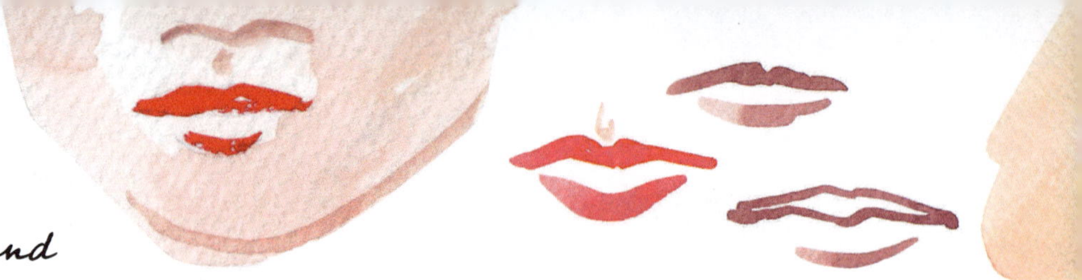

Der Mund

Den Mund kannst du mit Watercolor einfach mit zwei Strichen setzen. Hier brauchst du nicht so viele Details zu malen wie beim Auge. Stelle dir vor, dass etwas Licht auf die Unterlippe fällt, und lasse einfach immer einen Weißraum oder eine »Lücke« stehen. Fülle die Oberlippe flächig aus und deute die Unterlippe mit einem leichten Bogen an. Die Farbe der Lippen ist das, was den Mund spannend und ausdrucksstark macht. Probiere hier einmal verschiedene Hauttöne oder Lippenfarben aus.

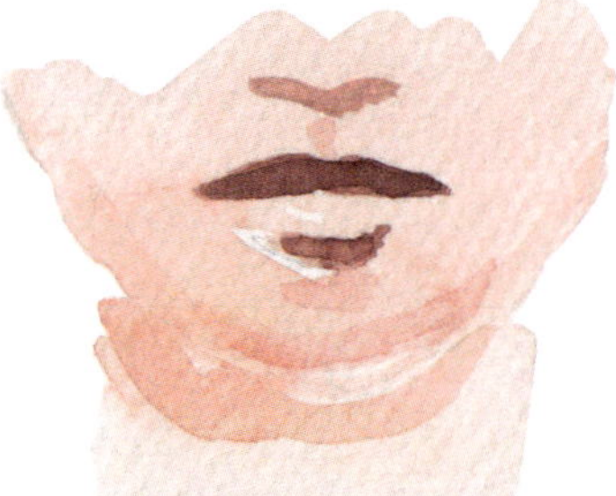

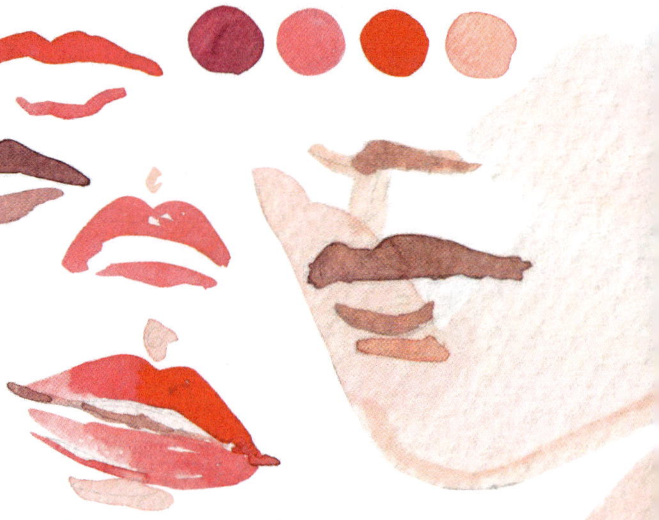

Zähne malen

Wenn der Mund geöffnet ist und man Zähne sieht, lasse diesen Bereich im ersten Schritt erst einmal weiß. Du kannst die Zähne anschließend mit einem leichten braunen Strich andeuten oder durch Farbe im Mundbereich hervorheben.

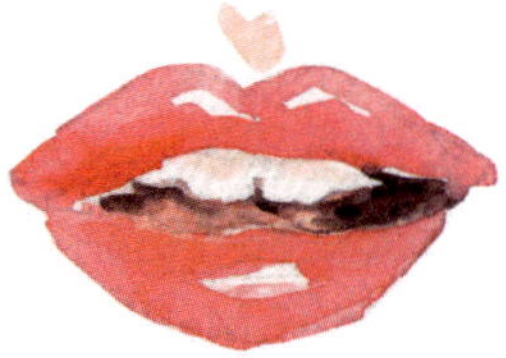

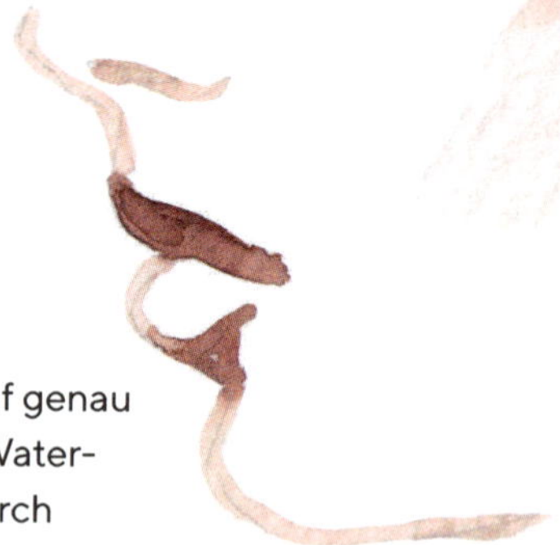

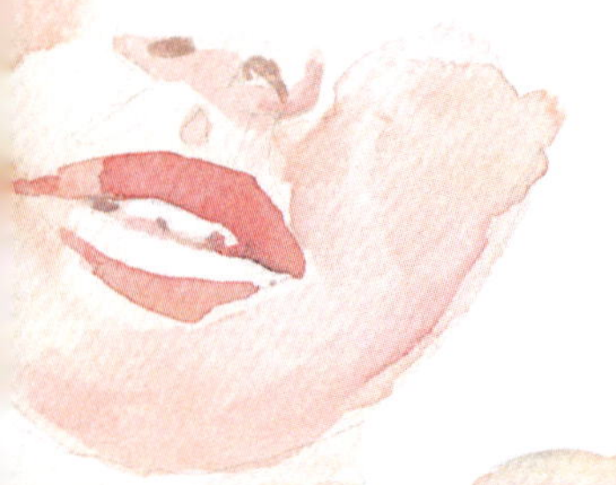

Lippen im Profil

Lippen im Profil malst du vom Schattenverlauf genau wie frontale Lippen. Male die Oberlippe mit Watercolor flächig aus und deute die Unterlippe durch einen leichten Bogen an. Mit einem weiteren Strich unter der Unterlippe kannst du die Kinnfalte andeuten.

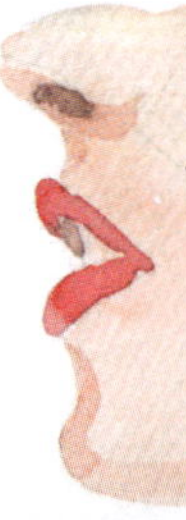

Die Ohren

Die Ohren sind wegen der Haare oft ganz oder teilweise verdeckt. Im Profil ist ein Ohr jedoch oft besser sichtbar. Ohren kannst du entweder direkt als Silhouette oder im zweiten Schritt auf deine erste Lasurschicht mit der Haut malen. Male hierfür zuerst die Form des Ohres. Danach fügst du die Ohrmuschel durch Linien innerhalb des Ohres hinzu. Im dritten Schritt lasierst du deinen Braunton in die dunklen Bereiche des Ohres. Stellen, die hell sind, lässt du weiß. So entsteht wieder ein Licht- und Schattenspiel aus Watercolor, ohne dass du sehr viele detaillierte Striche malen musst.

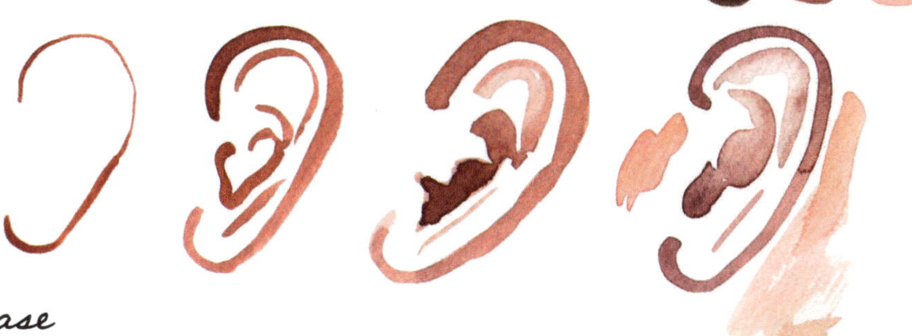

Die Nase

Auch die Nase wird nicht so ausgeprägt gemalt wie Augen und Mund, da sie für die Darstellung eines guten Porträts mit Watercolor weniger wichtig ist. Bei einem frontalen Porträt reicht es aus, die Nasenspitze nur mit einem Schatten darzustellen bzw. anzudeuten. Male hier eine geschwungene Linie in Form eines breit geöffneten Vs. Wenn du mehr Details an der Nase andeuten möchtest, kannst du auch den Schatten der Nase auf der linken oder rechten Seite andeuten. Im Profil malst du eine Nase mit einem geschwungenen Strich und deutest die Nasenlöcher nur mit einem leichten Oval an. Male zur Übung Nasen und variiere dabei Größe und Form der Nasen und Nasenlöcher.

Mehr Details **Nase frontal** **Nase im Profil**

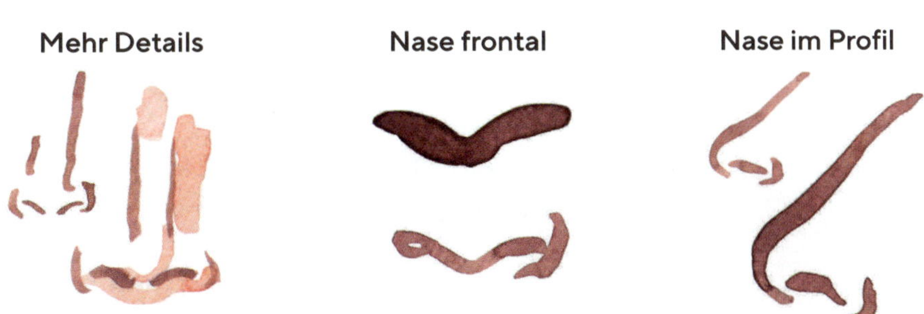

4.3 Ausdruck

Trauer und Zorn

Wenn ein Mensch einen negativen Ausdruck annimmt, dann schließen sich die Augen meist etwas, und die Form der Augen wird länglicher, sodass die Iris mehr hinter den Augenlidern verschwindet. Auch das obere Augenlid hängt mehr, und der Abstand der Striche wird geringer und länglicher. Weiterhin bekommen Menschen beim Weinen oder zornig Schauen häufig die berühmte Zornesfalte zwischen den Augenbrauen. Auch das Unterlid sieht meist schattiger und aufgequollener aus. Dies kannst du mit stärkeren Watercolor-Schatten unter und über dem Auge andeuten. Der Mund eines skeptischen oder traurigen Menschen ist meist geschlossen. Insgesamt werden die Elemente geschlossener dargestellt, als bei positiven Gesichtsausdrücken. Eine Gemeinsamkeit bei negativen und positiven Gesichtsausdrücken ist das geschlossene Auge beim starken Weinen oder Lachen.

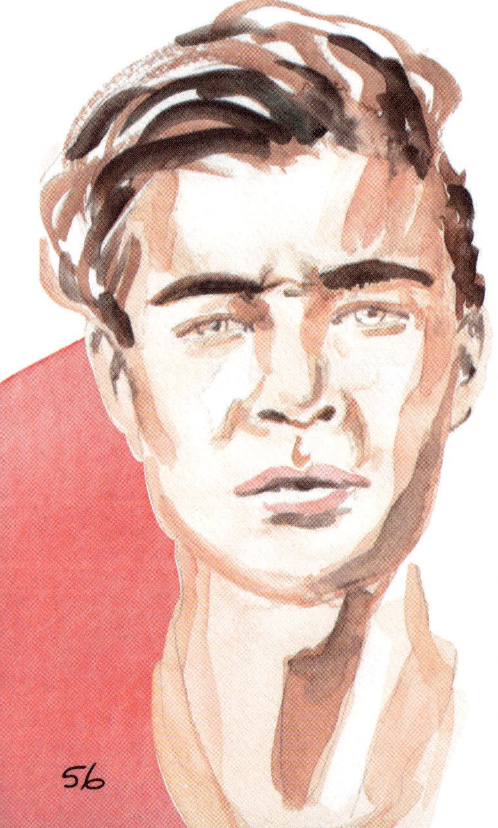

Negativer Ausdruck

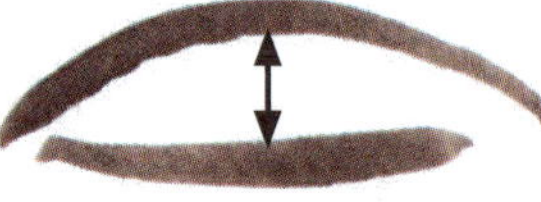

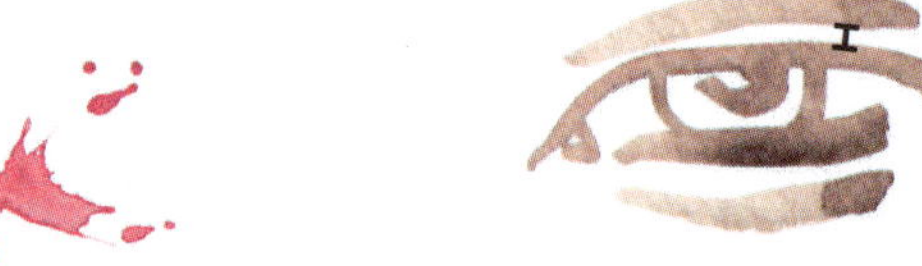

Tipp

Probiere einmal, die Augen zusammengekniffener zu malen. Verringere dabei die Abstände deiner Striche zueinander. Der Strich des Ober- und Unterlids ist dabei näher am Auge.

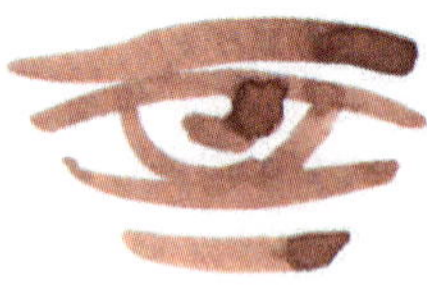

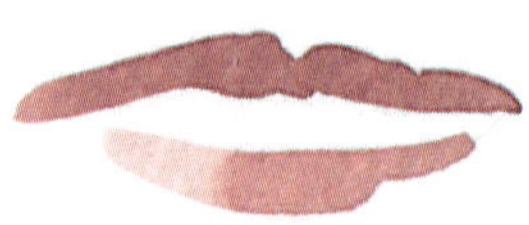

Freude und Lachen

Bei einem positiven Gesichtsausdruck ist der Mund meist geöffnet und man sieht Zähne. Um den Mund herum entstehen kleine Lachfältchen an den Wangen. Diese kann man mit geschwungenen Linien sehr gut darstellen. Bei einem extremen Lachen ziehen sich diese Lachfalten bis über den Nasenschatten, wie im Beispiel der Frau unten. Die Augen sind beim herzhaften Lachen meist geschlossen und bei einem leichten Lächeln im offenen Zustand eher rund und offen zu sehen. Male das Auge also in einer offenen, positiven und runden Form.

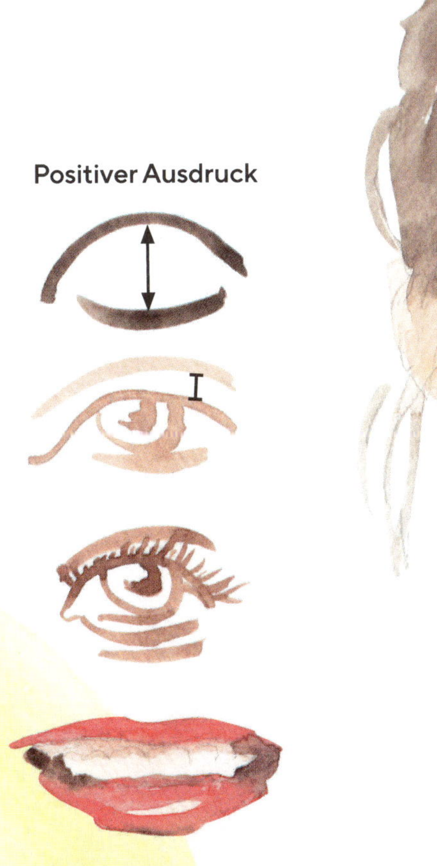

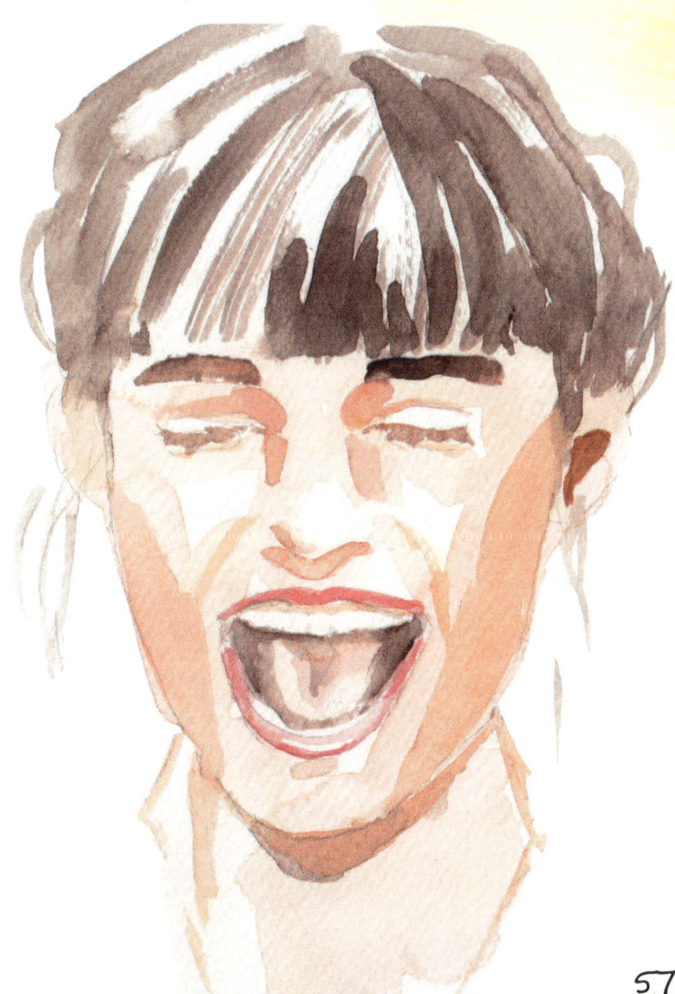

4.4 Haare malen

Die Grundtechniken für Haare

Haare malst du mit der Lasurtechnik, entweder mit gefüllten Lasurschichten und Weißräumen oder aus dynamischen Pinselstrichen, die in ihrer Farbdeckung und Farbe variieren. Der dynamische Pinselstrich aus verschiedenen Tonwerten erzeugt gerade bei Haaren eine plastische und interessante Wirkung. Bei Lasurschichten erzeugen eingearbeitete Verläufe durch das Lavieren eine tolle Wirkung. Wichtig ist, dass du vorher überlegst, wo in deinem Motiv das Licht und die Schatten in den Haaren entstehen. Dort, wo Licht einfällt, lässt du Weißräume stehen oder arbeitest mit einem helleren Farbton. Dort, wo in den Haaren dunkle Schatten entstehen, arbeitest du mit einer dunkleren Farbschicht, die mehr Tiefe erzeugt. Führe deinen Pinselstrich immer in die Richtung, in der sich auch das Haar bewegt.

1. Haare aus Lasurschichten

Wenn du Haare flächig füllen möchtest, dann malst du eine zusätzliche Lasur über die getrocknete Farbschicht. Dort, wo das Haar heller ist, kannst du die Lasur leicht verlaufen lassen und arbeitest mit mehr Wasseranteil im Pinsel. Lasse auch gerne in deiner Fläche Weißräume stehen, um Lichter zu erzeugen. Diese Weißräume deuten dann kleine Lichter in den Haaren an.

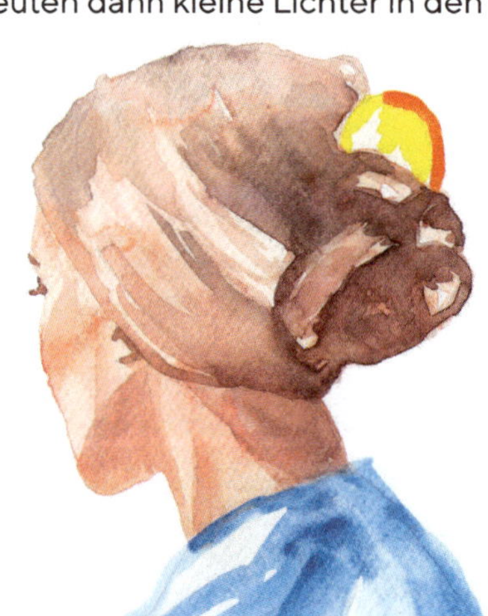

Lasurschicht mit Lavuren
Die Lasurschicht wird flächig als Silhouette mit leichten Weißräumen dargestellt. Dort, wo die Haare dunkler sind, lavierst du mehr Farbe hinein.

2. Haare aus Pinselstrichen

Wenn du die Haare mit dem dynamischen Strich malst, dann führe deinen Pinselstrich immer in die Richtung aus, in die sich das Haar bewegt. Beim Malen organischer Formen muss man immer mit der Form gehen. Betone dunkle Stellen im Haar mit einem intensiveren Farbauftrag. Hierbei setzt du einfach die dunkleren Striche auf die helleren Pinselstriche. Bedenke auch hier, die Farbe immer von hell nach dunkel zu malen, um Tiefe zu erzeugen. So entstehen die Haare aus den Pinselstrichen und den unterschiedlichen Tonwerten des Farbauftrags.

Pinselstriche aus Tonwerten

Bei dieser Art, Haare zu malen, fängst du mit den helleren Pinselstrichen an und setzt darauf die dunkleren Töne. Lasse Weißräume stehen, wo Licht auf das Haar fällt.

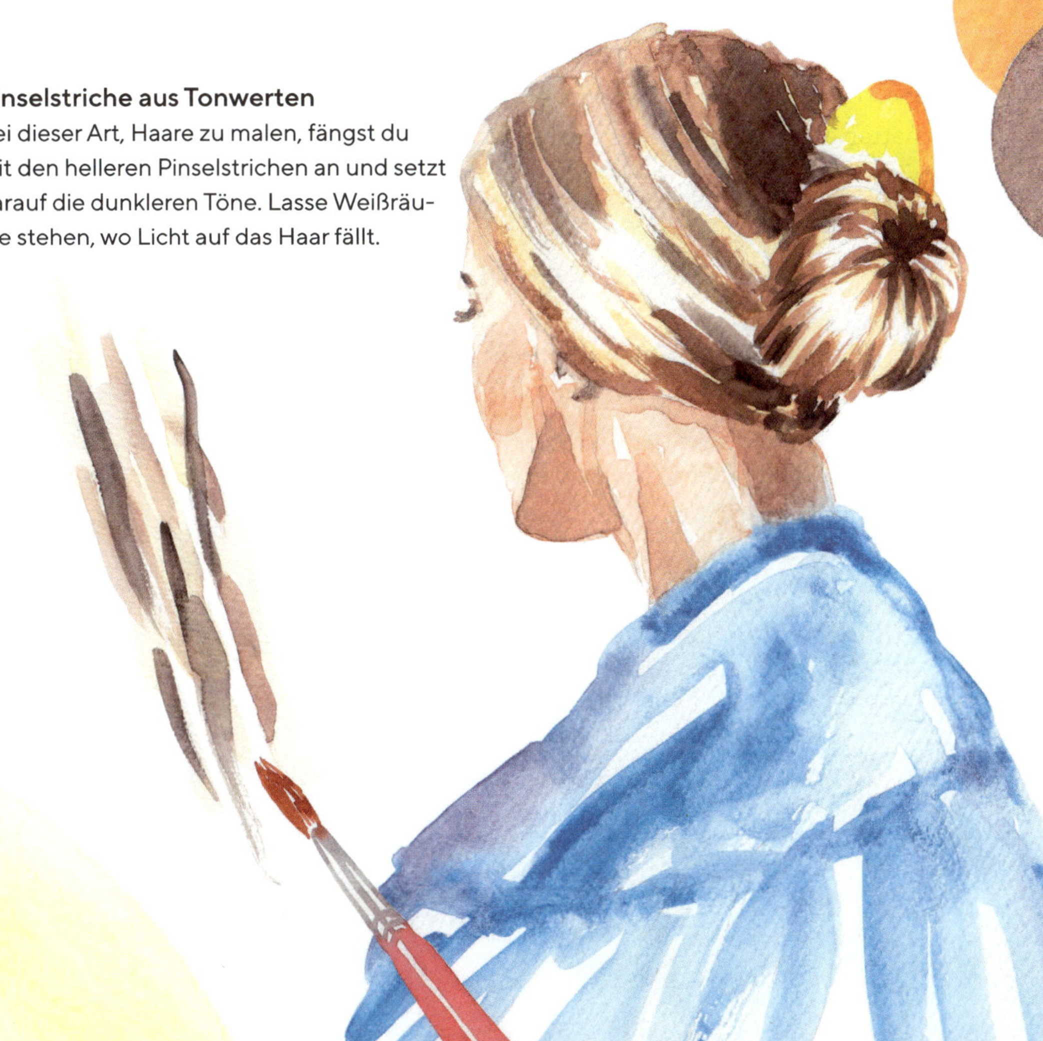

Frisuren und Haartöne

Frisuren sind genauso individuell wie der Mensch selbst. Spiele hier mit verschiedenen Frisuren und variiere in den Haarfarben. Schaue dir bei Frisuren, wie z.B. bei Dutt oder Zöpfen genau an, in welche Richtung die Haare laufen und ziehe deinen Pinselstrich genau in die Laufrichtung der Haare.

Braunrote Haare

Braune oder rote Haare lassen sich sehr gut mit den folgenden Farbtönen mischen oder zusammenstellen. Wenn du Schatten setzen möchtest, verwende dafür den dunkelsten Braunton. Leichte Lichter in den Haaren kannst du mit dem lichten Oker setzen.

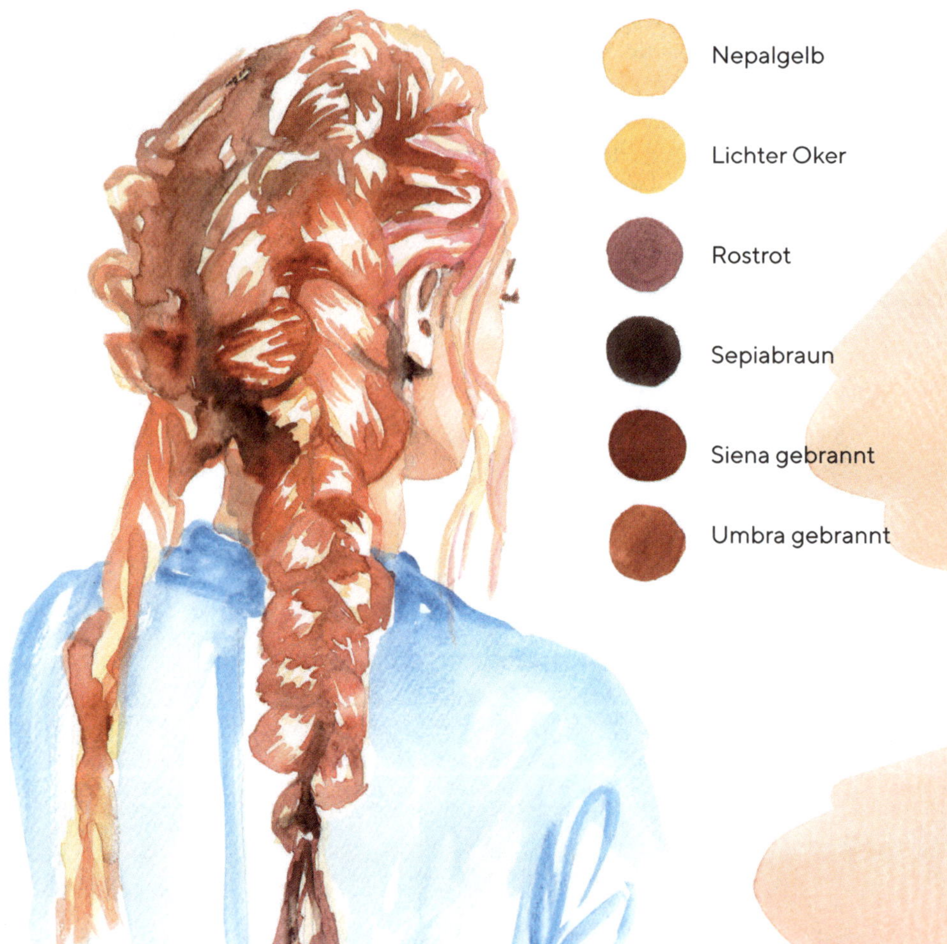

Blonde Haare

Verwende bei blonden Haaren für die Schatten einen Braunton und für Highlights dein Zitronengelb.

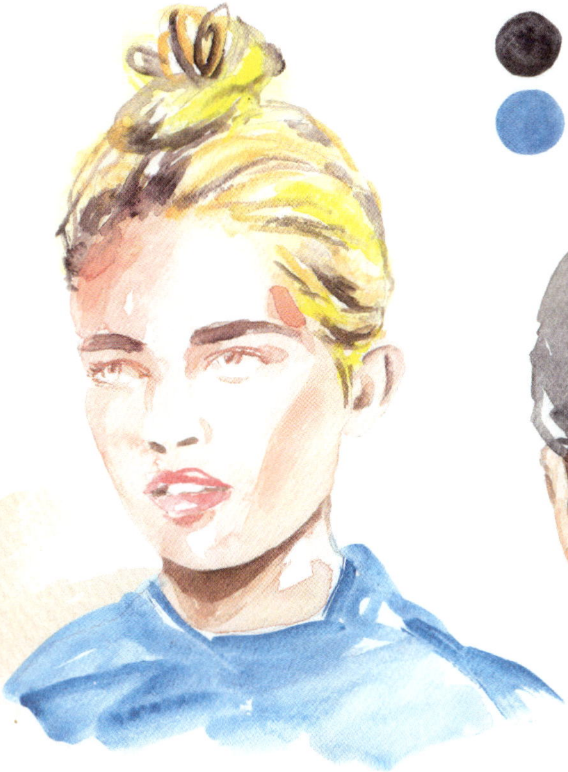

Nepalgelb

Lichter Oker

Zitronengelb

Umbra gebrannt

Schwarze Haare

Schwarze Haare kannst du mit leichten Lichtreflexen malen, indem du den Haaren mit einem Blauton einen leichten Schimmer verleihst.

Elfenbeinschwarz

Bergblau

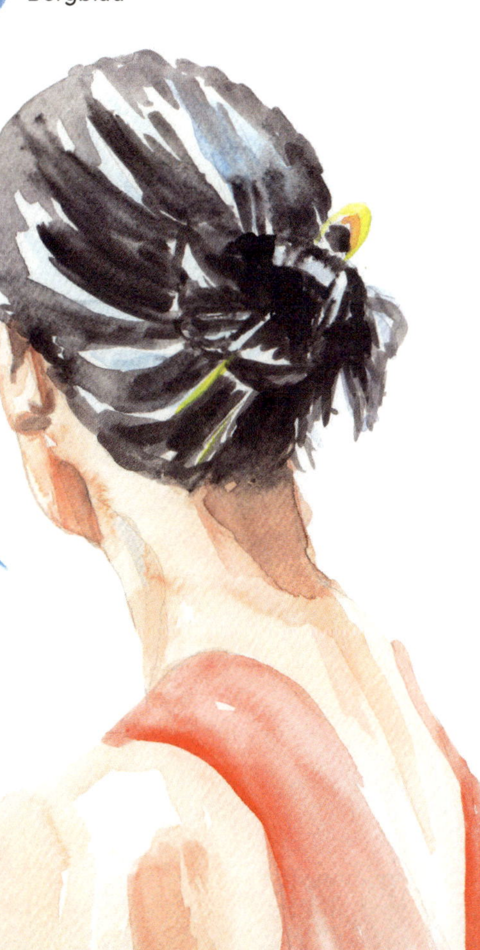

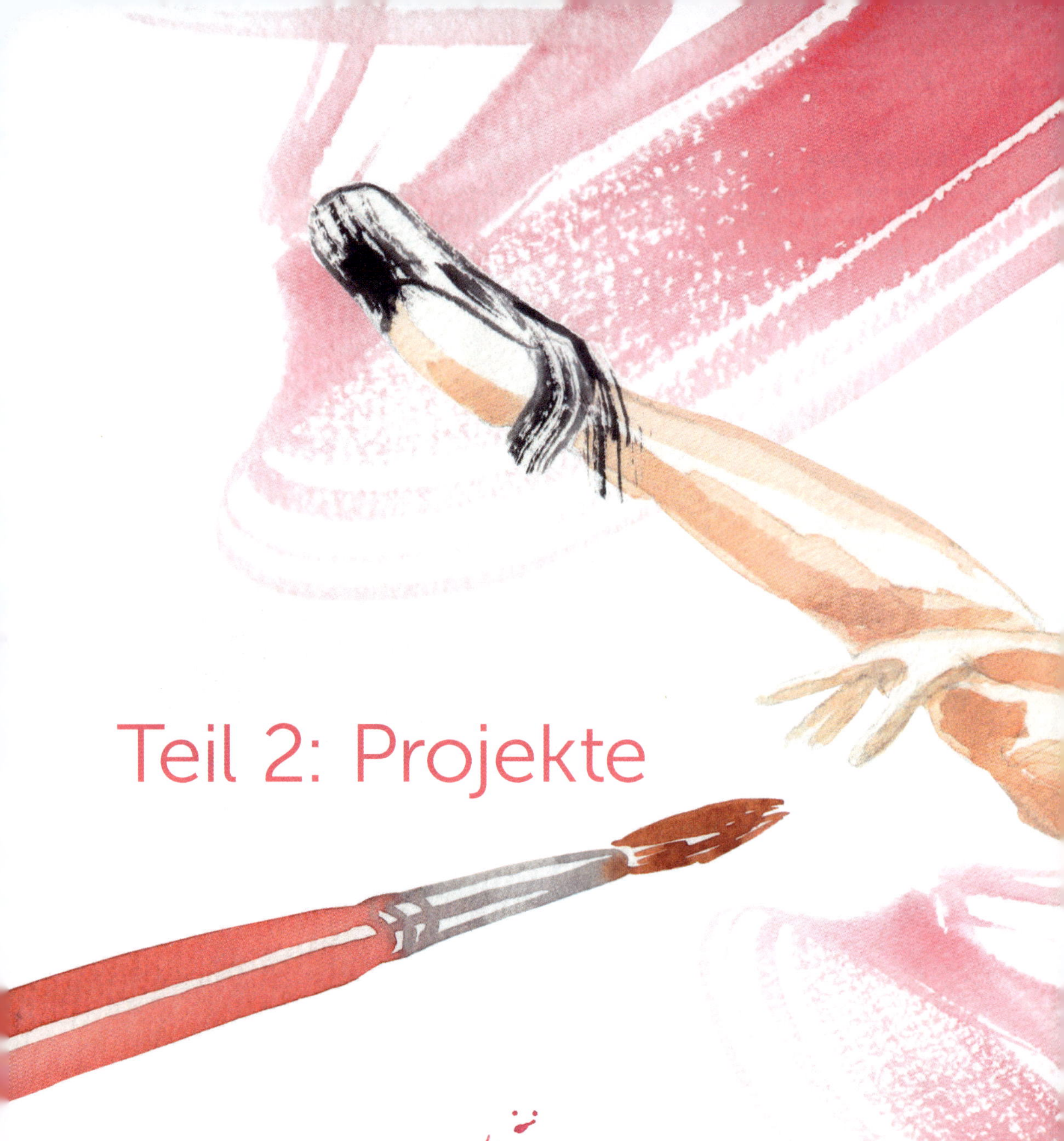

Teil 2: Projekte

Zum Download

Alle Vorlagen und Skizzen zum Übertragen findest du kostenfrei auf meiner Website unter www.psillustrationen.de.

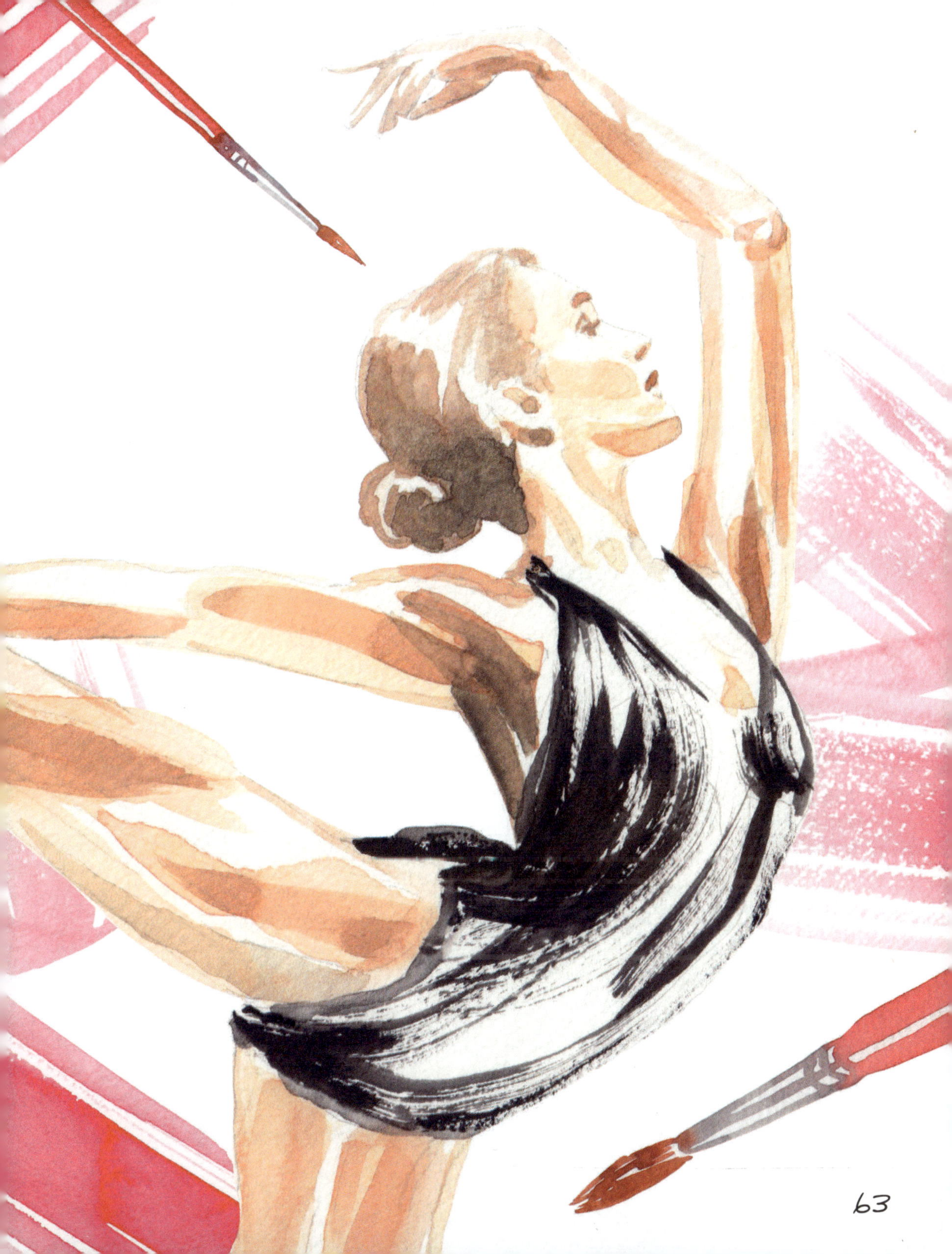

5 Menschen

5.1 Motive vorbereiten

Grundsätzliche Vorbereitungen

Wenn du mit Watercolor arbeitest, solltest du dir vorab immer Gedanken zu deinem Menschenmotiv machen, das entstehen soll. Hierbei fertigst du deine Vorskizze an und bestimmst die wichtigsten Faktoren deines Motivs. Das sind folgende Punkte aus den Grundlagenkapiteln:

Pinselübungen

Übe den Umgang mit deinen Materialien und wärme deine Hand zum Malen mit Malrichtungen und Pinselübungen vorab auf.

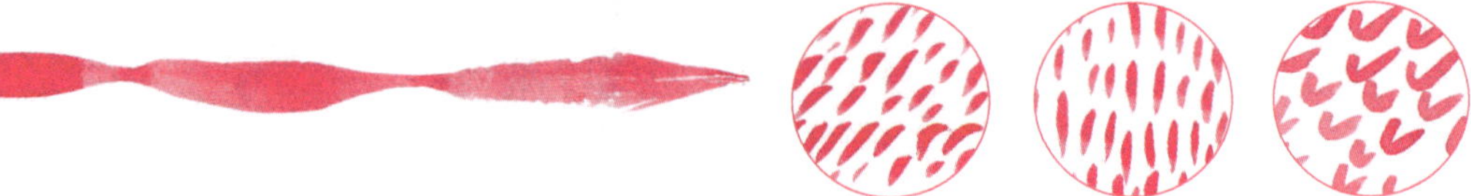

Maltechniken und Darstellungsarten auswählen

Mit welcher Maltechnik möchte ich die Figur abbilden? Mit Lasur oder Lavur oder beiden? Nutze ich Spezialtechniken? Ebenfalls solltest du dir überlegen, welche Bereiche deiner Figur mit welcher Darstellungsart gemalt werden soll. Du kannst die Arten der Darstellungen auch mischen. Als Hilfe habe ich dir bei den Projekten in diesem Buch oben rechts in der Ecke immer angegeben, mit welcher Darstellungsart das Projekt gemalt ist. Die detallierte Erklärung findest du im Grundlagenkapitel auf den Seiten 22-23.

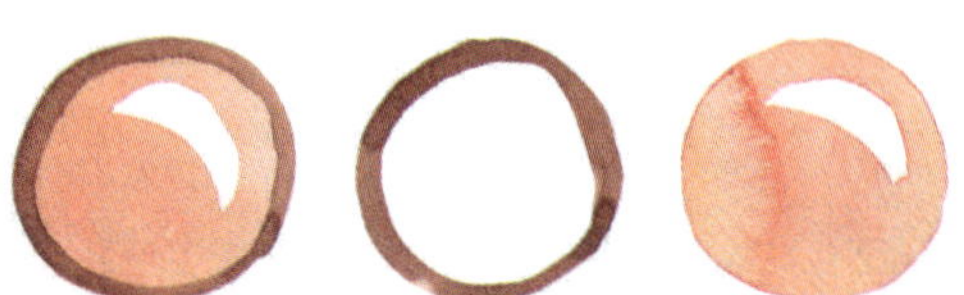

Licht, Schatten und Weißräume bestimmen

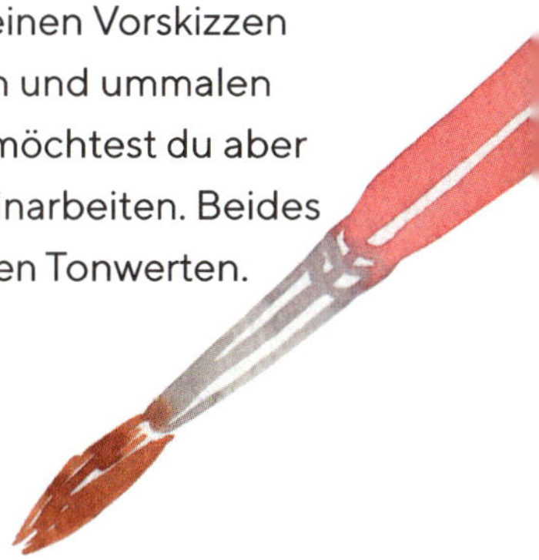

Mache dir beim Betrachten deines Motivs klar, wo Lichter und Schatten entstehen sollen. Sieh genau hin und markiere dir diese Bereiche in deinen Vorskizzen ganz leicht. So kannst du später die hellen Stellen gut aussparen und ummalen und dunklen Stellen mit einer Lasurschicht betonen. Vielleicht möchtest du aber auch an dunkleren Stellen leichte Lavuren mit dunklen Tönen einarbeiten. Beides ist möglich. Male deine Lichter und Schatten in unterschiedlichen Tonwerten.

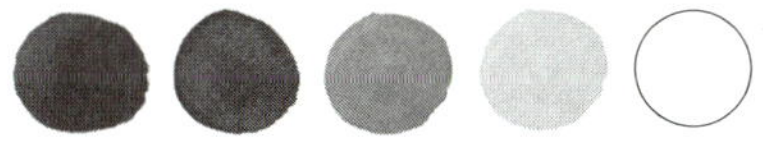

Farbauswahl treffen

Stelle deine Farbauswahl vorher als Palette zusammen. Durch das zügige Arbeiten mit Watercolor solltest du dir die Farben, die du nicht direkt aus dem Näpfchen nimmst, vorher zusammenstellen oder anmischen. Bei zügigen Lavuren mit mehreren Farbtönen ist das sehr wichtig. Auch kann eine Fläche schon trocknen, während du die Farbe anmischst, und dann könnten unschöne Übergänge in deinem Motiv entstehen. Überlege dir, welche Farbtöne in deinem Motiv dominieren sollen, um einen interessanten Kontrast zu schaffen.

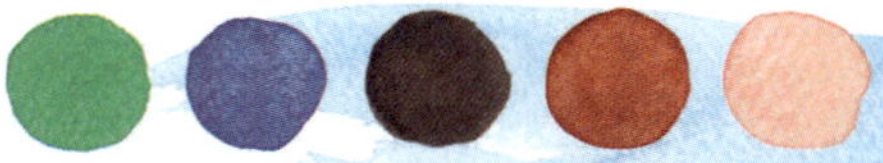

Los geht's!

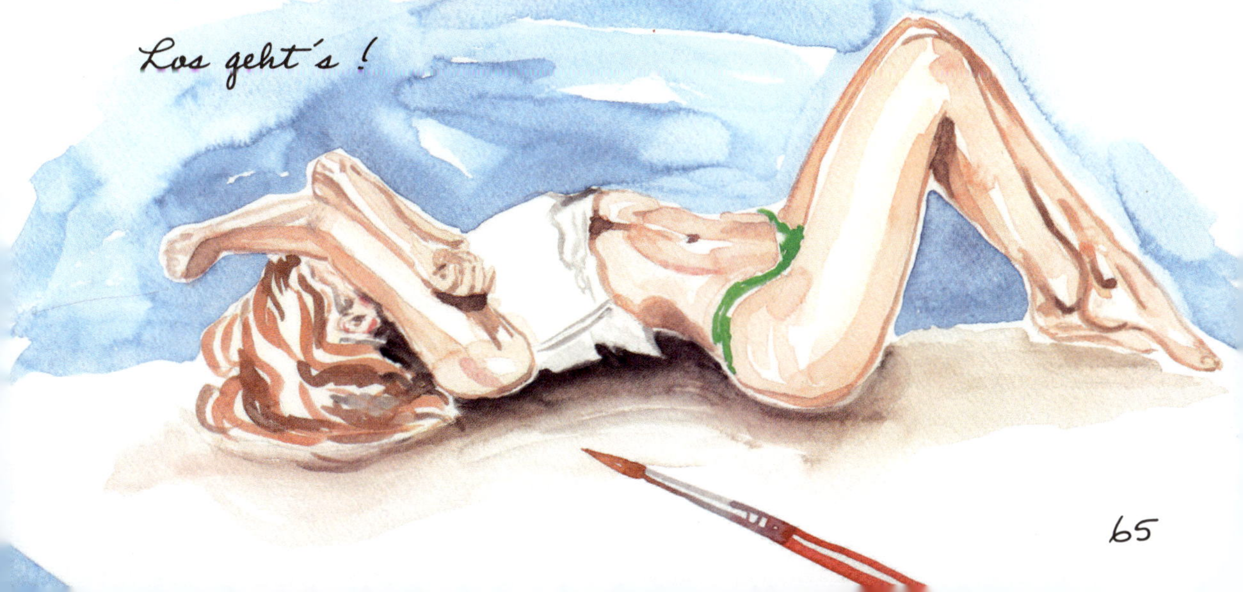

5.2 Vorskizzen

Vorskizzieren mit der Rastertechnik

Mit der Rastertechnik kannst du das gewünschte Motiv auf dein Papier übertragen, wenn du dir noch nicht sicher mit dem freien Vorskizzieren bist. Hierfür kannst du meine Vorlagen für die Projekte nutzen und sie mit zarten Bleistiftstrichen übertragen. Es gilt: Je kleiner du die Rasterquadrate gewählt werden, desto detaillierter und einfacher ist die Übertragung der einzelnen Flächen des Motivs. Hier kannst du selbst bestimmen, wie grob oder fein das Raster werden soll.

Grobes Raster
Je gröber das Raster, desto schwieriger die Übertragung des Motivs.

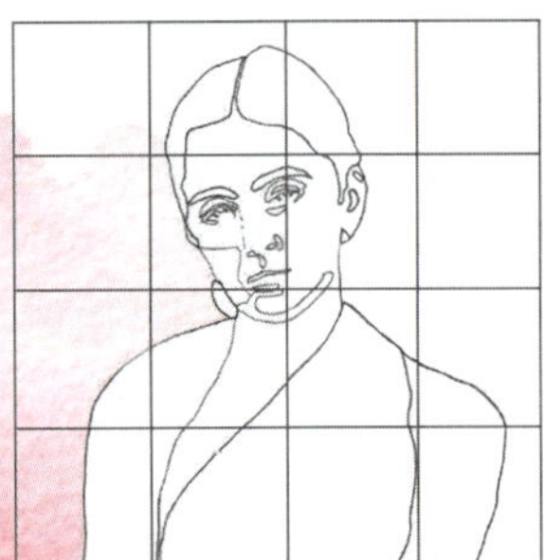

Feines Raster
Je kleiner das Raster, desto einfacher die Übertragung des Motivs.

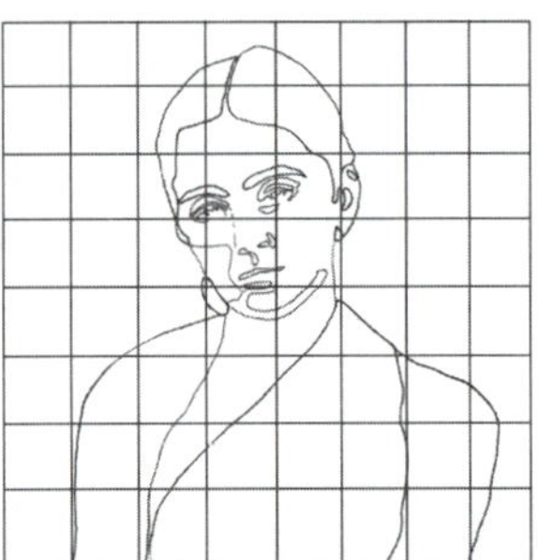

Alle Vorlagen und Skizzen zum Übertragen findest du kostenfrei auf meiner Website unter www.psillustrationen.de, siehe dazu auch die Seiten 138-139.

1. Raster erstellen

Im ersten Schritt überträgst du die Maße des Rasters ohne Vorlage auf dein noch leeres Aquarellpapier. Das Raster erstellts du, indem du eine Fläche, in der sich später das Motiv befinden soll, in verschiedene gleich große Quadrate einteilt. Dieses Raster dient dann als Grundlage für die Vorskizze des Motivs. Das Raster teilt die Bereiche des Motives in einzelne gleich große Quadrate auf, was die Orientierung zum Abzeichnen der Vorlage erleichtert. Ein Raster erstellst du so, dass du dir eine Maßeinheit, z.B. jeweils im 3 cm Abstand, überlegst und deine Fläche dann jeweils in quadratisch gleich große Flächen einteilst.

Hierbei gehst du so vor, dass du erst die gesamte vertikale (1) und dann die horizontale (2) Länge deines Rasters aufmalst. Darauf markierst du dann mit deinem Lineal die jeweiligen Abstandsmaße (3) direkt hintereinander. Dann ziehst du die Linien jeweils an den markierten Abstandspunkten (4) gerade durch. Danach ist dein Raster fertig (5), und du kannst dein Motiv übertragen. Diese Bleistift-Vorzeichnung hilft dir gerade am Anfang dabei, die einzelnen Bereiche der Schatten und Proportionen des Menschenmotivs gut zu definieren.

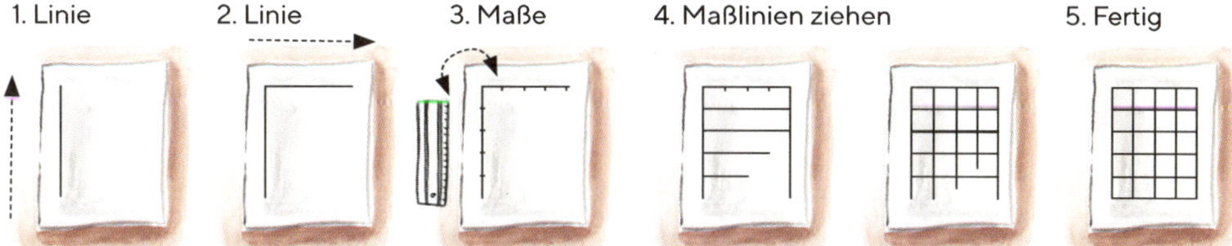

2. Quadrat für Quadrat das Motiv übertragen

Wenn du das noch leere Raster übertragen hast, geht es mit der Vorskizze los. Male dich hier von Fläche (1-4) zu Fläche und übertrage proportional die Linien, die sich in den jeweiligen Quadraten befinden. Das Raster erleichtert es dir, die passenden Positionen der Linien zu finden. Radiere im letzten Schritt das zarte Raster weg, sodass nur noch deine zarte Bleistiftskizze des Motivs übrigbleibt.

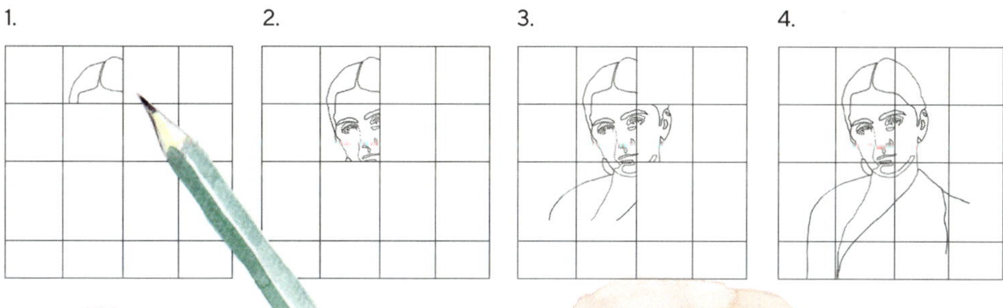

Was du brauchst:
HB Bleistift und Radiergummi,
Lineal mit mindestens 40 cm.

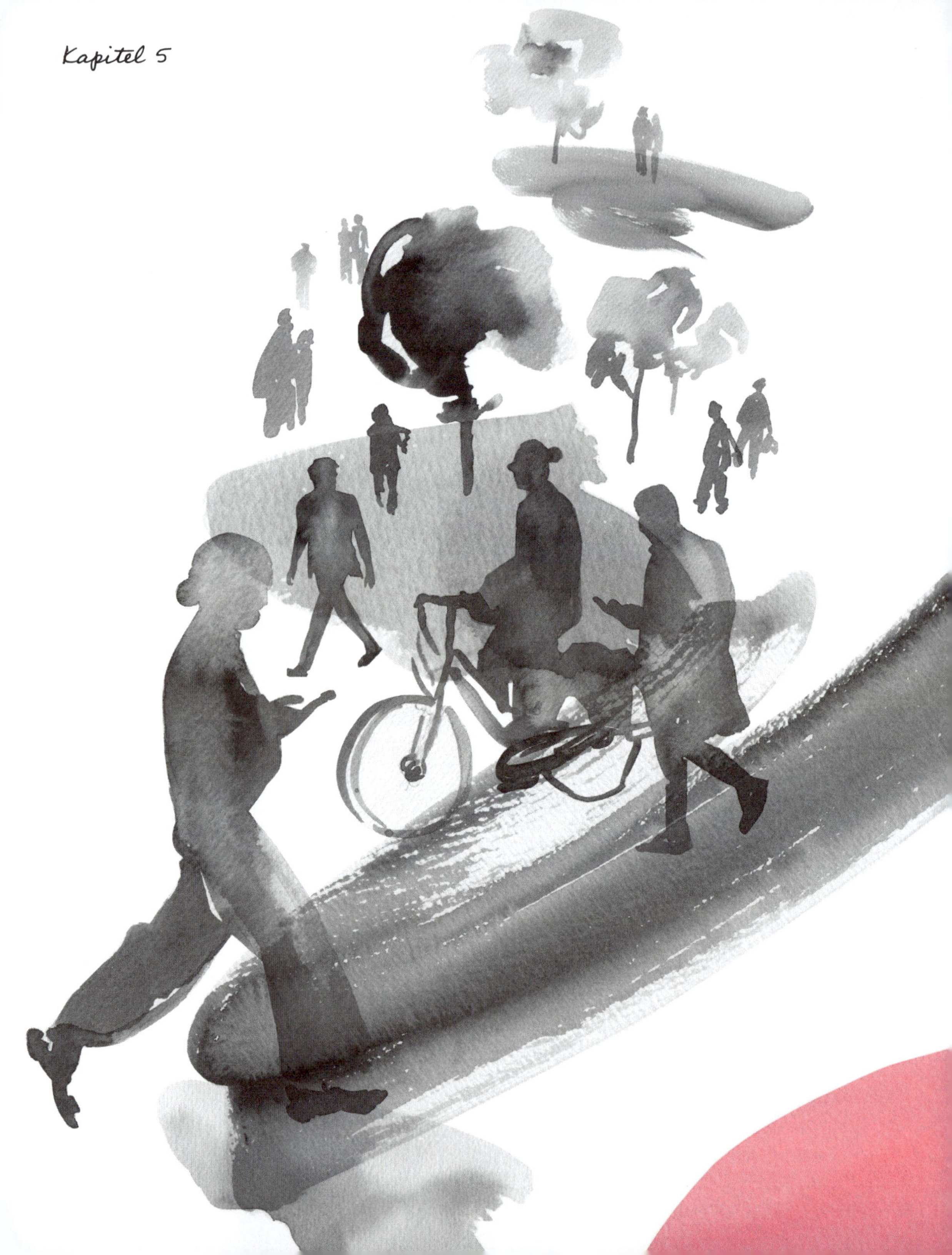
Kapitel 5

5.3 Silhouetten

Vorskizze

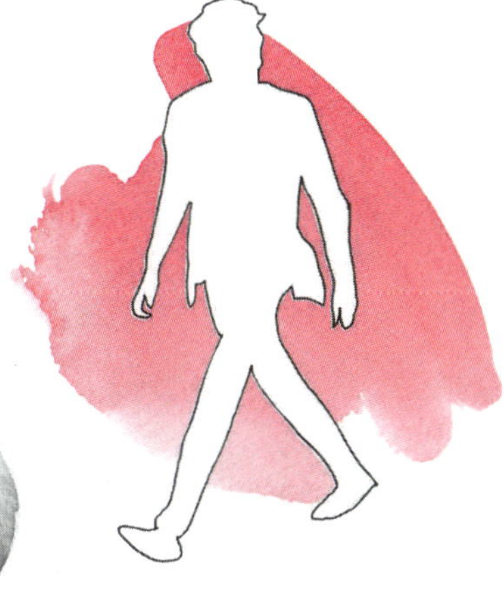

Farbpalette

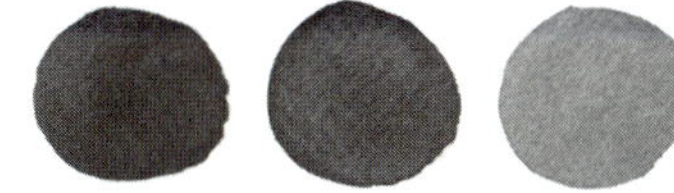

Pinsel

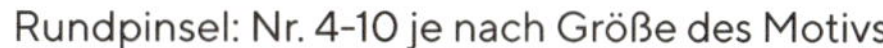

Rundpinsel: Nr. 4-10 je nach Größe des Motivs

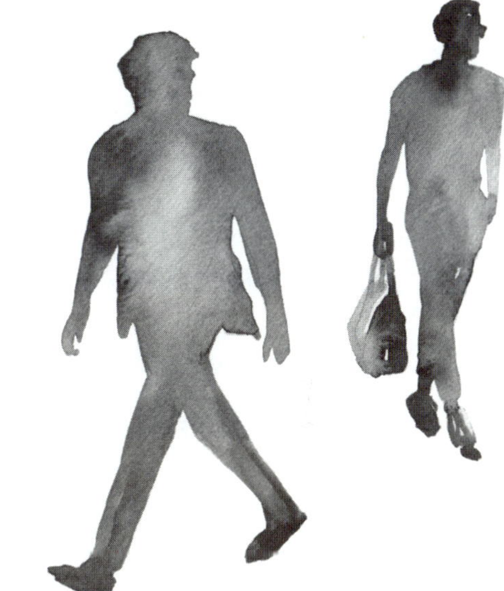

1. Anfangen

Beginne mit den ersten Pinselstrichen deiner Silhouette, nachdem du die Vorskizze übertragen hast. Arbeite hierbei immer von oben nach unten. Am besten beginnst du am Kopf mit viel Farbe im Pinsel. Laviere dann die Farbe in den unteren Bereich des Körpers deiner Silhouette.

2. Ausfüllen

Fülle im zweiten Schritt die Silhouette bis zu den Füßen aus. Achte hierbei darauf, die Farbe immer von oben nach unten zu ziehen. Im Anschluss daran kannst du für Schatten an manchen Stellen noch mehr Farbe aufnehmen und lavierend in dein Motiv einarbeiten.

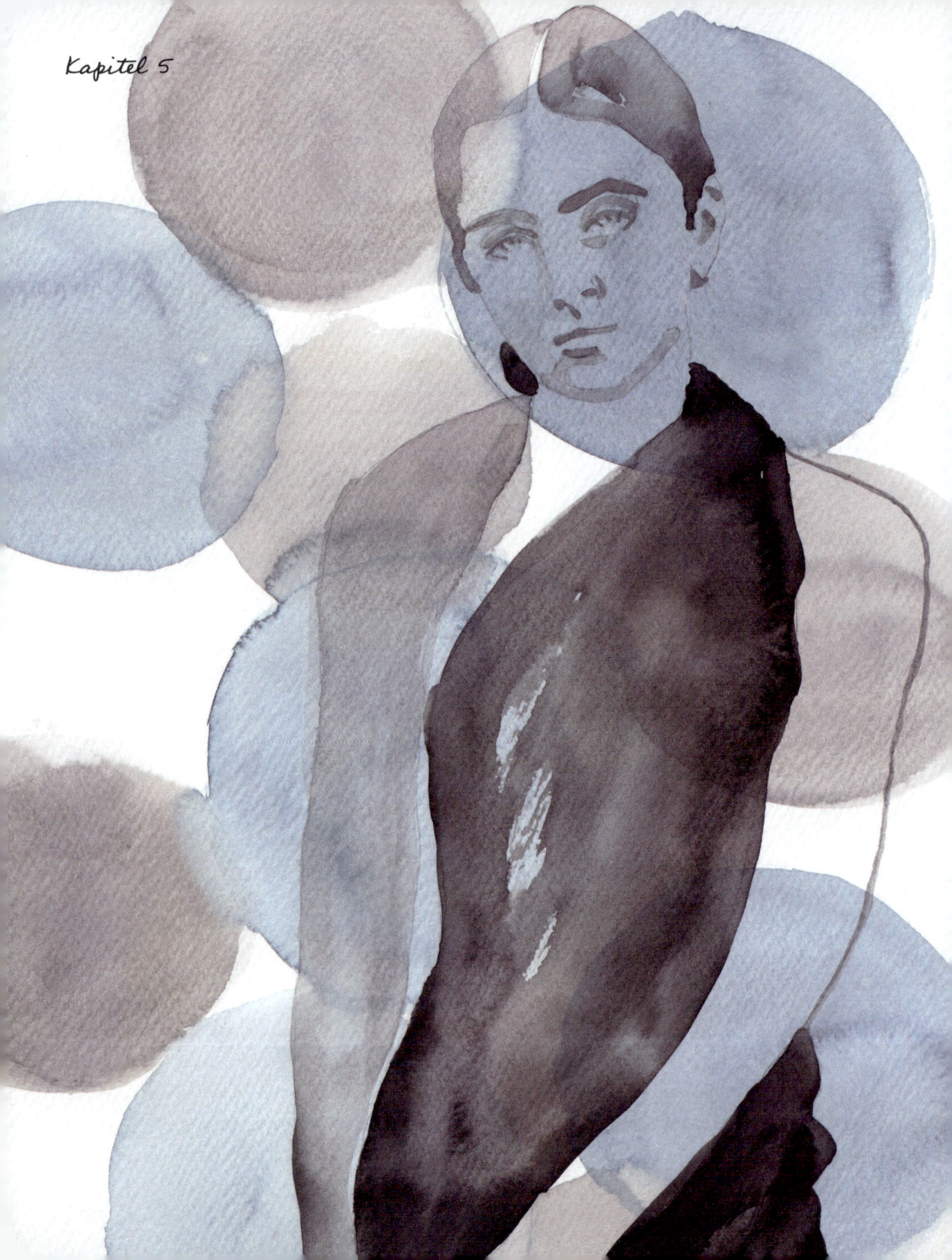
Kapitel 5

5.4 Frau mit Hintergrund

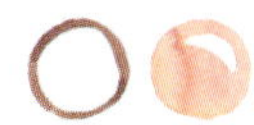

Vorskizze

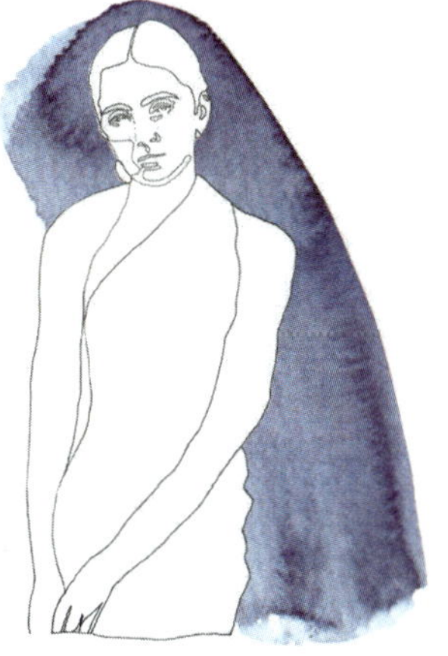

Farbpalette

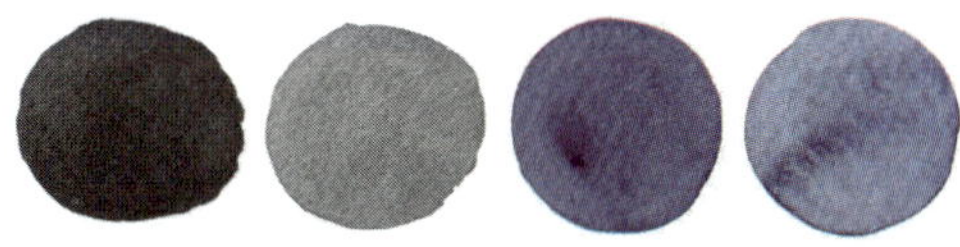

Pinsel

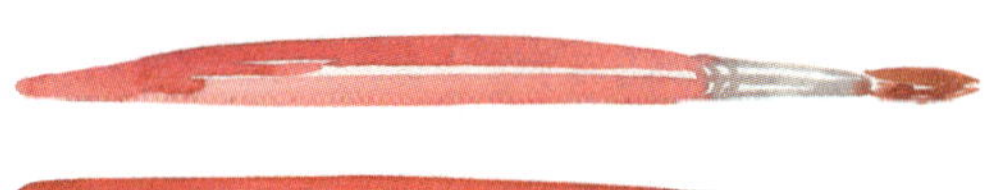

Rundpinsel: Flächen Nr. 8-14, Details Nr. 0-2

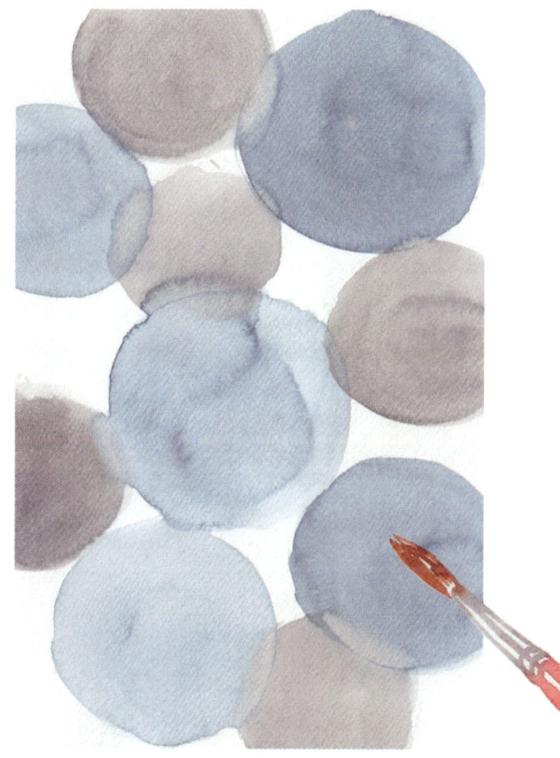

1. Hintergrund malen

Bei diesem Projekt beginnst du mit dem Hintergrund. Male mit einem großen Rundpinsel verschiedene Kreise auf dein Papier. Lasse die Farben dabei auch einmal lavierend zusammenlaufen. Wähle zarte Farben aus, da du später das Motiv auf diese Hintergrundschicht malen wirst. Lasse diese Farbschicht gut trocknen.

2. Vorskizzieren

Im zweiten Schritt platzierst du die Frau auf das Bildformat, indem du die Vorskizze mithilfe der Rastertechnik auf deinen bereits getrockneten Hintergrund malst.

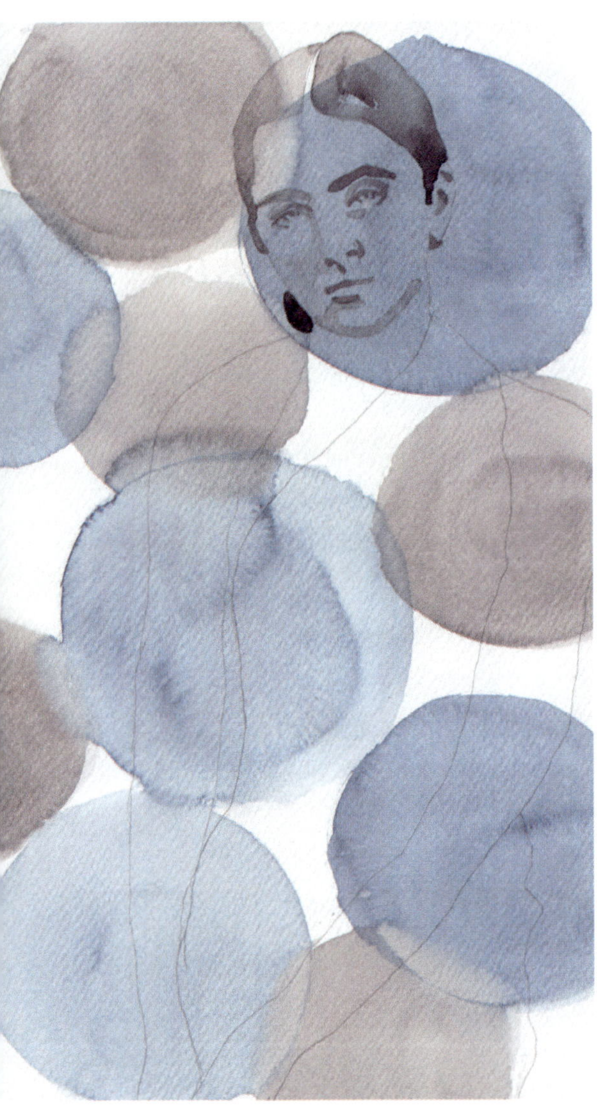

3. Flächen füllen

Nach dem Übertragen der Vorskizze siehst du nun die Bleistiftskizze auf deinem Hintergrund. Fülle jetzt die Flächen der Augen und Haare mit dem Schwarzton aus. Beginne am Kopf und arbeite dich flächig nach unten weiter. Laviere den Schwarzton an manchen Stellen, um Licht und Schatten entstehen zu lassen. Bei dem Dutt der Frau siehst du, dass er mit einem hohen Farbanteil Schwarz an den Hals gesetzt wurde.

4. Details entstehen

Obwohl du das Gesicht nur mit lavierten Silhouetten gesetzt hast, fügt das Auge die Striche zu einer menschlichen Figur zusammen. Du bemerkst also, dass Augen und der Mund nicht immer aus verschiedenen Farben und Schichten gemalt werden müssen. Mit dieser Darstellungsart reichen einzelne gefüllte Flächen und Striche aus.

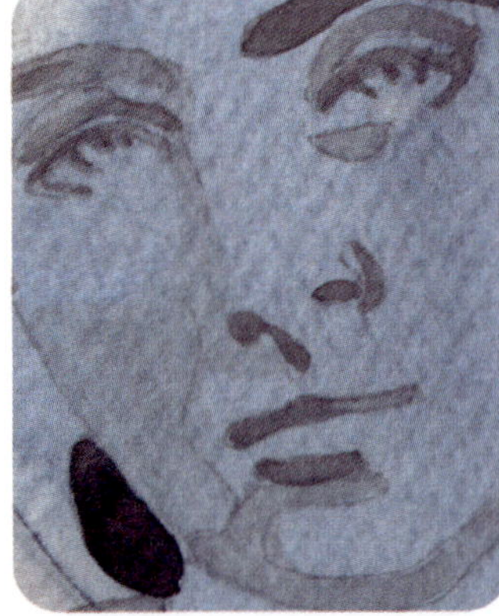

5. Kleid malen

Im nächsten Schritt füllst du das Kleid der Frau aus. Arbeite auch hier von oben nach unten. Laviere manche Teile des Kleides mit mehr Wasseranteil, sodass helle Bereiche entstehen. Verwende unten in den dunkleren Bereichen des Kleides mehr Farbe im Pinselkopf, um den Kontrast zwischen Arm und Kleid hervorzuheben. Male danach den linken Arm für das schulterfreie Kleid aus. Arbeite hier zart, mit weniger Farbe und mehr Wasseranteil im Rundpinsel.

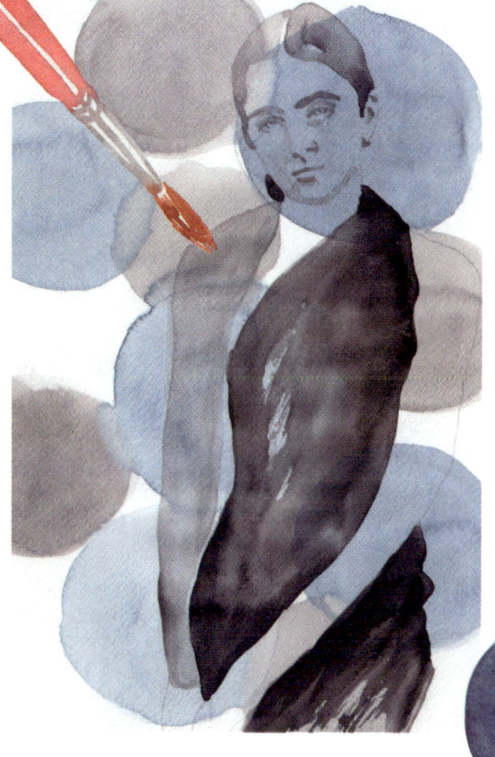

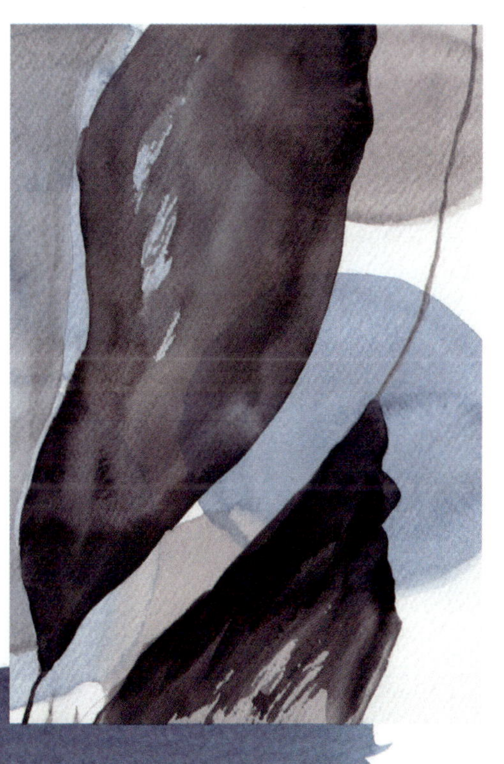

6. Konturen setzen

Zum Schluss malst du mit einer Kontur den rechten Arm nach. Wähle für diesen Strich einen kleineren Pinsel, mit dem du feiner malst. Ziehe nun noch leichte Konturen an den Händen. Diese Konturen reichen aus, um Arm, und Hände anzudeuten. Fertig ist eine spannende Komposition bestehend aus einem Hintergrund mit Muster und Silhouetten mit Lavurtechnik.

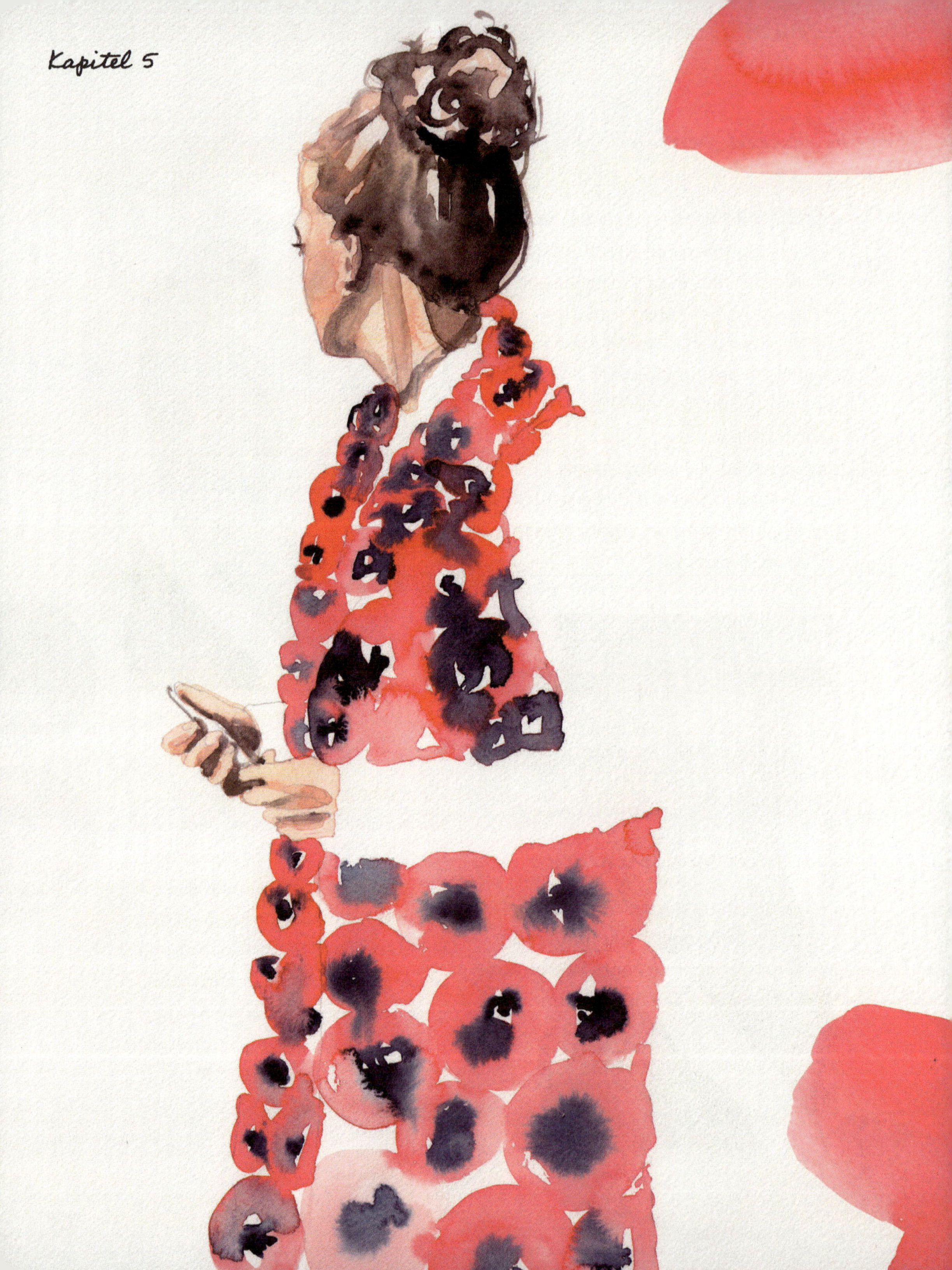
Kapitel 5

5.5 Frau stehend abgewandt

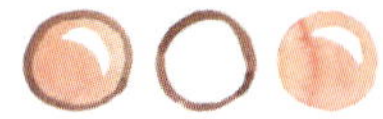

Vorskizze

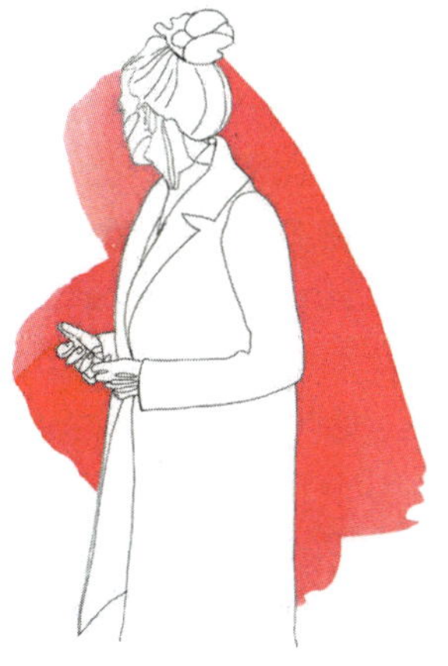

Farbpalette

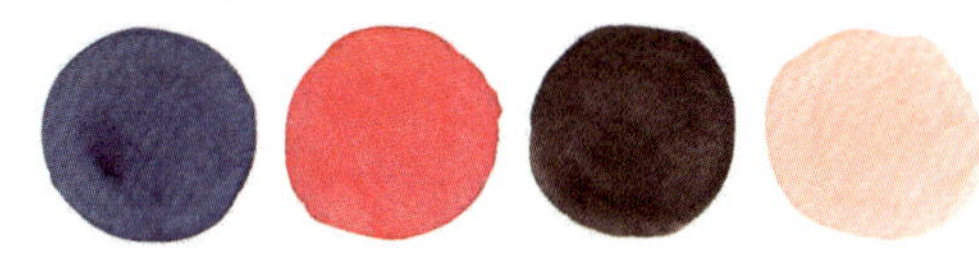

Pinsel

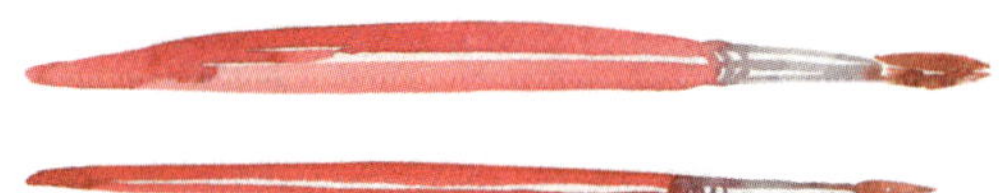

Rundpinsel: Flächen Nr. 5-6, Details Nr. 0-1

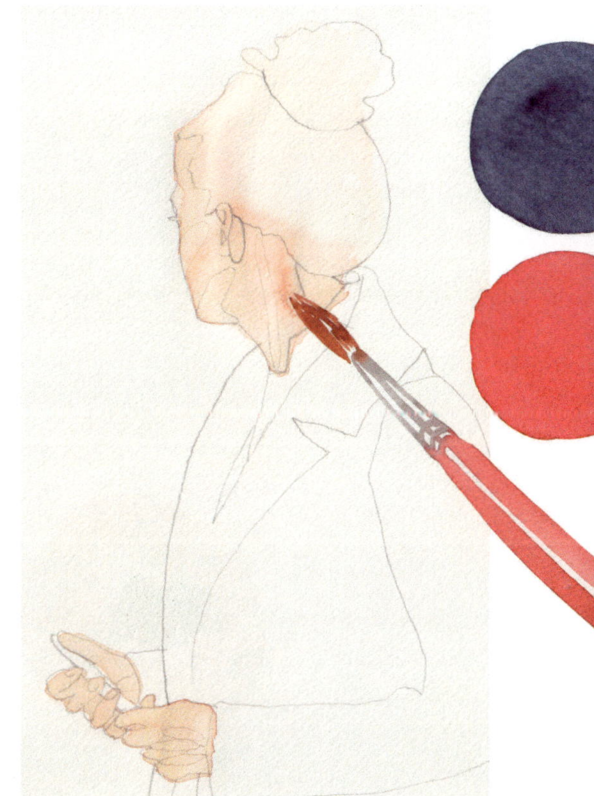

1. Vorskizzieren

Bei dieser Frau ist das Gesicht durch das seitliche Profil kaum zu erkennen. Übertrage im ersten Schritt die Vorskizze mit zarten Bleistiftstrichen mithilfe der Rastertechnik auf dein Papier.

2. Haut lavieren

Male danach mit deinem gemischten Hautton alle Bereiche der Frau, in der man ihre Haut sehen kann, flächig aus. Verwende dabei wenig Farbe und mehr Wasseranteil.

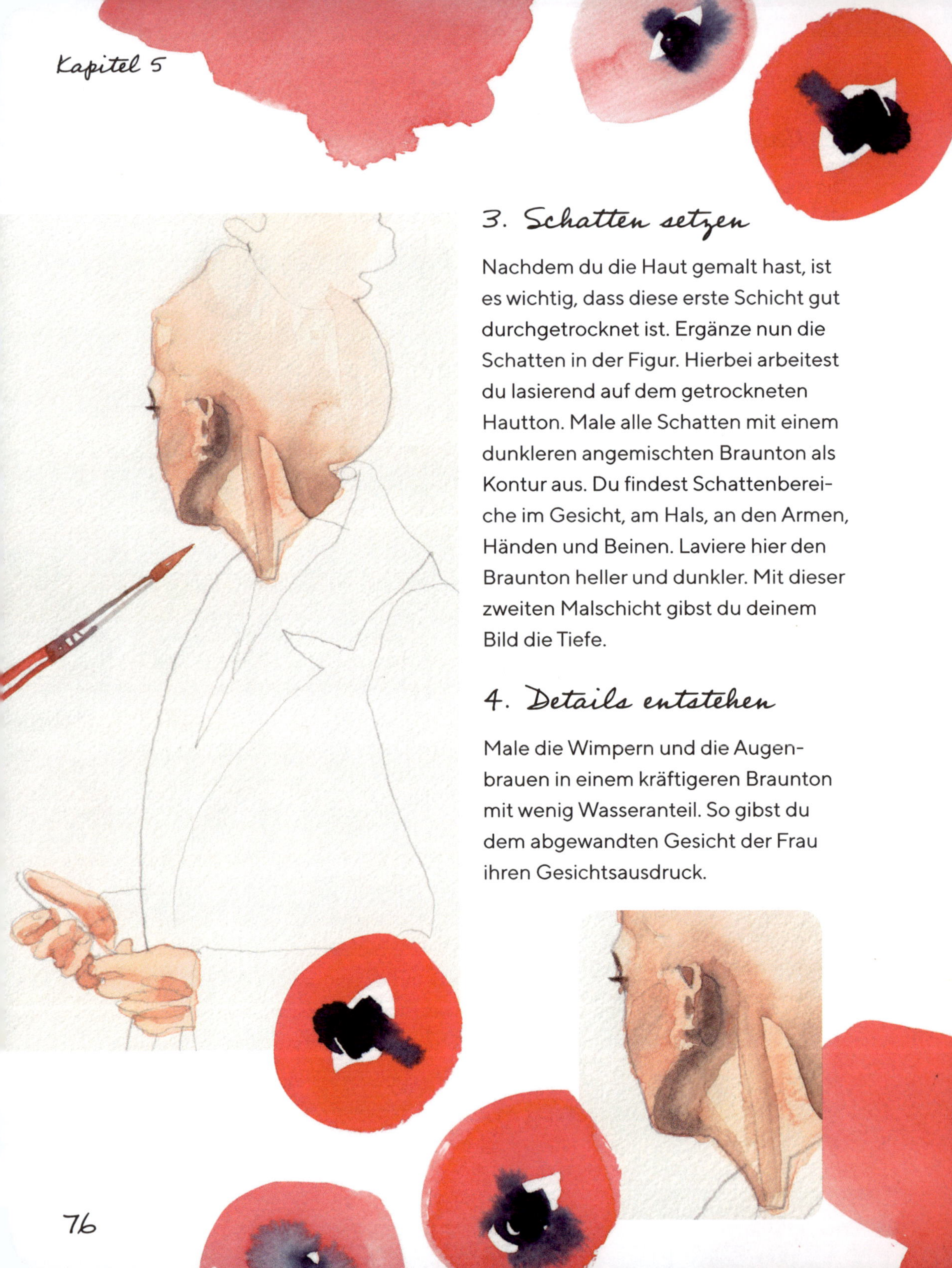

3. Schatten setzen

Nachdem du die Haut gemalt hast, ist es wichtig, dass diese erste Schicht gut durchgetrocknet ist. Ergänze nun die Schatten in der Figur. Hierbei arbeitest du lasierend auf dem getrockneten Hautton. Male alle Schatten mit einem dunkleren angemischten Braunton als Kontur aus. Du findest Schattenbereiche im Gesicht, am Hals, an den Armen, Händen und Beinen. Laviere hier den Braunton heller und dunkler. Mit dieser zweiten Malschicht gibst du deinem Bild die Tiefe.

4. Details entstehen

Male die Wimpern und die Augenbrauen in einem kräftigeren Braunton mit wenig Wasseranteil. So gibst du dem abgewandten Gesicht der Frau ihren Gesichtsausdruck.

5. Haare malen

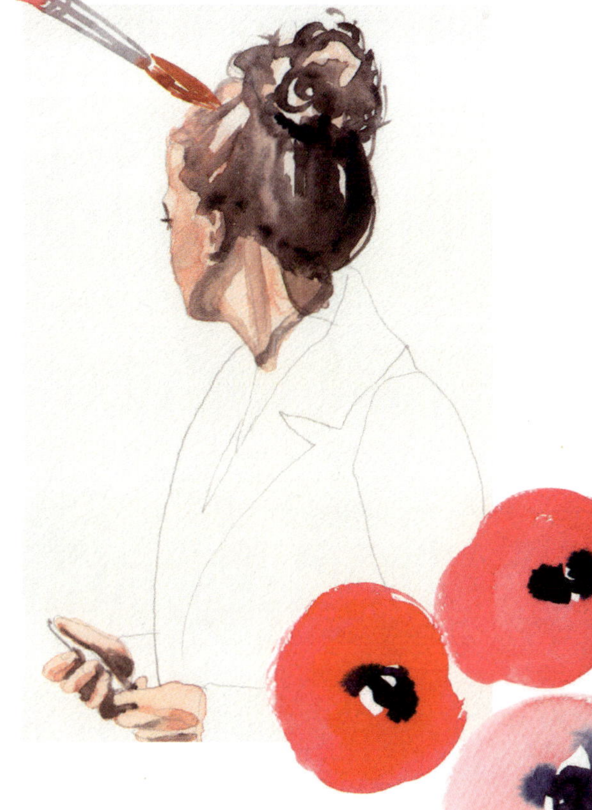

Die Haare deines Motivs füllst du mit einem mittelgroßen Pinsel flächig mit einer Lasurschicht aus. Hierbei kannst du manche Stellen der Haare stärker mit Farbe ausfüllen und an anderen Stellen, an denen mehr Licht auf die Haare fällt, weniger Farbe nehmen. Indem du nicht alle Bereiche gleich behandelst, entsteht durch den hellen und dunklen Farbauftrag ein Kontrast. Laviere in den Nackenbereich der Frau einen dunkleren Braunton, sodass sich dort ein Schatten bildet. Auch unter dem hochgesteckten Dutt darf der Farbauftrag intensiver sein.

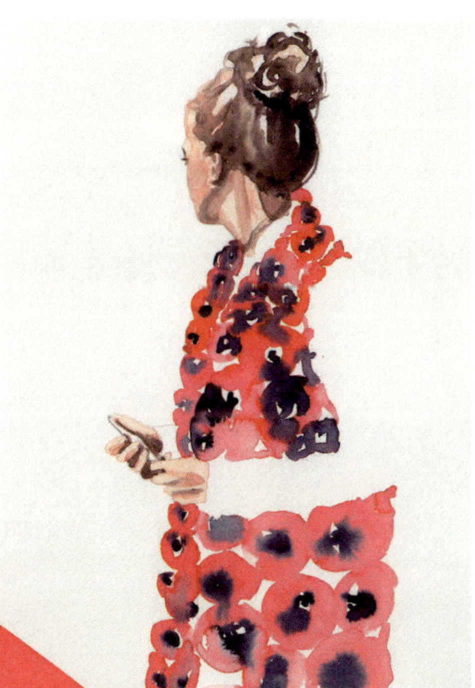

6. Muster der Weste

Male im letzten Schritt das Muster der Weste, indem du die Weste mit Kreisen aus einem Rotton füllst. Platziere im noch feuchten Zustand kleine Punkte aus einem dunklen Farbton, z.B. Indigoblau, in die Mitte der Kreise. Das Muster verläuft dann an manchen Stellen lavierend ineinander. Variiere auch hier mit den Größen der Kreise, um Spannung zu erzeugen.

Kapitel 5

5.6 Mann stehend abgewandt

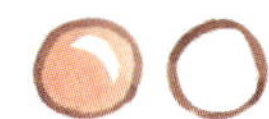

Vorskizze

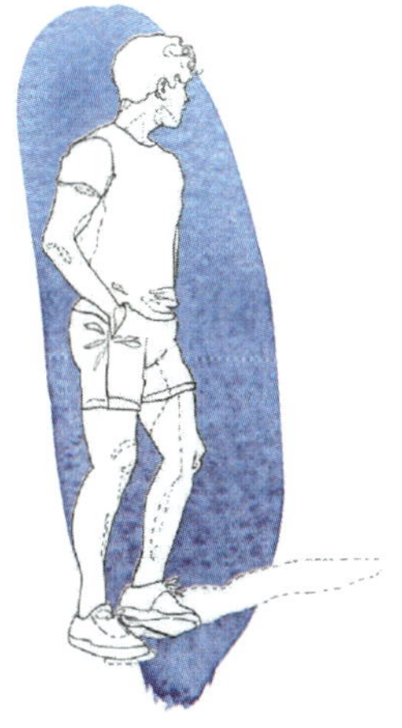

Farbpalette

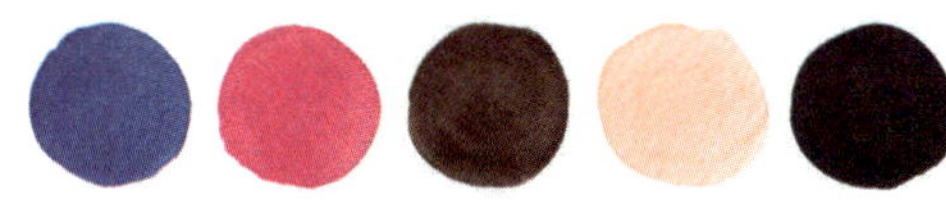

Pinsel

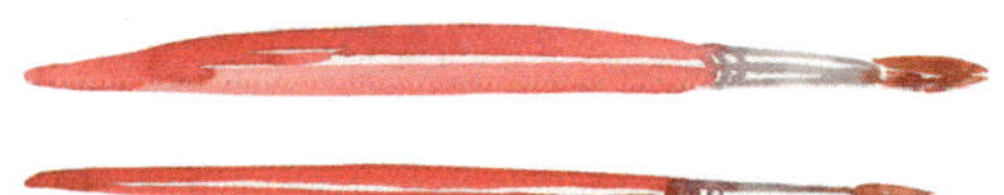

Rundpinsel: Flächen Nr. 5-6, Details Nr. 0-1

1. Vorskizzieren

Bei diesem abgewandten Mann fängst du mit der Vorskizze an und malst noch einen Schatten auf dem Boden dazu.

2. Haut lavieren

Nun malst du als Erstes alle Bereiche des Mannes mit Watercolor aus, an denen man seine Haut sehen kann. Male mit einer Lavurschicht alle Körperpartien mit deinem angemischten Hautton flächig aus.

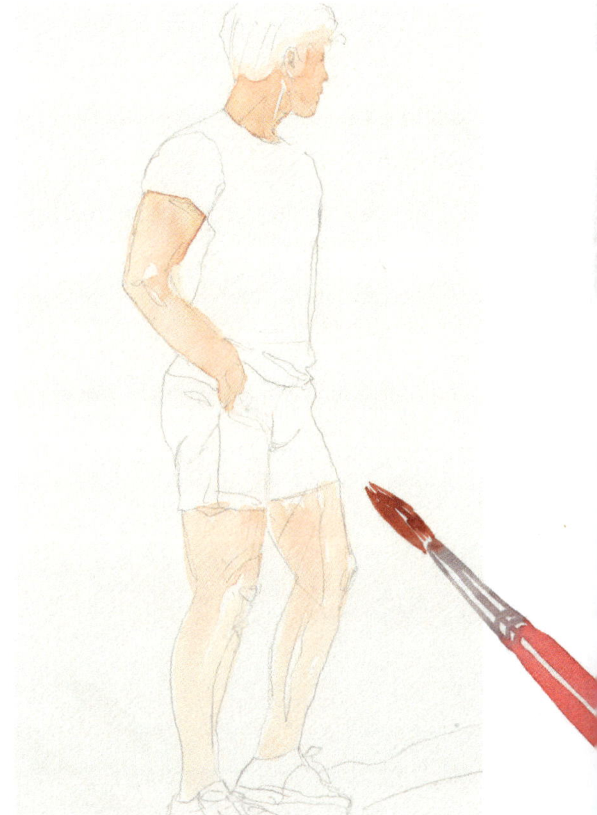

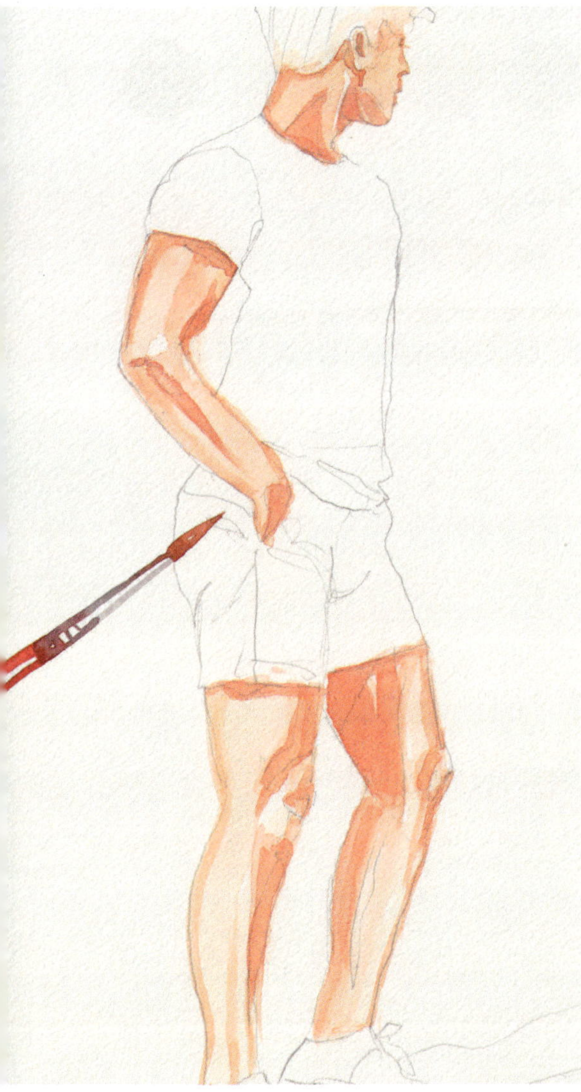

3. Schatten setzen

Male mit einem dunkleren Braunton die Gesichtskonturen und Schatten auf deine erste Lavurschicht der Haut. Achte darauf, dass diese Schicht gut durchgetrocknet ist. Arbeite hier mit mehr Farbe und weniger Wasseranteil im Pinselkopf. So entsteht die erste plastische Schicht deines Watercolor-Menschen.

4. Haare malen

Im nächsten Schritt malst du die Haare des Mannes mit einer Lasurschicht flächig aus und lässt dabei Weißräume für die Lichter stehen. Verwende zusätzlich den dunklen Haarton, um noch ein paar stärkere Schatten, z .B. hinter dem Ohr, hinzuzufügen.

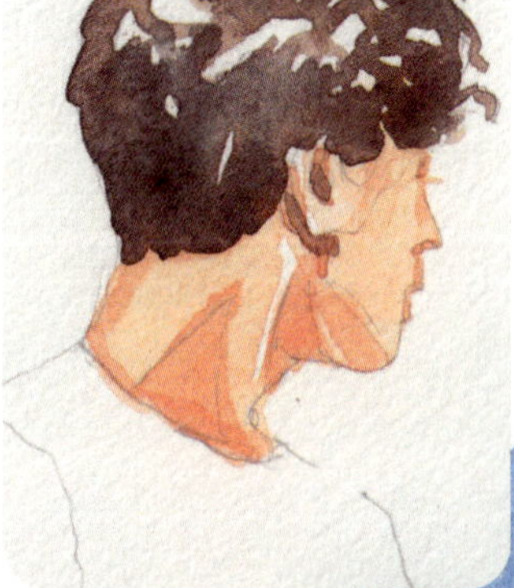

5. Shirt und Hose malen

Nachdem die Hautschicht und die Haare getrocknet sind, kommst du zur Kleidung des Menschen. Arbeite dich auch hier von oben nach unten vor. Mische dir einen frischen Blauton an und male damit das T-Shirt als Kontur. Am unteren Bauch wirft das Shirt durch die Pose des Mannes leichte Falten. Deute mit leichten kontrollierten Pinselstrichen die Konturen und den Faltenwurf an. Arbeite hier recht locker und male die Konturlinien in einem Zug durch. Denselben Vorgang wiederholst du bei der Hose mit einem Magentaton.

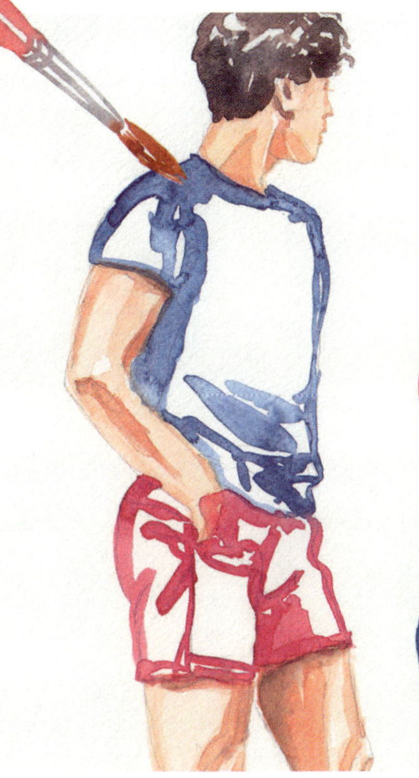

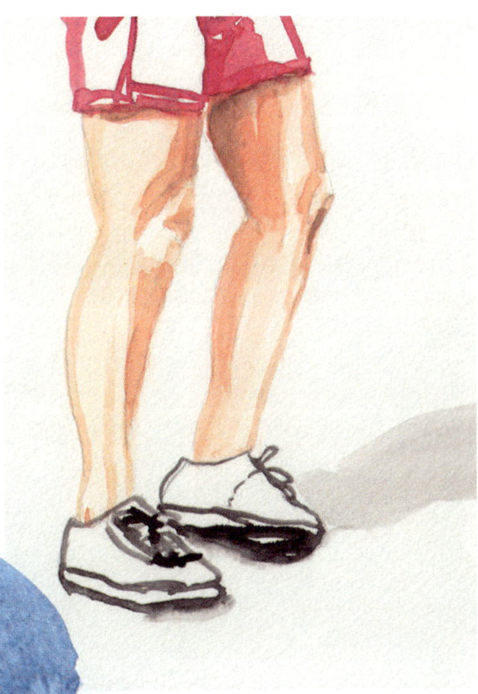

6. Schuhe und Schatten

Im sechsten Schritt malst du die Schuhe mit einem kräftigen Schwarzton. Die Schuhsohle des linken Beins kannst du mit einer leichten Lavur flächig füllen. Nimm im letzten Schritt wenig Farbe und viel Wasser in deinen Pinsel auf und male den Schattenwurf des Mannes mit einer flächigen Lavurschicht aus.

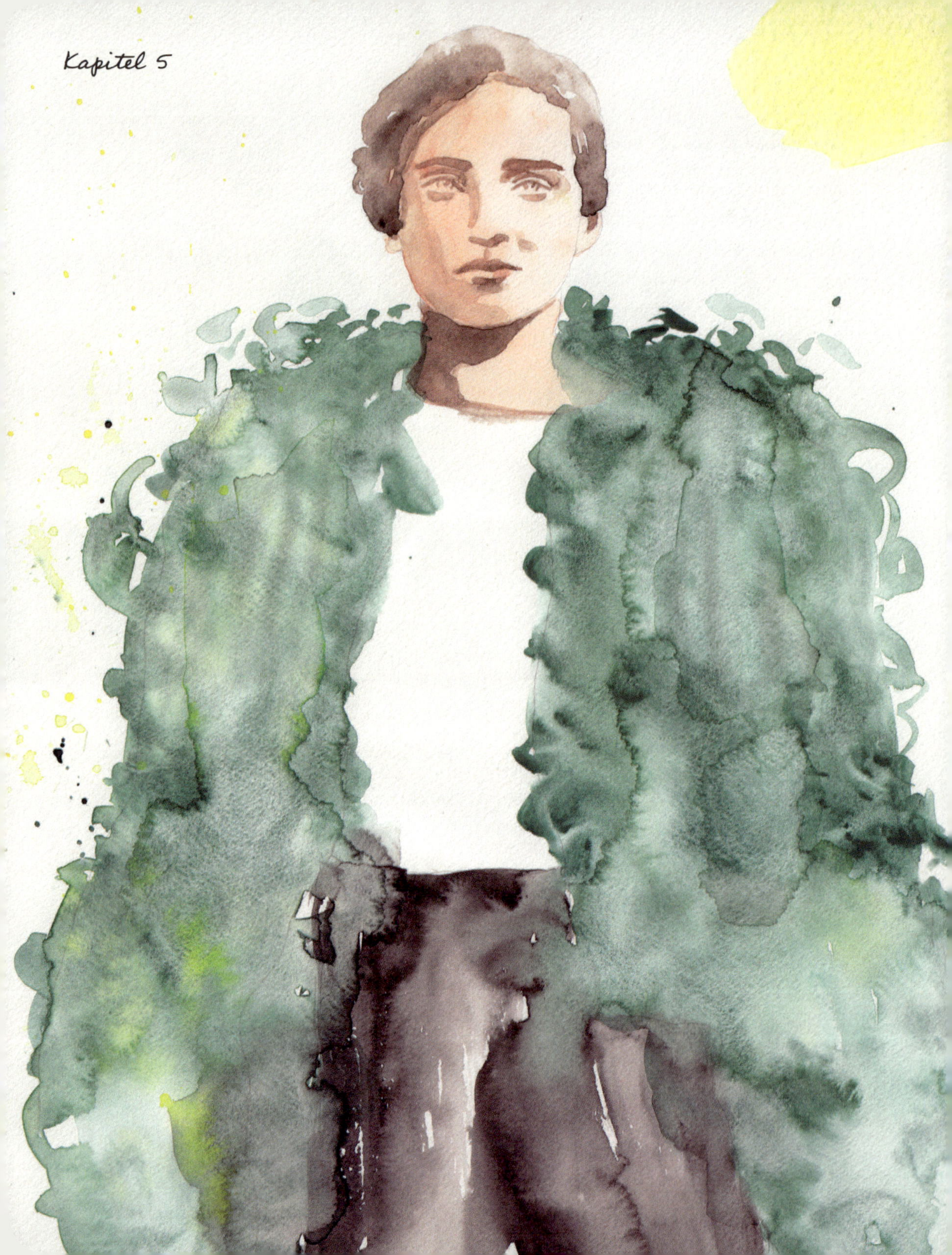
Kapitel 5

5.7 Frau frontal

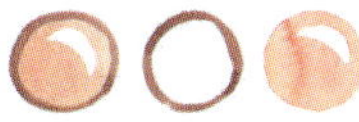

Vorskizze

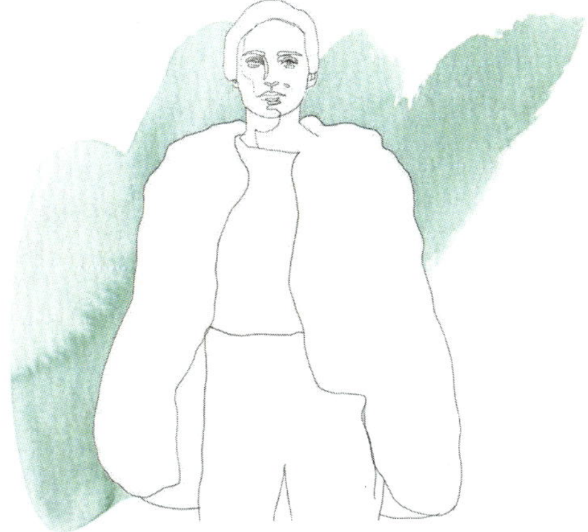

Farbpalette

Pinsel

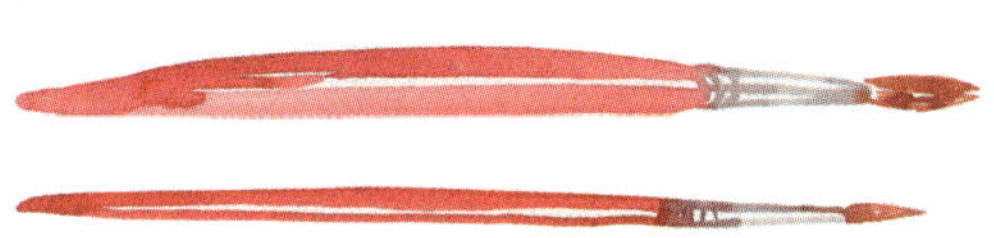

Rundpinsel: Flächen Nr. 6-10, Details Nr. 1-2

1. Vorskizzieren

Beginne mit der Vorskizze und male die Konturen deiner Frau mit Bleistiftstrichen nach. Wenn du mit dem Vorzeichnen schon sicherer bist, kannst du es auch ohne die Rastertechnik versuchen. Orientiere dich hier an den Tipps aus dem Grundlagenkapitel.

2. Haut lavieren

Fülle im zweiten Schritt alle Bereiche der Frau, in der man ihre Haut sehen kann, mit deinem gemischten Hautton aus. Auch hier verwendest du wenig Farbe und mehr Wasseranteil. Laviere im linken Bereich des Gesichtes mehr Hautton in die Fläche.

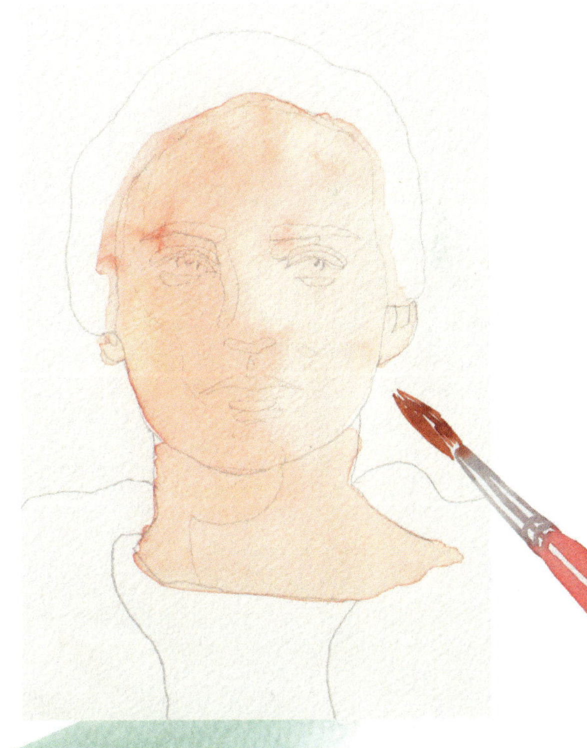

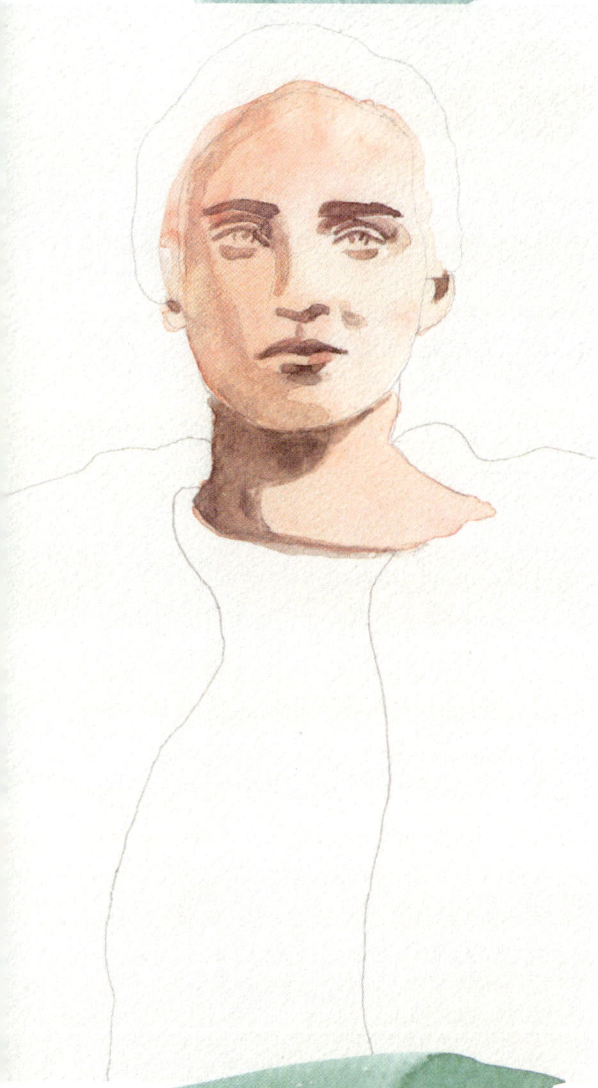

3. Schatten setzen

Sobald die Schicht mit dem Hautton gut durchgetrocknet ist, kannst du die Schatten mit einem angemischten Braunton in die Figur malen. Hier arbeitest du lasierend mit Braun auf deinen Hautton. Male alle Schatten flächig aus. In diesem Motiv findest du Haut und Schatten nur am Kopf und Halsbereich. Laviere die Schattenschicht am Halsbereich ein wenig und arbeite bei der zweiten Schicht mit mehr Farbanteil im Pinsel. Wenn du möchtest, kannst du mit einem Hautton noch zarte Akzente an das rechte Auge und der Unterlippe auf der rechten Seite setzen.

4. Details entstehen

Im Detailausschnitt siehst du, wie sich das Gesicht durch die zweite Lasurschicht ergibt. In diesem Schritt entstehen Augen, Nase, Mund und Gesichtsausdruck mit wenigen Pinselstrichen.

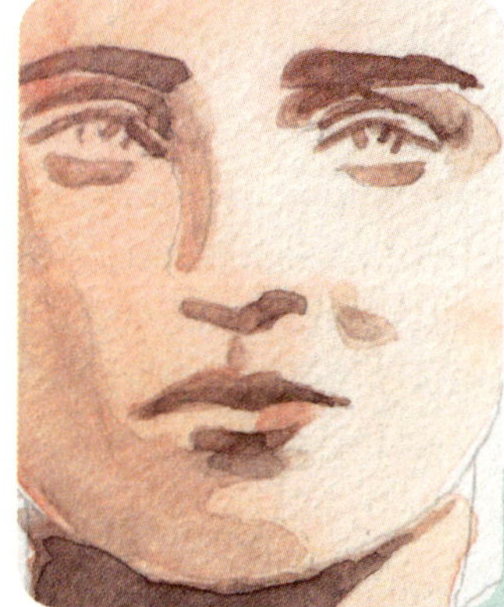

5. Haare malen

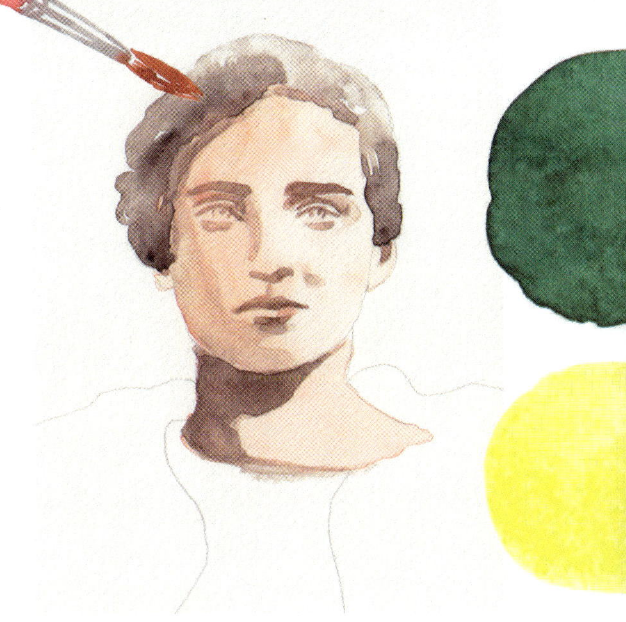

Die Haare der Frau füllst du mit einem mittelgroßen Pinsel flächig aus. Hier arbeitest du mit leichten Lavuren. Hierbei kannst du manche Stellen der Haarpartien stärker mit Farbe ausfüllen und an Stellen, an denen mehr Licht auf die Haare fällt, weniger Farbe nehmen. An dieser Stelle wirken die Haare nun heller, da dort das Licht auf die Haare scheint. Haare oder Frisuren wirken an den Ohren oft dunkler als an anderen Stellen. Hier kann man die Haarpartien dann von dunkel nach hell lavieren.

6. Mantel und Hose

Male nun den Fellmantel und die Hose aus. Auch hier arbeitest du lavierend. Beide Kleidungsstücke werden in einem Zug gemalt. Fange mit dem Fellmantel an und fülle die Fläche erst einmal mit Wasser. Nimm dann deinen angemischten Grünton und fülle die Fläche großzügig mit der Lavurtechnik aus. Gehe auch über den Rand des Mantels und lasse Pinselstriche stehen. Male anschließend die Hose mit schwarz aus. Hierbei kann das Grün auch gerne in das Schwarz laufen. Zum Schluss habe ich mit der Spritztechnik (siehe Spezialtechniken) noch leichte gelbe Flecken auf den Mantel gespritzt.

Kapitel 5

5.8 Mann sitzend

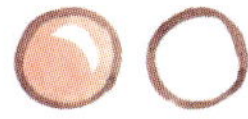

Vorskizze

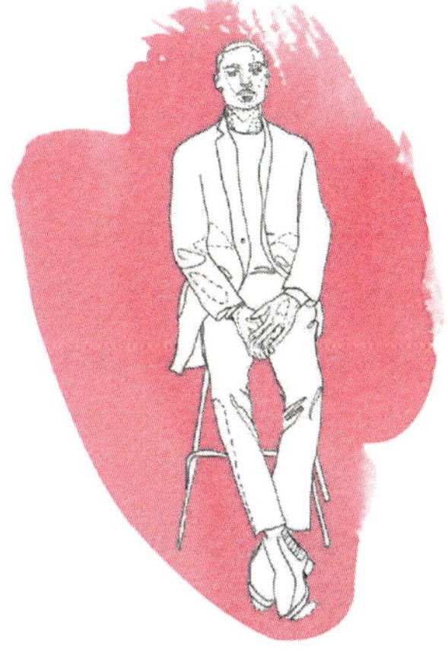

Farbpalette

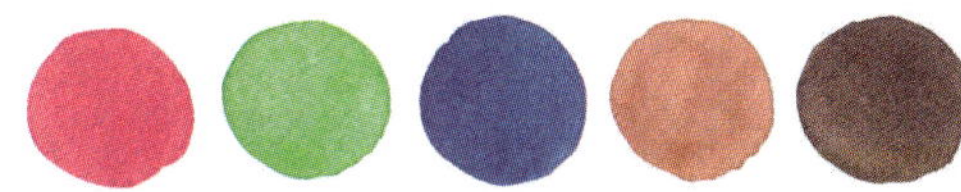

Pinsel

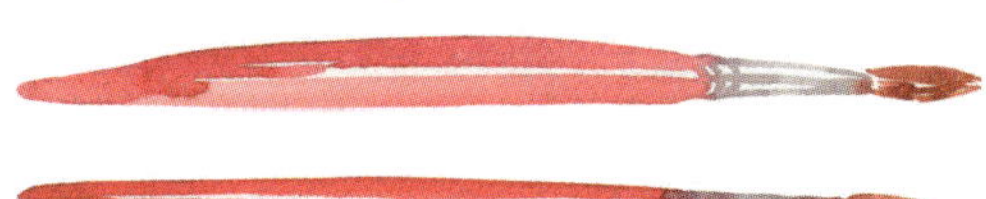

Rundpinsel: Flächen Nr. 5-6, Details Nr. 0-1

1. Vorskizzieren

Bei diesem sitzenden Mann sind die Proportionen durch die angewinkelten Beine und die etwas hängende Haltung beim Sitzen leicht verkürzt. Übertrage die Vorskizze des Mannes mithilfe der Rastertechnik.

2. Haut lavieren

Im zweiten Schritt malst du mit deinem gemischten Hautton alle Bereiche des Mannes aus, in denen seine Haut zu sehen ist. Da dieser Mann dunkelhäutig ist, habe ich mir hier einen dunkelbraunen Hautton angemischt. Fülle die Flächen mit einer zarten Lavurschicht aus.

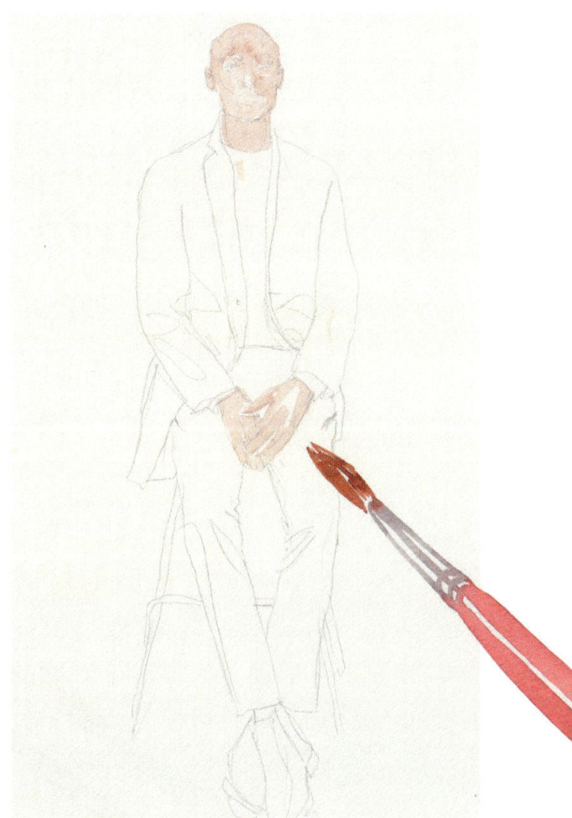

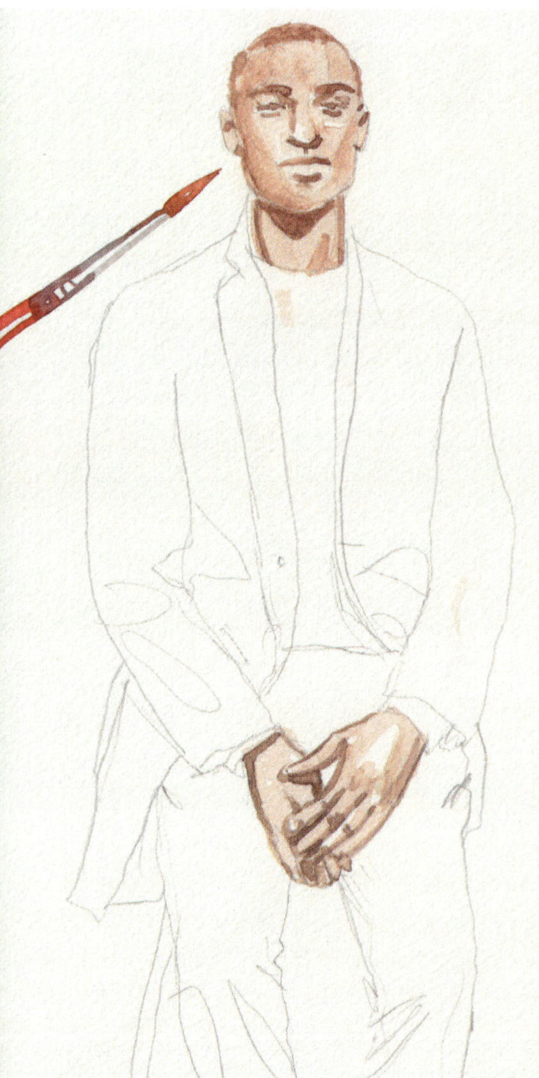

3. Schatten setzen

Nachdem deine erste Hautschicht gut getrocknet ist, male mit einem dunkleren Braunton die Konturen des Gesichtes aus. Arbeite hier mit mehr Farbe und weniger Wasser im Pinsel. Die erste Schicht Watercolor für die Haut scheint dann lasierend hindurch. Setze die Schatten bei diesem Mann am Hals, an den Fingerfalten und Fingerzwischenräumen. Male deine Konturen an Augenbrauen, Augen, Nase, Ohren und Mund.

4. Haare malen

Die Haare kannst du auch hier mit einer leichten Lasurschicht flächig füllen. Verwende den gleichen dunkleren Braunton, den du auch für die anderen Schatten und Konturen verwendet hast.

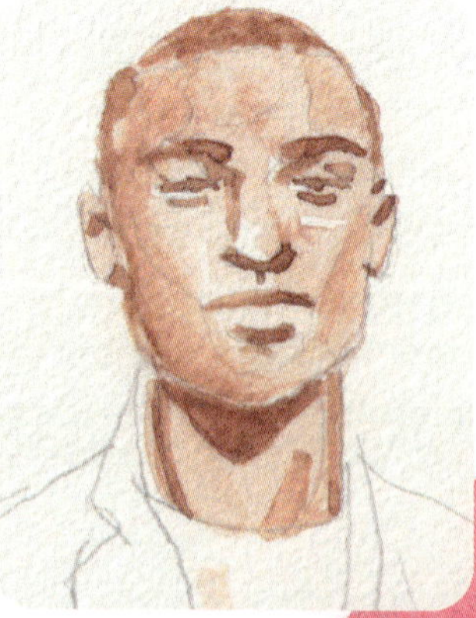

5. Mantel malen

Mische dir einen kräftigen Magentaton für den Mantel an. Male dann die Konturen des Mantels mit kontrollierten Linien und lasse Falten am Bauchbereich des Mannes entstehen. Durch seine leicht nach vorne geneigte Haltung bilden sich dort Falten in der Kleidung. Male die Falten am Bauch und an den Ärmeln mit viel Farbe und weniger Wasser im Pinselkopf. Spare Weißraum am Kragen aus und lasse auch Weißraum für das T-Shirt unter dem Mantel stehen. Setze zum Schluss an den Unterseiten der Ärmel Akzente mit einem Blau.

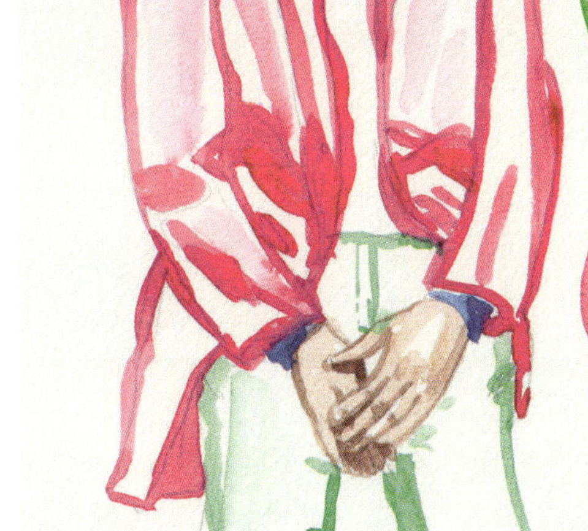

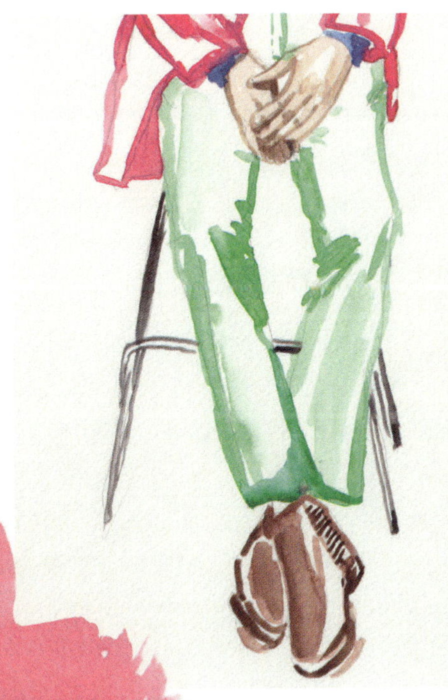

6. Hose und Schuhe

Für die Hose des Mannes kannst du ein Maigrün verwenden. Auch hier malst du die Hose mit einem kontrollierten Pinselstrich als Kontur. Benutze bei den Hosenfalten am Knie mehr Farbanteil und weniger Wasser im Pinsel. Mische dir einen warmen Braunton an und setze Konturen für die Schuhe. Hier darfst du die Pinselstriche auch gerne etwas dynamischer malen, um leichte Bewegung anzudeuten. Die frontalen Flächen der Schuhe sind mit einer Lavurschicht gefüllt.

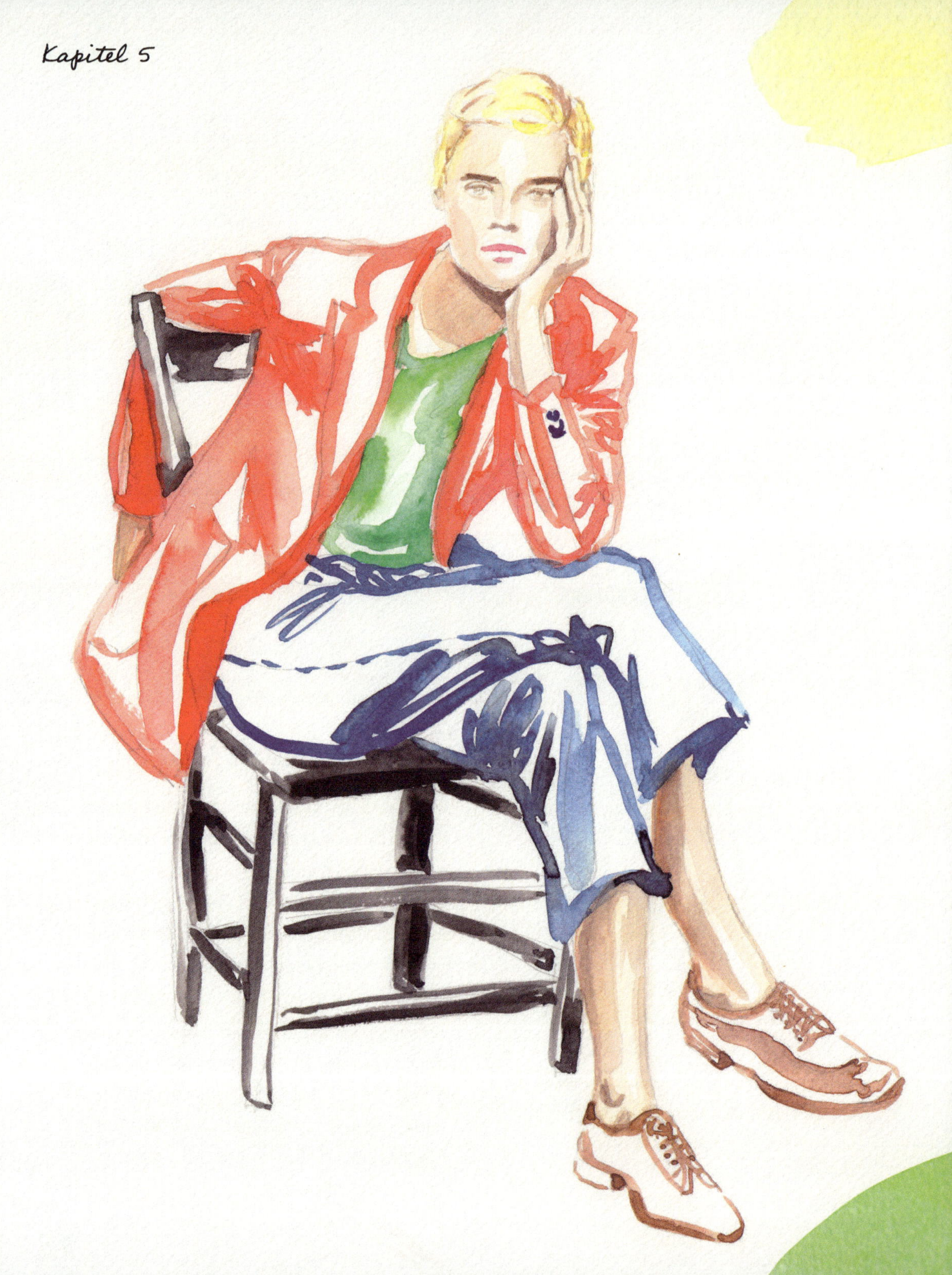
Kapitel 5

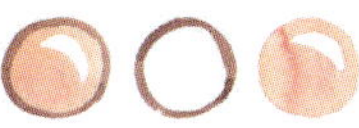

5.9 Frau sitzend

Vorskizze

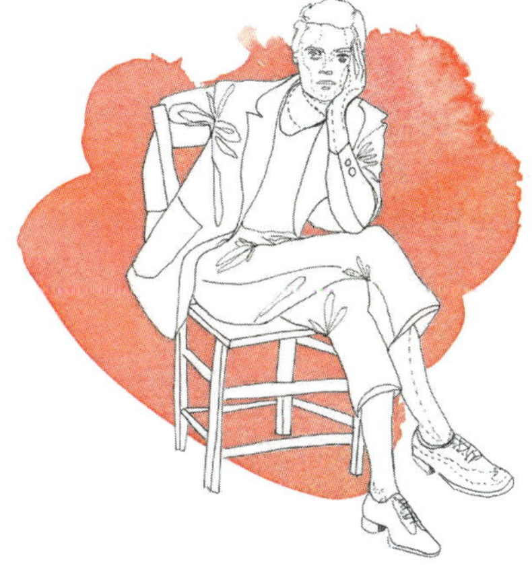

Farbpalette

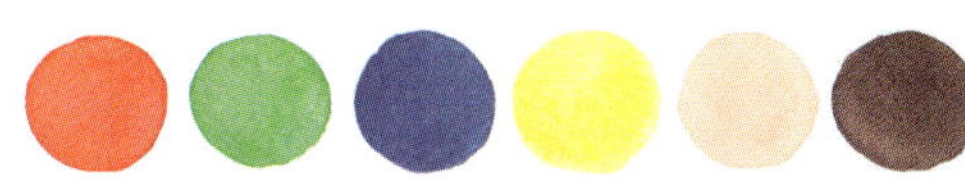

Pinsel

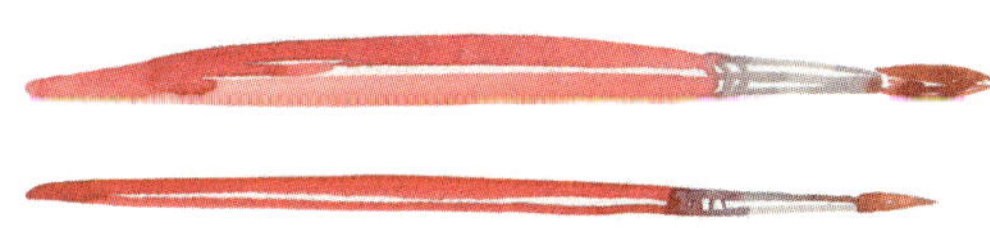

Rundpinsel: Flächen Nr. 5-6, Details Nr. 0-1

1. Vorskizzieren

Bei dieser Frau sind die Proportionen beim Sitzen durch ihre nach vorne geneigte Sitzposition verkürzt. Male im ersten Schritt deine Vorskizze mit zarten Bleistiftstrichen vor. Nutze hier auch gerne die Rastertechnik.

2. Haut lavieren

Male die Hautbereiche der Frau mit einer ersten Farbschicht flächig aus und nutze hierfür einen hell angemischten Hautton. Die Lavur am linken Arm sollte etwas dunkler sein, da sich der Arm der Frau leicht hinter dem Stuhlrahmen befindet.

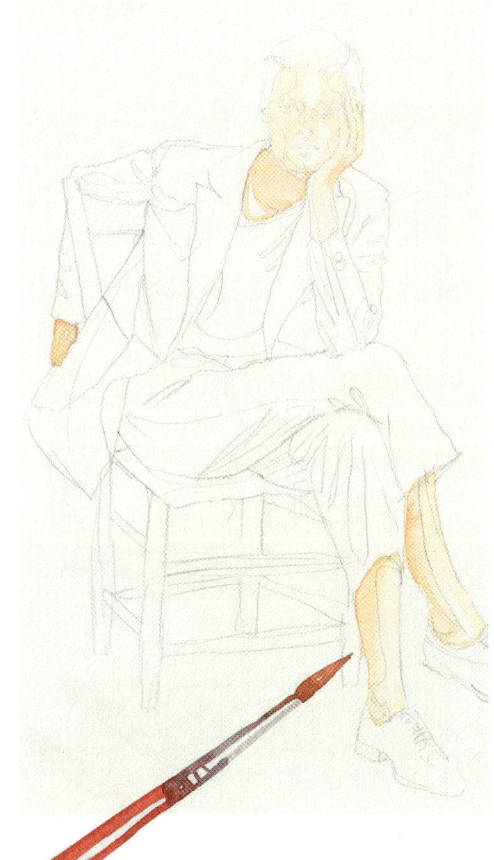

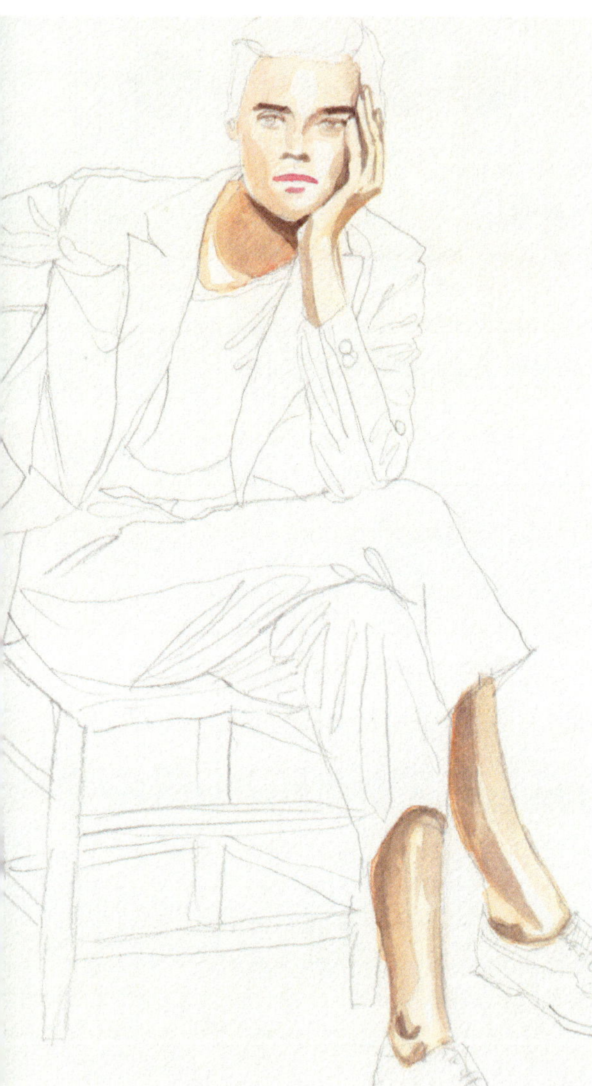

3. Schatten setzen

Arbeite nun im dritten Schritt die Konturen des Gesichtes der Frau heraus. Male hier auf deine erste getrocknete Lavurschicht mit einem dunkleren Braunton und verleihe mit pinker Farbe den Lippen der Frau einen sanften Ausdruck. Mische dir einen dunkleren Braunton an und setzte damit Schatten an den Händen, am Halsbereich und an den Augenbrauen. Weitere Schatten befinden sich an den Unterschenkelseiten und am Fußknöchel der Frau. Male diese Schatten mit einem dunkleren Braunton auf die Hautschicht.

4. Haare malen

Male im vierten Schritt die erste Lasurschicht der blonden Haare. Nutze hierfür ein mit Wasser verdünntes Nepalgelb. Lasse an manchen Stellen leichte Weißräume für die Haarsträhnen stehen.

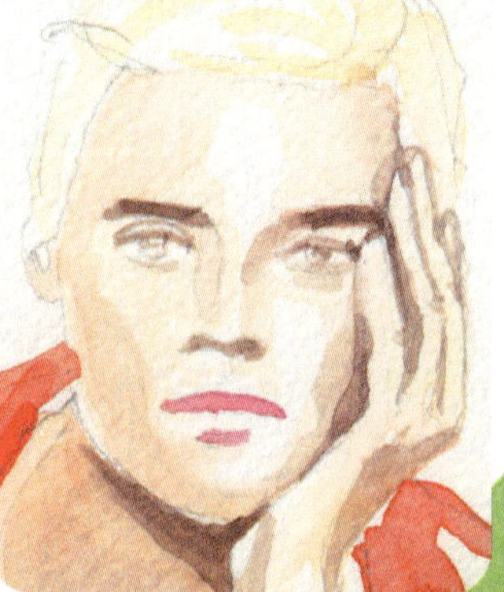

5. Blazer und Hose

Während die erste Haarschicht trocknet, kannst du den orangenen Blazer und die blaue Hose der Frau als Konturlinien malen. Male die Falten mit leicht dynamischem Pinselstrich, um der Kleidung etwas Leichtigkeit zu geben. Betone den Orangeton am linken Ärmel des Blazers der Frau etwas mehr, da dieser etwas im Schatten der Stuhllehne liegt. Ergänze an den Ärmeln die Knöpfe mit dem Blauton der Hose, um auch etwas Blau im Blazer auftauchen zu lassen.

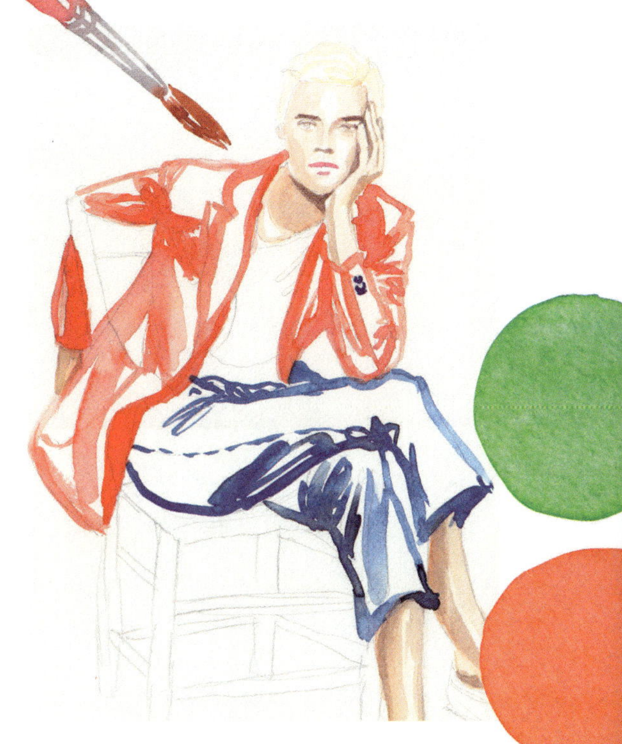

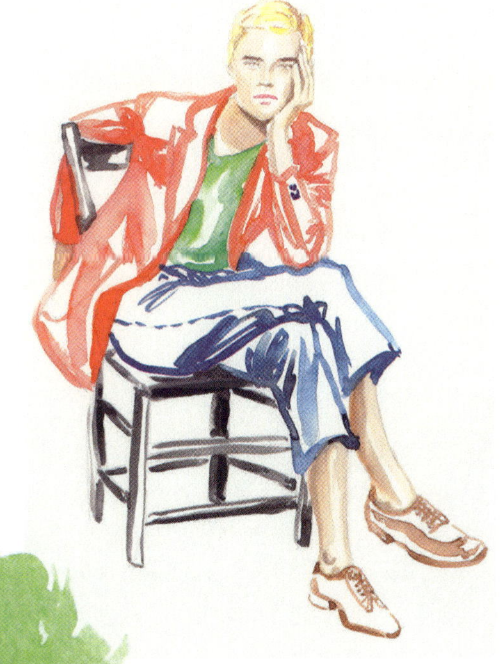

6. Hose und Schuhe

Male im letzten Schritt die zweite Schicht mit einem satten Gelb auf die Haare und spare den Weißraum aus. Setze eine leichte braune Kontur an den Scheitel. Das Shirt der Frau kannst du mit einem Maigrün flächig ausfüllen und in der Mitte einen weißen Faltenwurf aussparen. Ganz zum Schluss malst du die Schuhe mit einer braunen Konturlinie. Den Stuhl malst du mit mehr Farbanteil und weniger Wasser. Hierbei arbeitest du auch mit Konturlinien, in denen sich leichte Lavuren befinden.

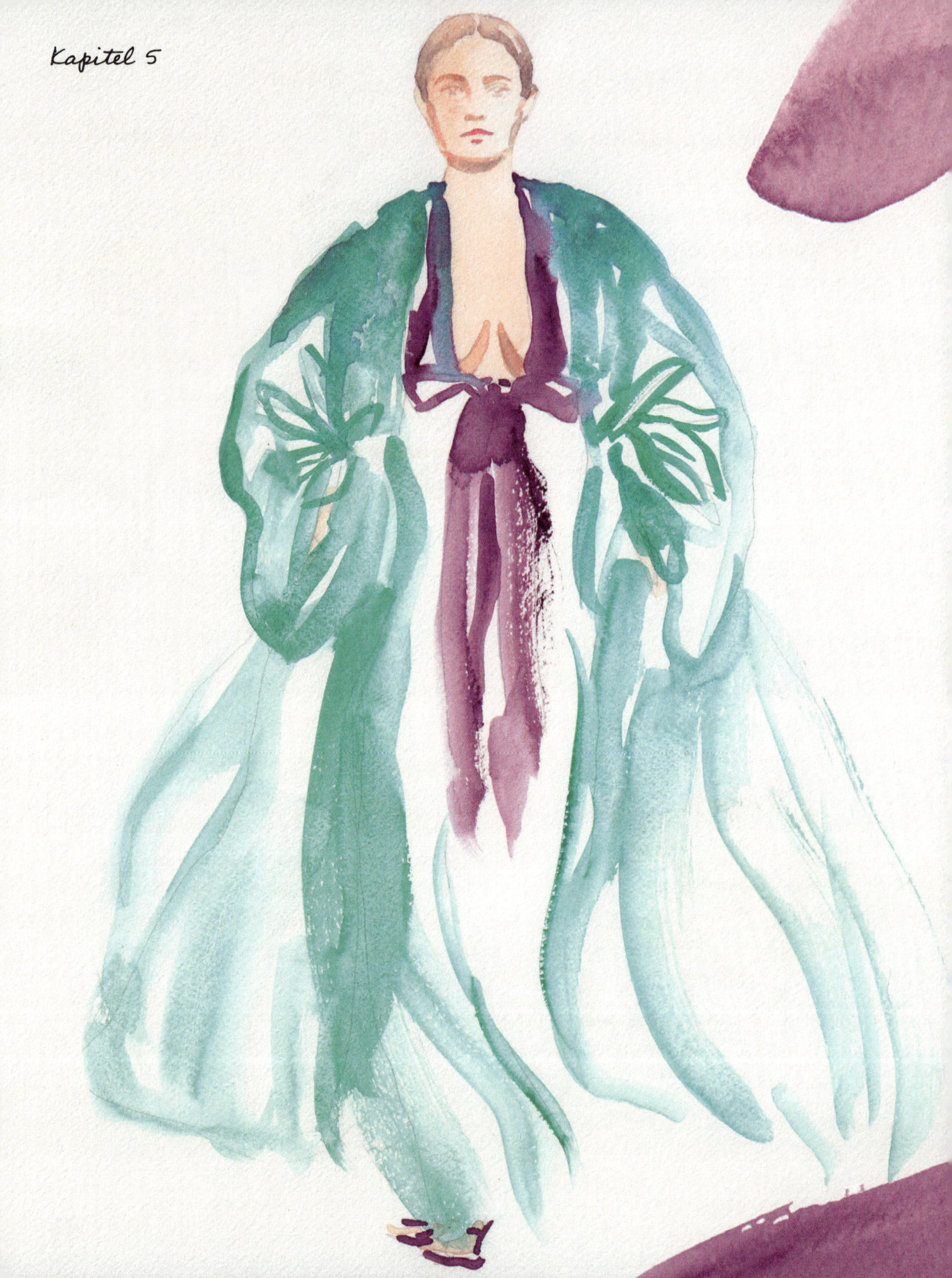
Kapitel 5

5.10 Frau laufend

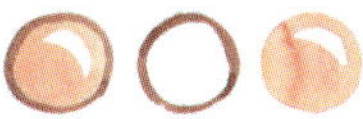

Vorskizze

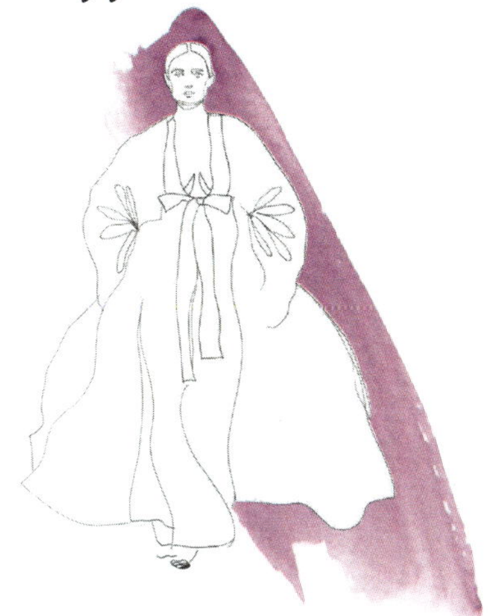

Farbpalette

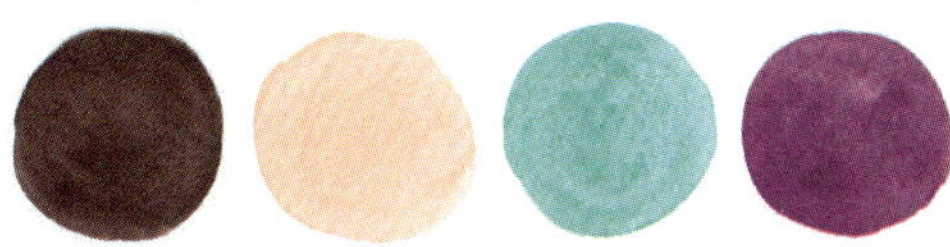

Pinsel

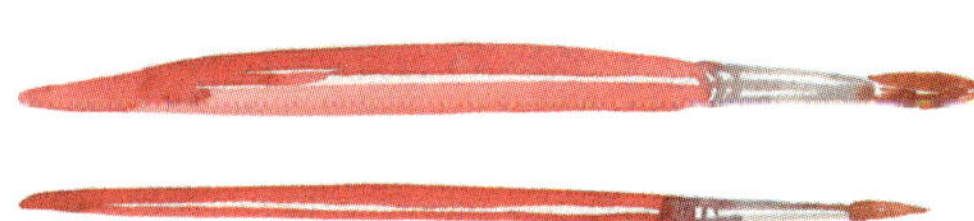

Rundpinsel: Flächen Nr. 6-8, Details Nr. 0-1

1. Vorskizzieren

Beginne mit der Vorskizze und male die Konturen deiner Figur mit zarten Bleistiftstrichen vor. Deute die Bleistiftstriche im Sommerkleid am unteren Ende fein an, sodass du später weißt, wo du deinen dynamischen Pinselstrich platzieren kannst.

2. Haut lavieren

Male als Nächstes mit deinem gemischten Hautton alle Bereiche der Frau aus, in der man ihre Haut sehen kann. Bei dieser Figur ist die Haut im Gesicht, Brustbereich und an den Füßen sichtbar.

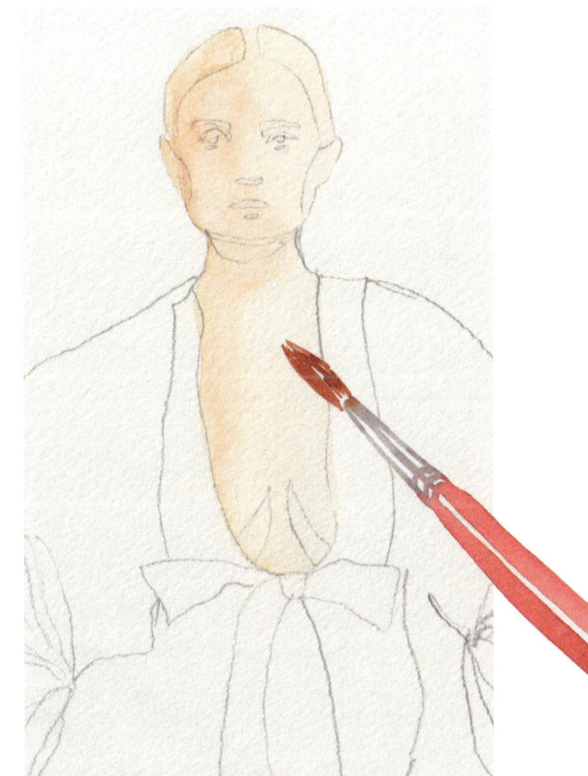

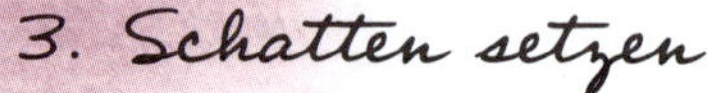

3. Schatten setzen

Male mit deinem dunkleren Braunton die Augenflächen aus, nachdem du die Haut gemalt hast und deine erste Lasurschicht getrocknet ist. Denselben Vorgang wiederholst du mit den Schattenbereichen an den Wangenknochen und unter dem Hals. Durch den Ausschnitt des Kleides entstehen auch Schatten an der Brust. Diese kannst du ebenfalls lasierend mit deinem Braunton andeuten. Zum Schluss malst du die Flächen des Mundes aus. Hier kannst du zur Abwechslung auch gerne einmal einen Rotton verwenden. In diesem Schritt arbeitest du nur lasierend mit Konturlinien.

4. Details entstehen

Im Detailbild siehst du, wie sich aus der zweiten Lasurschicht das Gesicht herausbildet. Hier entstehen die wichtigen Schatten des Gesichts und des Oberkörpers.

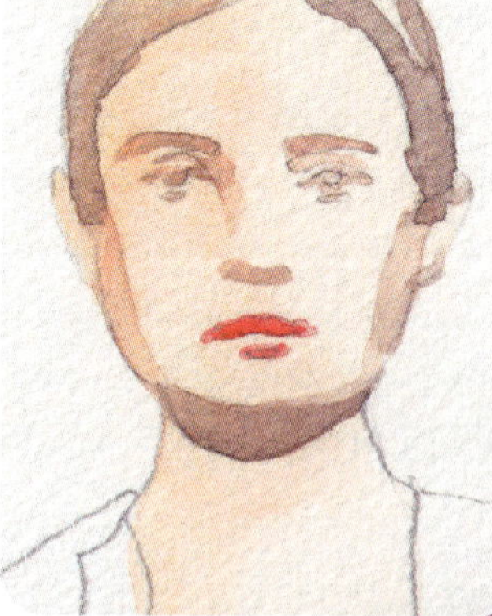

5. Haare malen

Die Haare deiner Frau im Sommerkleid füllst du mit einem kleinen Pinsel flächig aus. In dieser Figur kannst du im oberen rechten Haarbereich eine kleine »Lichtlücke« im Haaransatz andeuten, indem du sie beim Füllen der Fläche aussparst. Laviere wieder mit etwas mehr Farbanteil im Pinsel die Stellen der Haare am Ohr etwas dunkler, sodass die Farbe nach oben hin ausläuft.

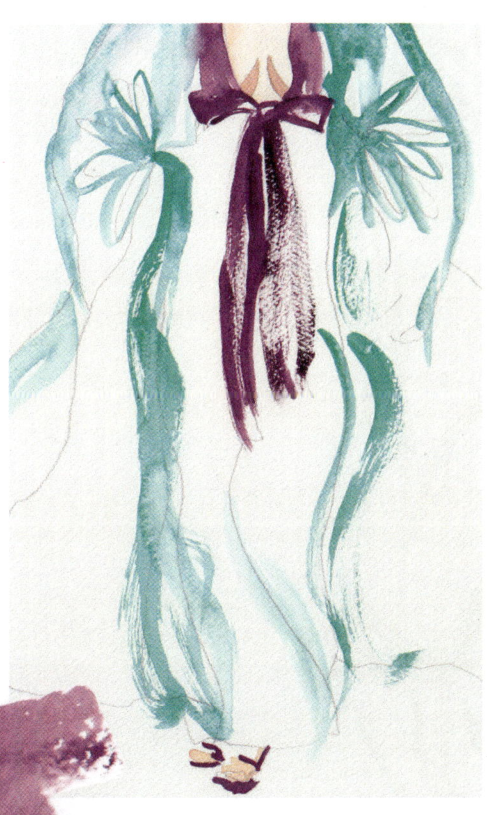

6. Kleid und Schleife

Male nun das Kleid mit der Schleife und beginne mit der Schleife. Arbeite dich von oben nach unten vor. Verwende hier viel Farbanteil und wenig Wasser. Ziehe die Linien schwungvoll und verwende bei den Schleifenbändern die Technik Granulieren (siehe Spezialtechniken). Denselben Vorgang wiederholst du bei dem türkisfarbenen Sommerkleid. Fange im Schulterbereich der Frau an und ziehe dynamische Pinselstriche in Schwüngen nach unten. Deute die Falten im Armbereich mit gebogenen Pinselstrichen an.
Mit den violetten Konturlinien kannst du nun noch die Schuhe andeuten.

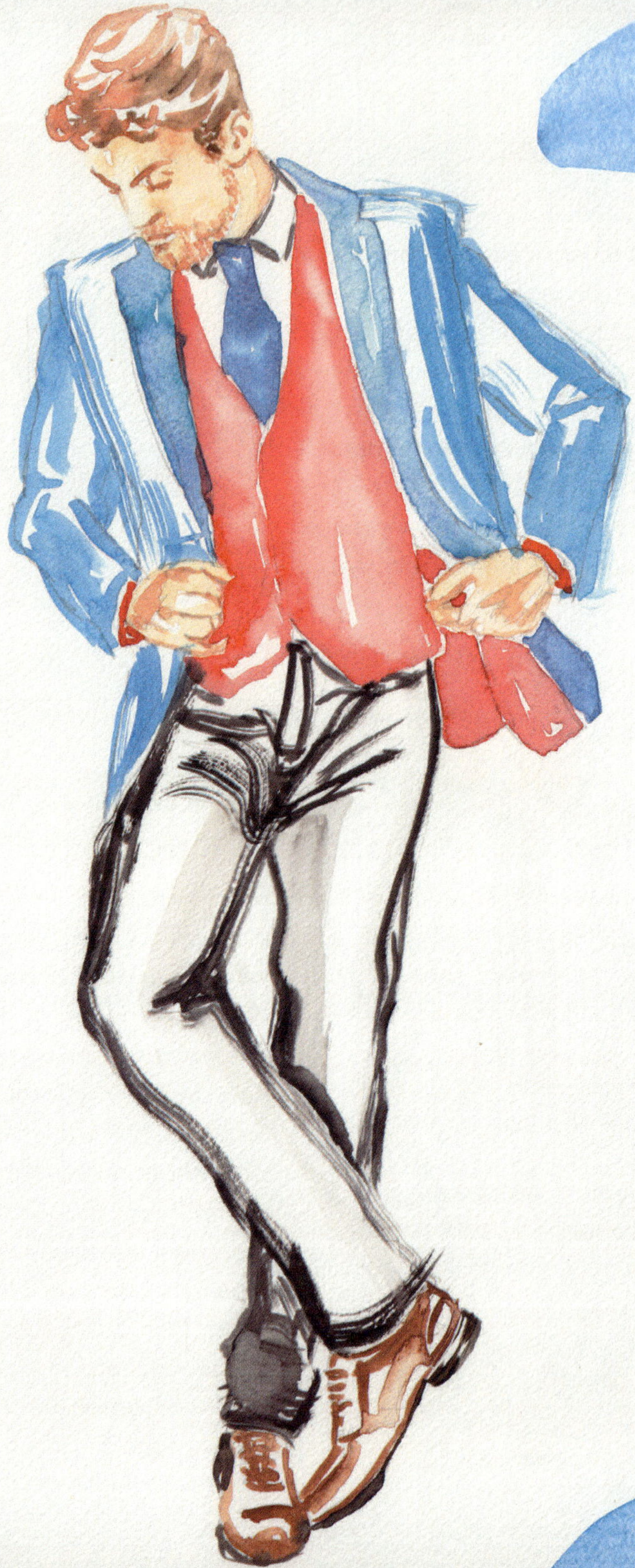

5.11 Mann dynamisch

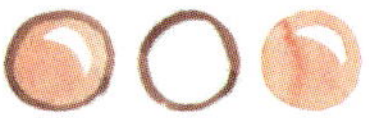

Vorskizze

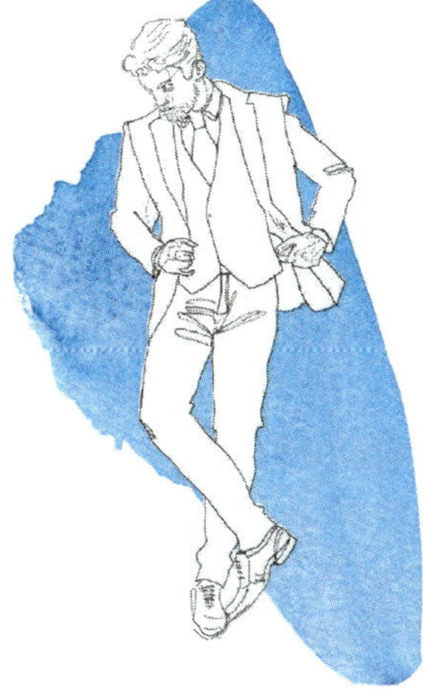

Farbpalette

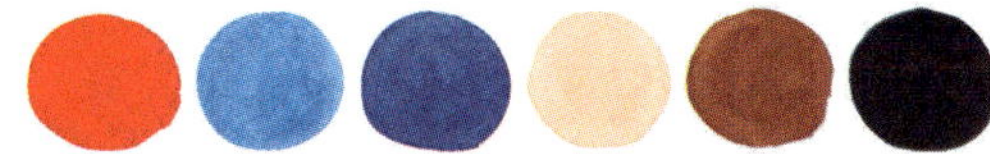

Pinsel

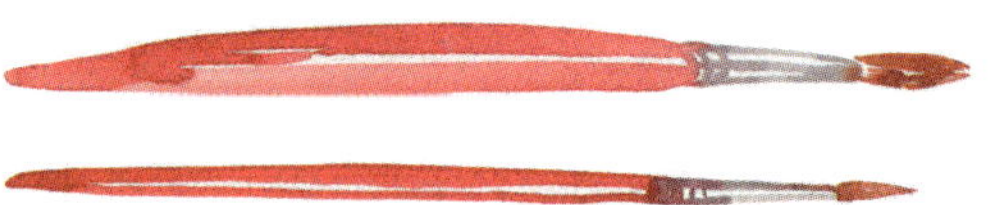

Rundpinsel: Flächen Nr. 6-8, Details Nr. 0-1

1. Vorskizzieren

Beginne mit der Vorskizze und male die Konturen bei deinem stehenden dynamischen Mann mit zarten Bleistiftstrichen vor. Die Proportionen durch den geneigten Kopf und Oberkörper sind leicht verkürzt.

2. Haut lavieren

Male als Nächstes mit deinem angemischten Hautton alle Bereiche des Mannes aus, in denen man seine Haut sehen kann. Bei dieser Figur ist die Haut im Gesicht und an den Händen sichtbar.

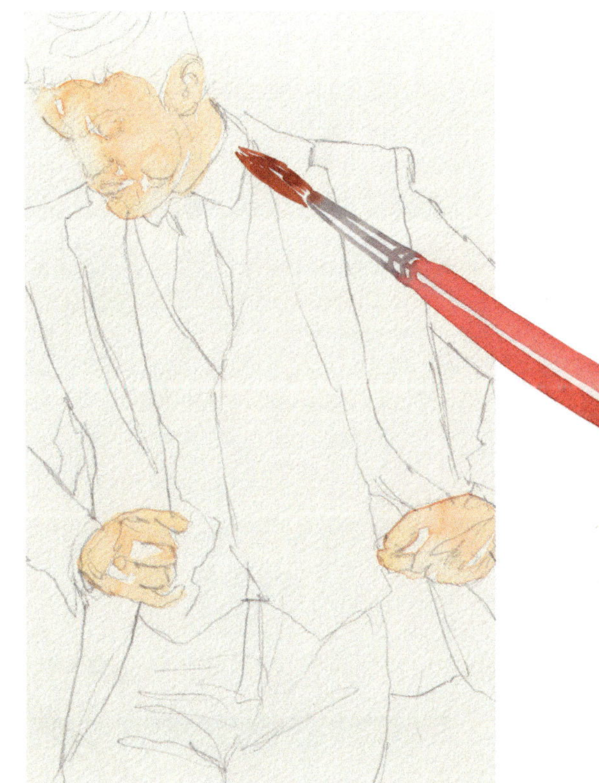

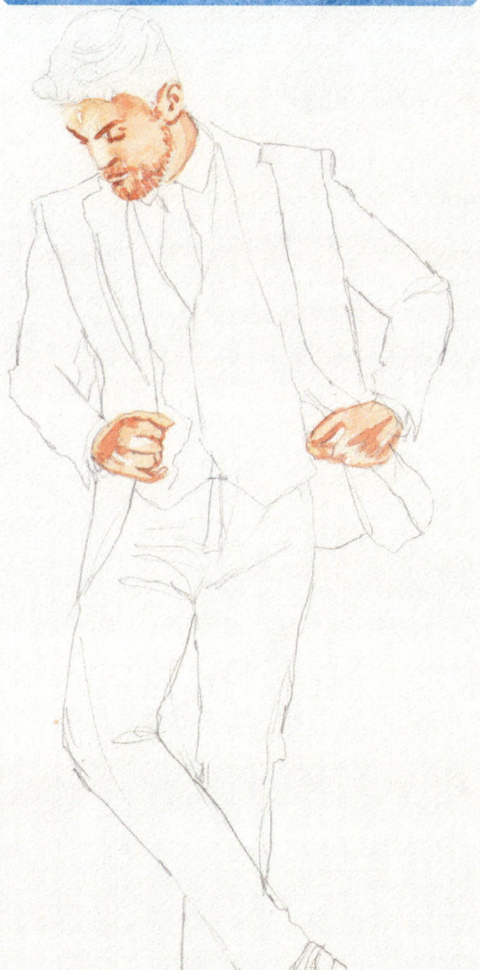

3. Schatten setzen

Nachdem du die Haut gemalt hast und deine erste Lasurschicht getrocknet ist, malst du mit deinem dunkleren Braunton die Konturlinien der Augenbrauen, Augen, Nase, Ohren und des Mundes auf deine erste Hautschicht. Den Bart des Mannes deutest du mit getupften Pinselstrichen an. Male diese leichten Stoppeln von oben nach unten mit immer weniger Farbanteil und mehr Wasser. Setze mit deinem dunkleren Braunton die Schatten an den Händen durch Konturlinien. Die Schatten entstehen auf dem Handrücken und zwischen den Fingern.

4. Haare malen

Im vierten Schritt malst du die Haare mit einem Braunton. Arbeite hier recht flächig mit schwungvollen Pinselstrichen in diejenige Richtung, in die sich die Haare des Mannes bewegen. Lasse Weißräume für die Trennung des Haares.

5. Krawatte und Weste

Male danach die Krawatte und die Weste des Mannes flächig aus. Hier lavierst du die Farben immer von außen nach innen. Gehe hier mit der Form der Kleidungsstücke. Lasse ein paar kleine Weißräume für Lichter stehen. Durch das zarte Lavieren des Rot- und Blautons wirken Krawatte und Weste des Mannes wie ein Seidenstoff. Male noch zarte Konturlinien für den schwarzen Kragen des Mannes. Verwende für diese Konturen weniger Farbanteil und mehr Wasser.

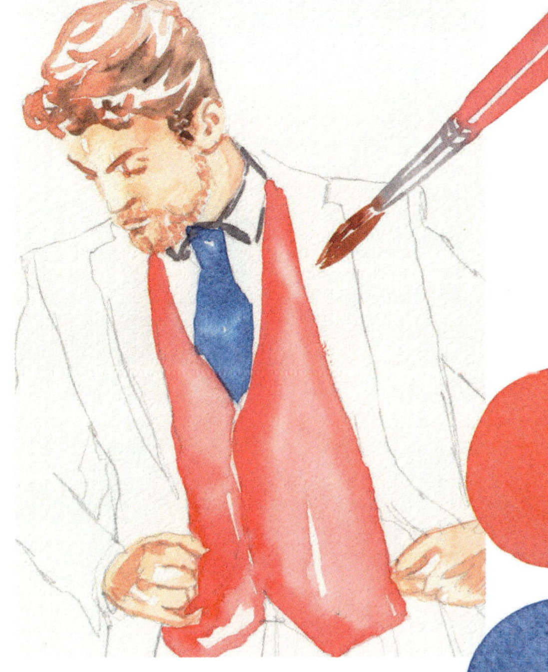

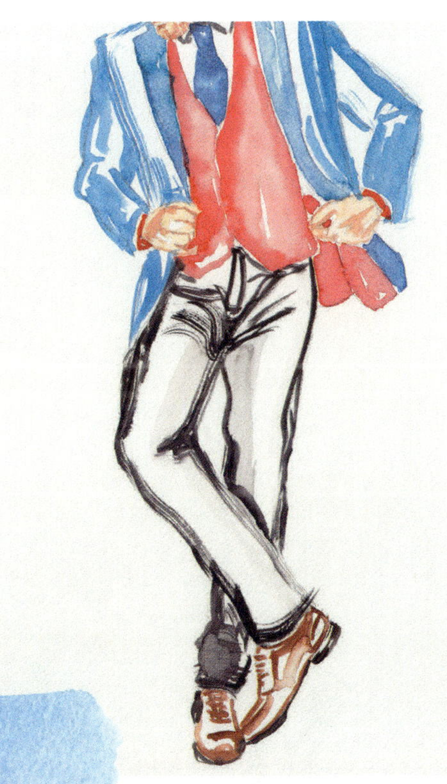

6. Keidung und Schuhe

Zum Schluss malst du mit einem recht trockenen Farbauftrag den Blazer und die Hose. Verwende geschwungene und dynamische Pinselstriche für die Konturen des Blazers und der Hose. Ziehe diese Pinselstriche nur einmal. Lasse bei der Hose mehr Weißräume und arbeite mit viel Farbe und weniger Wasseranteil. Den Blazer kannst du flächiger als die Hose mit Konturlinien füllen. So entsteht ein spannender Kontrast. Male mit einem Braunton die Konturlinien der Schuhe und lasse leichte Lavuren in den Konturen entstehen.

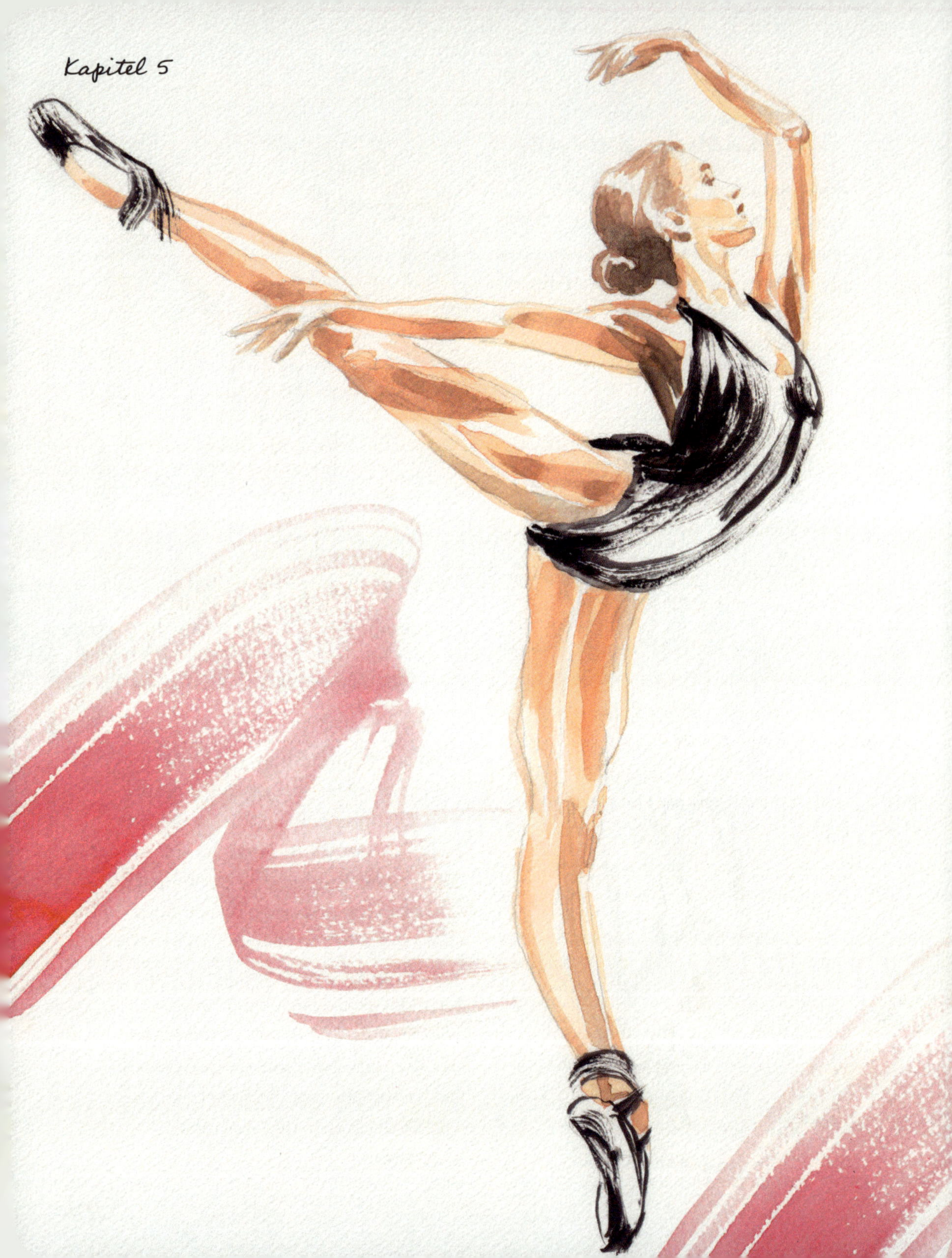
Kapitel 5

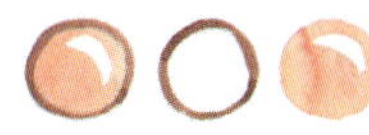

5.12 Frau dynamisch

Vorskizze

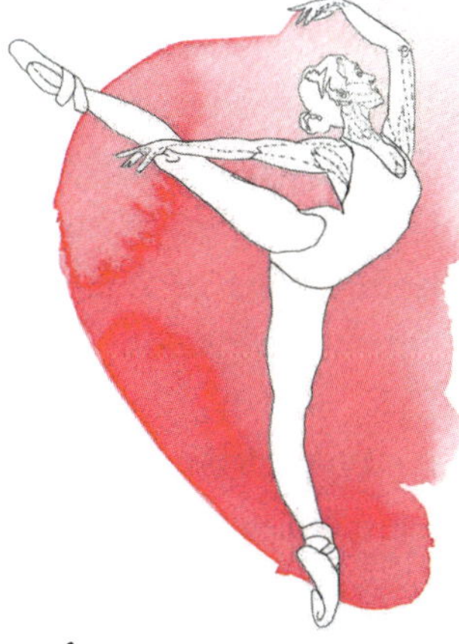

Farbpalette

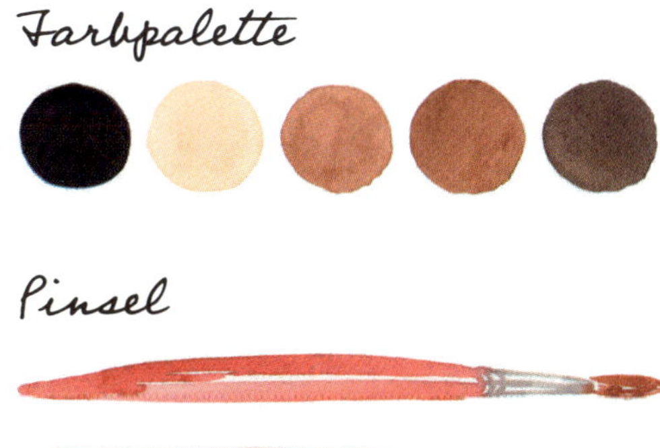

Pinsel

Rundpinsel: Flächen Nr. 5-8, Details Nr. 0-1

1. Vorskizzieren

Beginne mit der Vorskizze und male die Konturen deiner Ballerina mit zarten Bleistiftstrichen. Bei dieser komplexen Darstellung empfehle ich dir, die Vorskizze mit der Rastertechnik zu übertragen. Die Haut wird in diesem Projekt mit drei Hauttönen in unterschiedlichen Tonwerten erarbeitet.

2. Hautkonturen

Male nun mit dem hellsten Hautton dynamische Pinselstriche in die sich bewegenden Körperpartien. Achte beim Malen darauf mit der Körperbewegung der Ballerina zu gehen. Verwende geschwungene und fließende Pinselstriche, um die Dynamik zu erhalten.

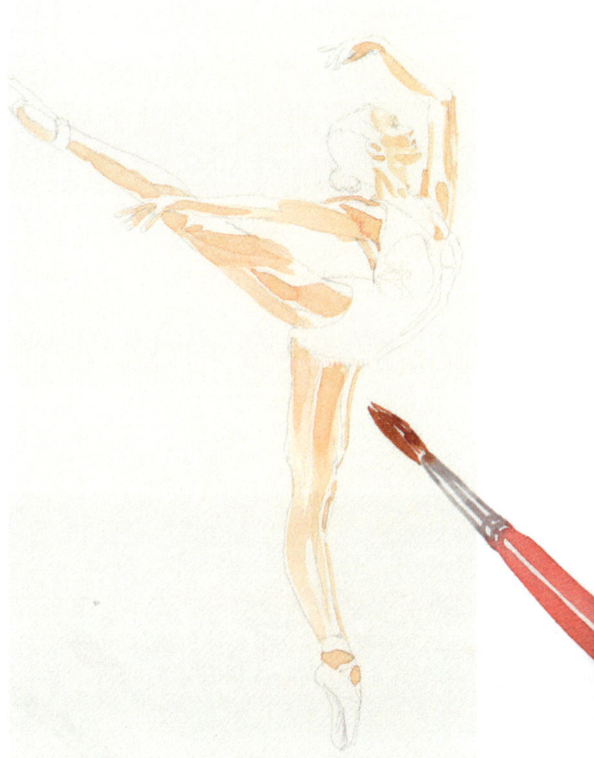

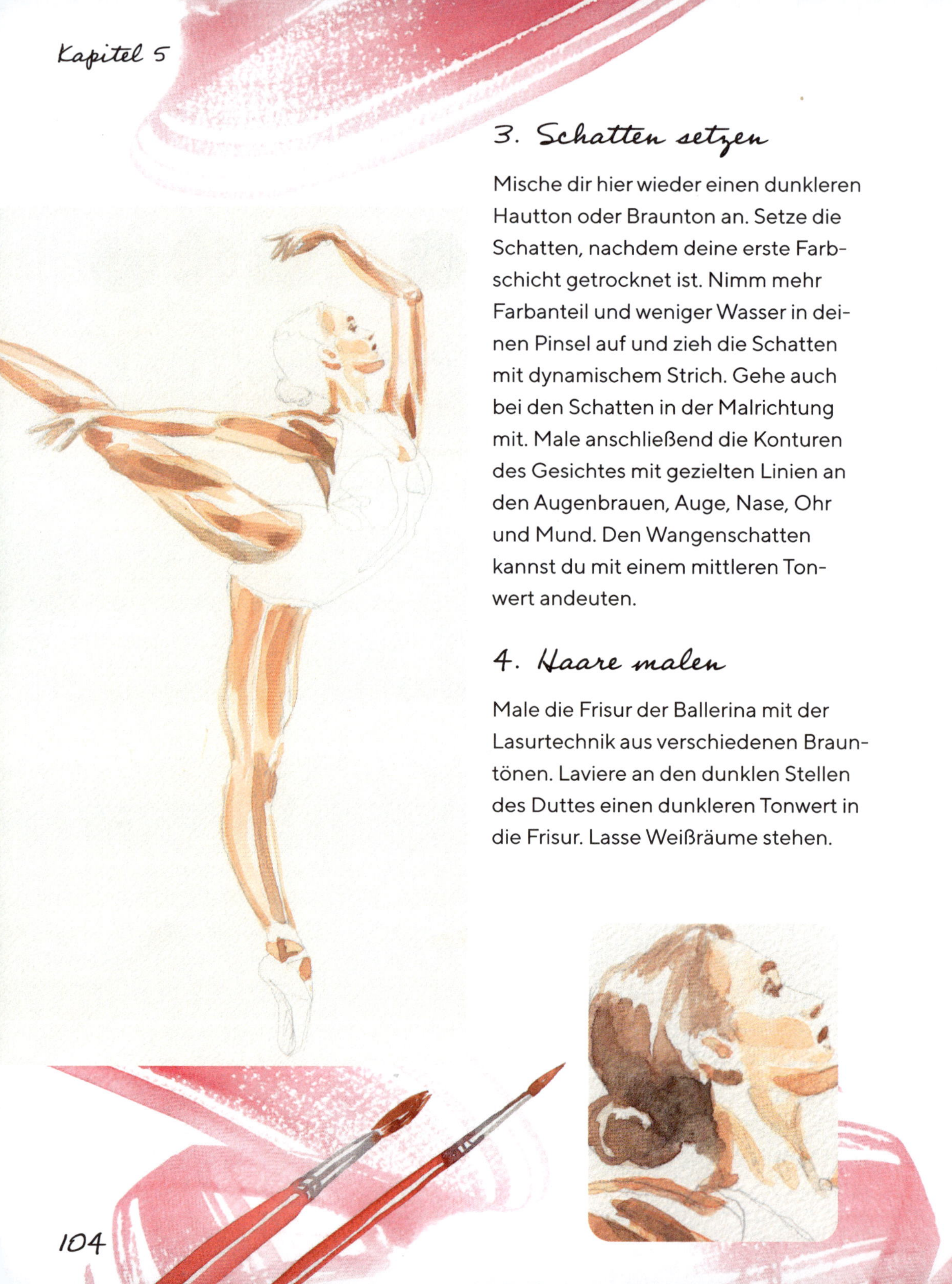

3. Schatten setzen

Mische dir hier wieder einen dunkleren Hautton oder Braunton an. Setze die Schatten, nachdem deine erste Farbschicht getrocknet ist. Nimm mehr Farbanteil und weniger Wasser in deinen Pinsel auf und zieh die Schatten mit dynamischem Strich. Gehe auch bei den Schatten in der Malrichtung mit. Male anschließend die Konturen des Gesichtes mit gezielten Linien an den Augenbrauen, Auge, Nase, Ohr und Mund. Den Wangenschatten kannst du mit einem mittleren Tonwert andeuten.

4. Haare malen

Male die Frisur der Ballerina mit der Lasurtechnik aus verschiedenen Brauntönen. Laviere an den dunklen Stellen des Duttes einen dunkleren Tonwert in die Frisur. Lasse Weißräume stehen.

5. Schattenschicht

Bei der dynamischen Ballerina besteht die Haut der Figur aus übereinander gelegten Pinselstrichen mit verschiedenen Tonwerten. Deswegen wird hier im fünften Schritt noch einmal eine dritte Hautschicht aus dynamischen Linien gemalt. Male hier mit dem dunkelsten Braunton, den du ausgewählt hast, eine letzte Schattenschicht auf die bereits getrockneten anderen Tonwerte der Haut. Male mit dynamischen Pinselstrichen und setze Schatten an den Achseln der Frau und ein paar dunkle Akzente an die Arme und Beine.

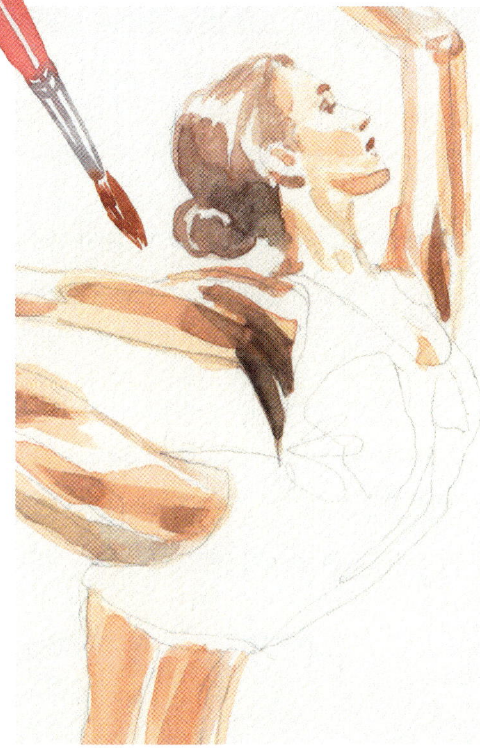

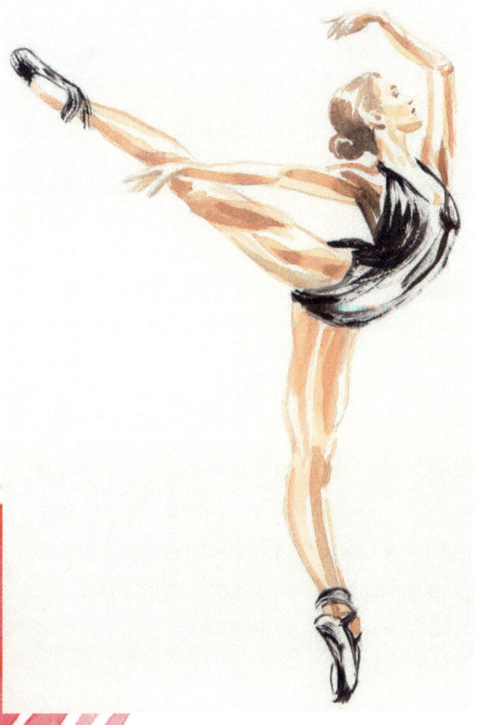

6. Body und Schuhe

Wenn die letzte Hautschicht getrocknet ist, kannst du mit einem sehr trockenen Farbauftrag den Body und die Schuhe der Ballerina malen. Verforme deinen Pinselkopf und ziehe dann schwungvoll die Linien des Bodys. Male den Body an schattigen Bereichen mehr aus und lasse in der Mitte des Bodys am Bauch einen starken Weißraum stehen. Arbeite in der Linienführung mit der Bewegung der Ballerina. Denselben Vorgang wiederholst du an den Schuhen.

6 Porträts

6.1 Motive vorbereiten

Grundsätzliche Vorbereitungen

Wenn du ein Porträt mit Watercolor malen möchtest, werden die Gesichtspartien etwas mehr ausgearbeitet als bei einer Ganzkörperdarstellung. Bei einem Porträt liegt der Fokus auf dem Gesicht. Achte besonders auf ausdrucksstarke Augen und den Mund. Dies sind die wichtigsten Gesichtspartien.

Augen

Übe vorab ein paar Augen aus dem Grundlagenkapitel in der frontalen Perspektive und im Profil. Variiere mit dem Ausdruck, um ein Gefühl dafür zu entwickeln.

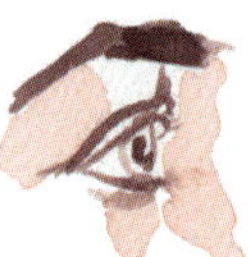
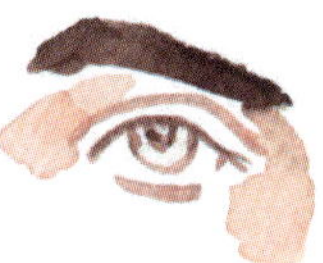
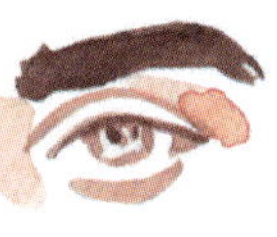
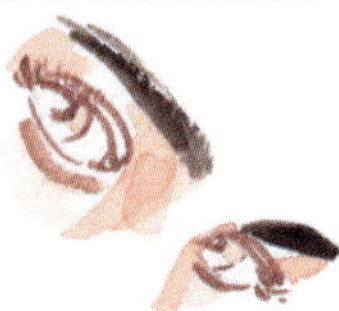

Mund

Der Mund ist das zweitwichtigste Gesichtselement, das du recht gut treffen solltest, um ein ansprechendes Porträt aus Watercolor zu malen. Probiere auch hier vorab ein paar Münder aus und male dich warm.

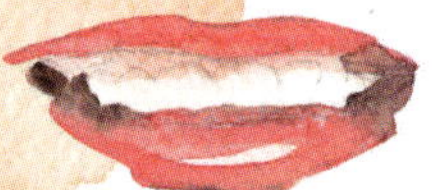
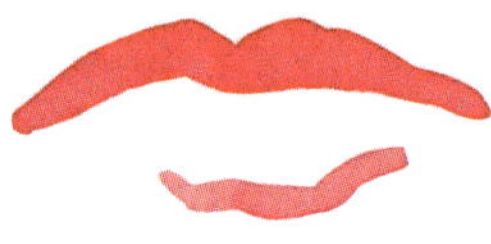
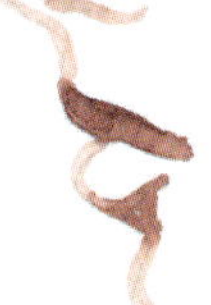

Hauttöne mischen

Bevor du mit dem Malen beginnst, empfehle ich dir, alle Hauttöne, die du für das Porträt benötigst, schon vorzubereiten. Mische dir hier auch mehr Farbe als bei einer Ganzkörperfigur an, da du durch das Format und die Größe mehr Farbe benötigst. Wenn du nachmischen musst, kann es das Farbergebnis des Hauttons verfälschen und unschön wirken.

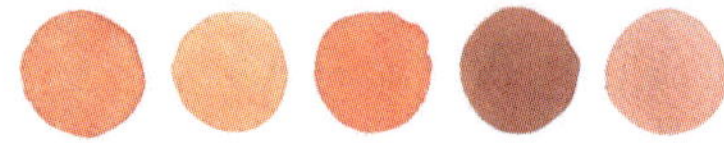

Vorskizze mit der Rastertechnik

Auch bei den Porträt-Projekten kannst du die Vorskizzen mit der Rastertechnik übertragen, bevor du anfängst zu malen (siehe auch S. 67-68). Hier gelten die gleichen Regeln wie bei den Menschen-Projekten. Übertrage das Motiv Quadrat für Quadrat und male die Bleistiftvorskizze nur ganz zart, damit du sie am Ende noch etwas ausradieren kannst. Gut geeignet für das Vorskizzieren sind hier auch härtere Bleistifte (H-F), die weniger Farbe abgeben.

Los geht's!

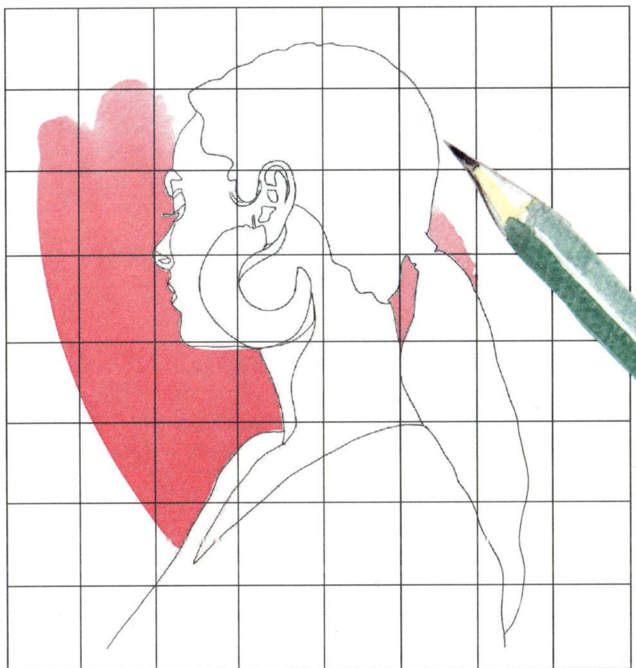

Zum Download

Alle Vorlagen und Skizzen zum Übertragen findest du kostenfrei auf meiner Website unter www.psillustrationen.de.

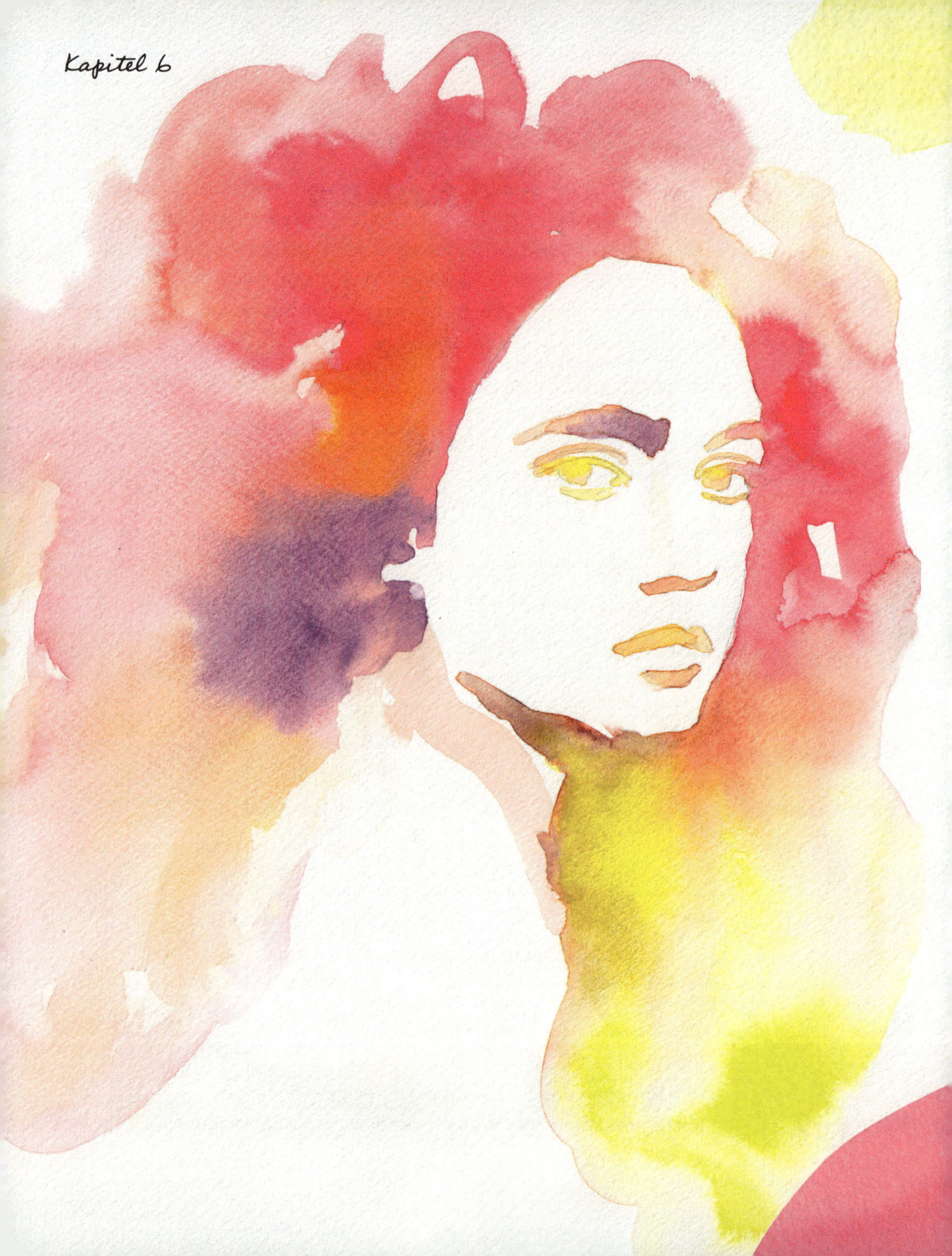
Kapitel 6

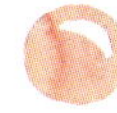

6.2 Frau seitlicher Blick

Vorskizze

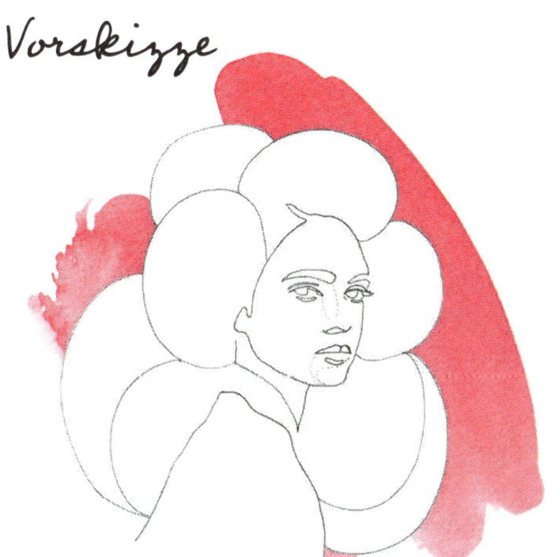

Farbpalette

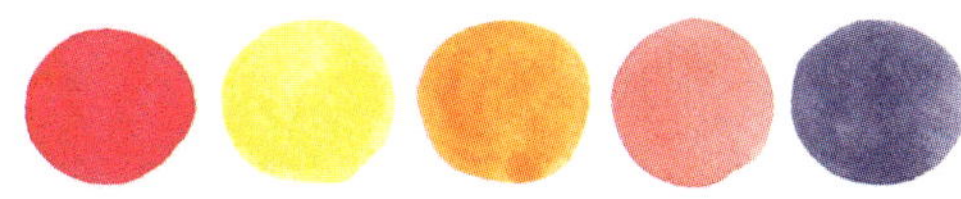

Pinsel

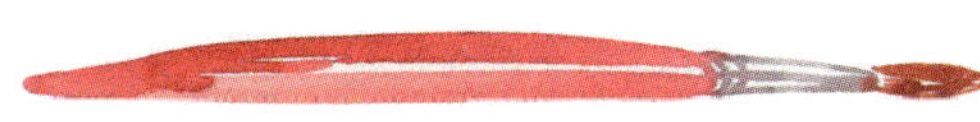

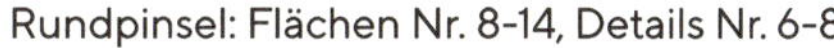

Rundpinsel: Flächen Nr. 8-14, Details Nr. 6-8

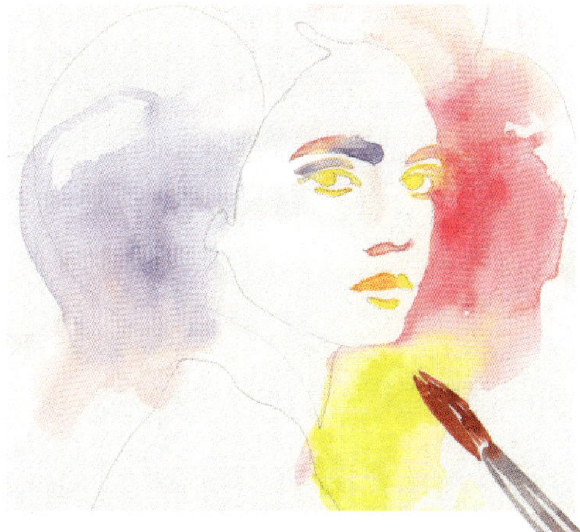

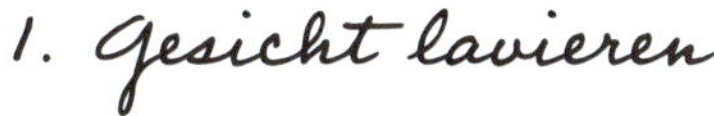

1. Gesicht lavieren

Im ersten Schritt feuchtest du alle auszufüllenden Bereiche des Motivs mit Wasser an. Erarbeite das Gesicht von innen nach außen, indem du deine gelben, orangefarbenen und blauen Farbtöne in die Gesichtspartien lavierst.

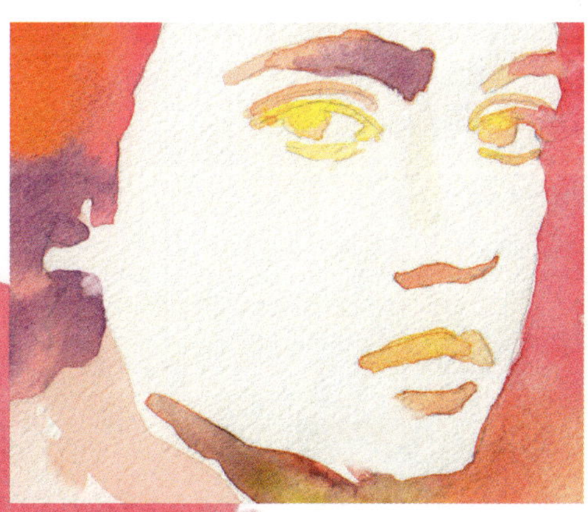

2. Silhouette lavieren

Im zweiten Schritt lavierst du die Umrisse des Porträts im Bereich der Haare und des Oberkörpers. Arbeite auch hier von innen nach außen. Setze an manchen Stellen den Lilaton an. Laviere alle Farben großzügig ineinander. Bei diesem Projekt musst du zügig arbeiten, da das Papier für den Vorgang des Lavierens feucht sein muss.

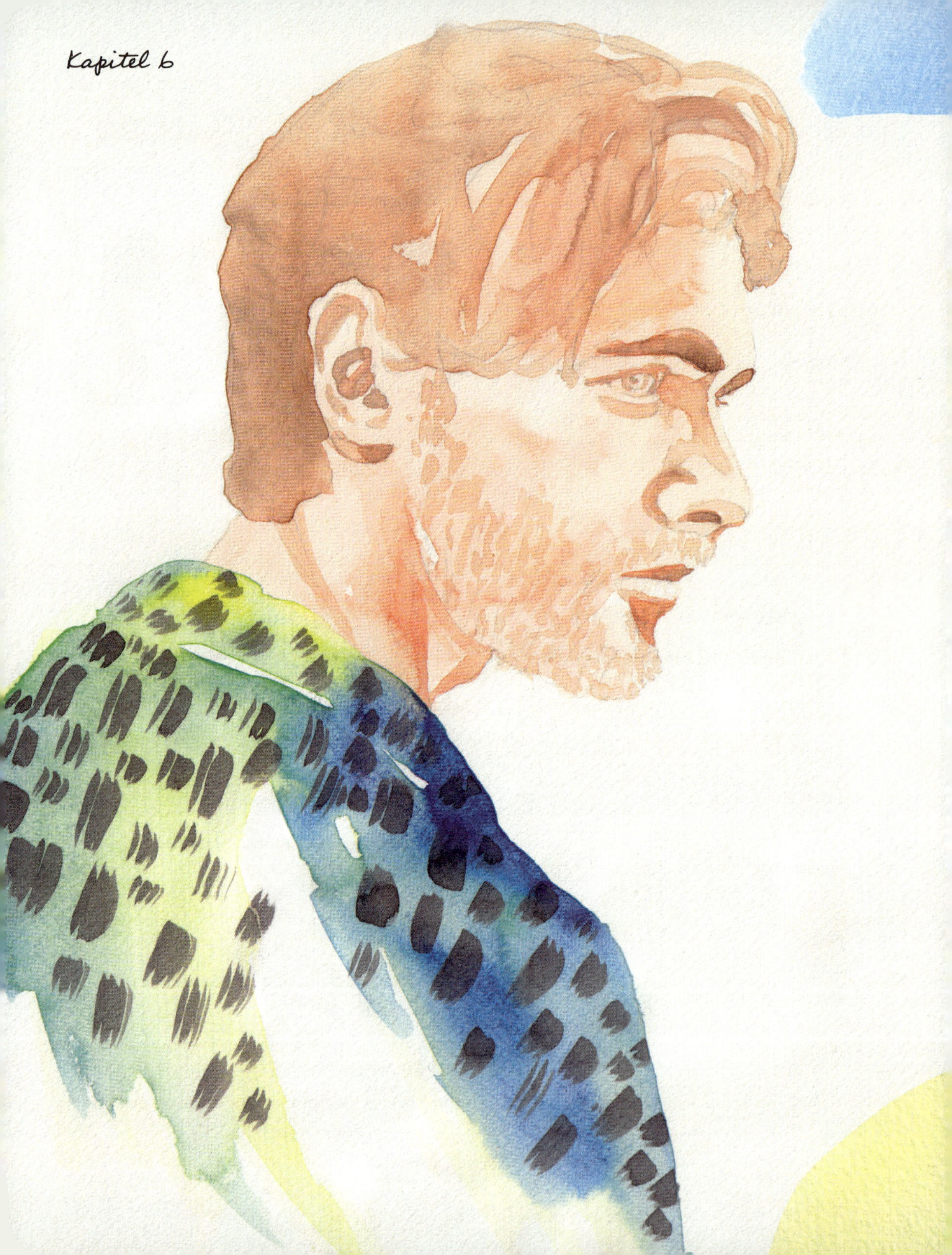
Kapitel 6

6.3 Mann im Profil

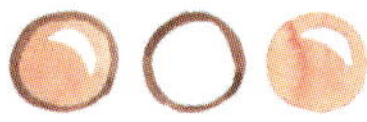

Vorskizze

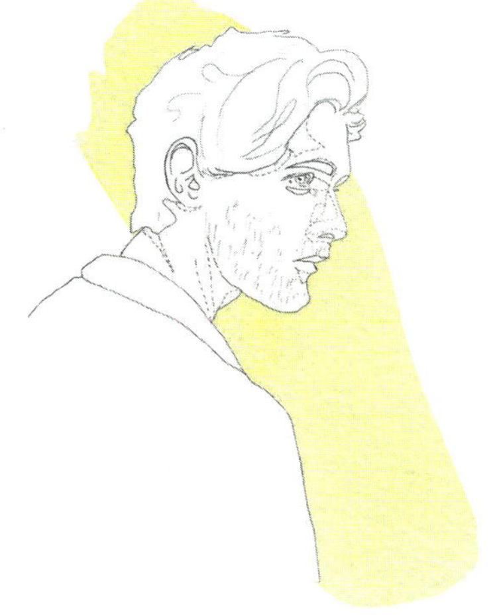

Farbpalette

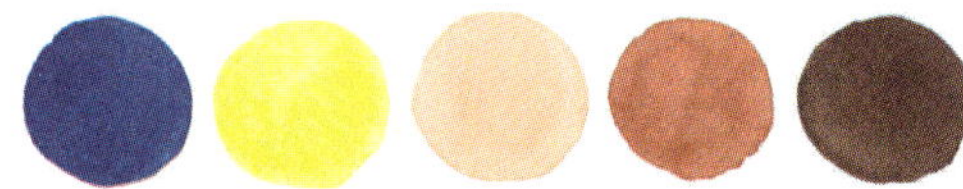

Pinsel

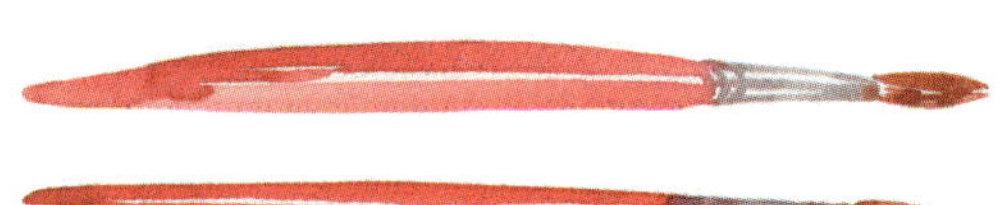

Rundpinsel: Flächen Nr. 6-8, Details Nr. 4-6

1. Vorskizzieren

Übertrage im ersten Schritt das Profilporträt des Mannes mit der Rastertechnik auf dein Aquarellpapier. Proportional gelten die Regeln des Porträts im Profil. Schatten und Gesichtspartien kannst du mit leichten Bleistiftstrichen andeuten.

2. Haut lavieren

Male nun die Fläche des Gesichts großzügig mit einer Lavurschicht aus. Laviere deinen Hautton auch über die Haarpartien des Mannes. Lasse beim Lavieren der Farbe helle und dunkle Bereiche entstehen.

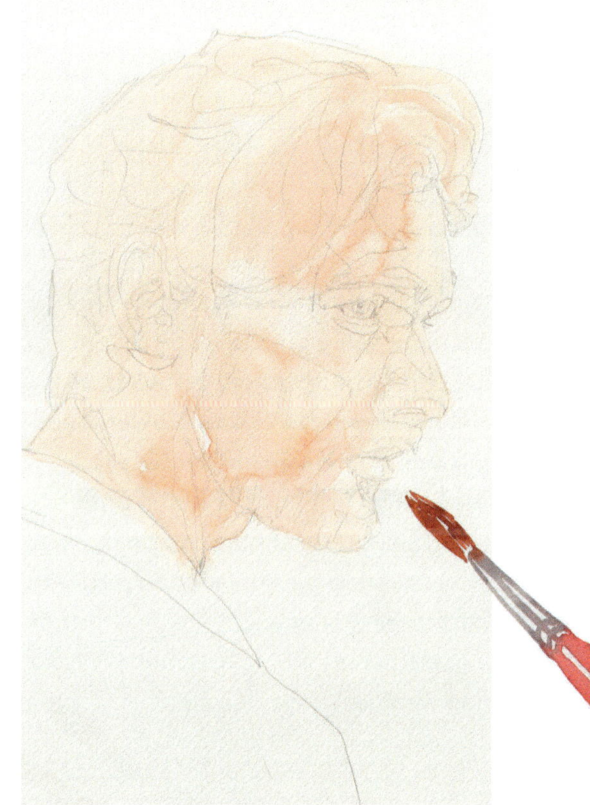

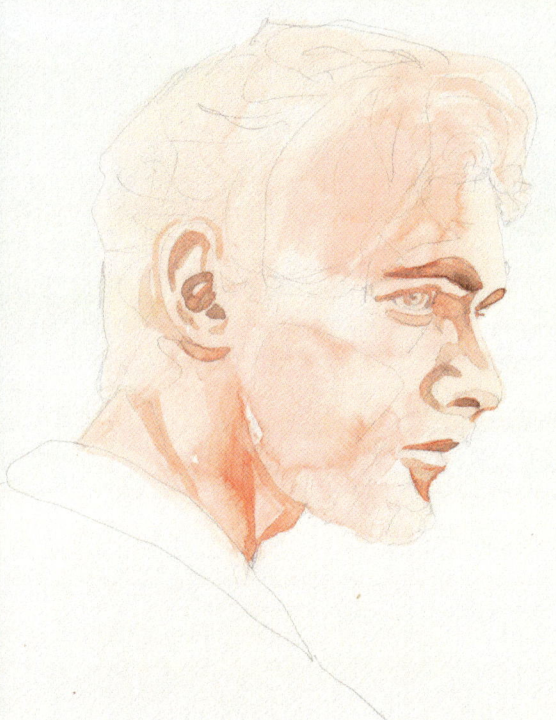

3. Schatten setzen

Im dritten Schritt arbeitest du das Gesicht des Porträts genauer heraus. Male mit einem dunkleren Braunton die Augenbrauen-, Augen-, Nasen- und Mundkonturen flächig aus, nachdem deine erste Hautschicht getrocknet ist. Arbeite auch hier leichte Lavuren in die Flächen ein. Das gleiche setzt du an den Ohren und den Halsfalten des Mannes um. Bei einem Porträt empfehle ich dir, mit einem größeren Pinsel zu arbeiten, da du größere Flächen im Gesicht füllen musst.

4. Haare malen

Nun malst du die Haare des Mannes mit einer flächigen Lasurschicht auf die bereits getrocknete erste Schicht. Nehme hier einen etwas dunkleren Braunton und lasse ein paar Stellen der Schicht frei, so scheint der untere Hautton noch leicht durch und die Haarsträhnen werden angedeutet. Den Bart malst du mit leichten aufgetupften Pinselstrichen. Nimm hier mehr Wasser und weniger Farbanteil auf.

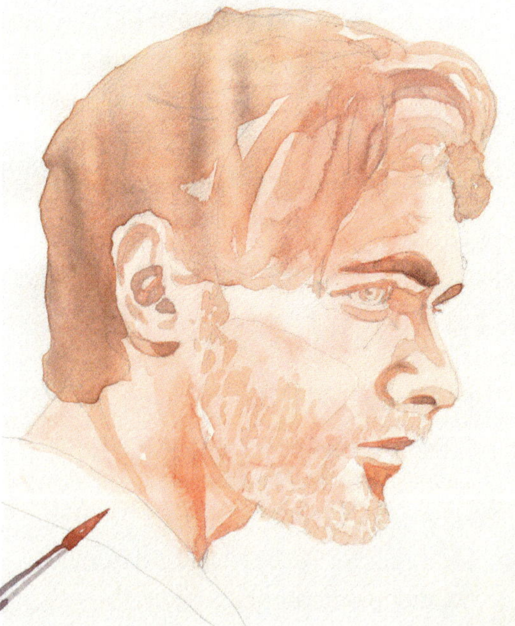

5. Hemd malen

Verwende für das Hemd des Mannes einen frischen Blauton und ein sattes Gelb. Nun setzt du das Gelb zuerst am Kragen an und lavierst es schwungvoll von oben nach schräg rechts unten. Noch im feuchten Zustand des Gelbs lavierst du deinen Blauton in die gelbe Fläche mit ein. Hierdurch entsteht auch der Grünschimmer des Hemdes, da sich die Farben ineinander lavieren. Arbeite im rechten Teil des Hemdes mit mehr Blauanteil. Lasse deine Hemdfläche nach unten auslaufen. Am unteren Kragen lasse etwas Weißraum für die Flächentrennung stehen.

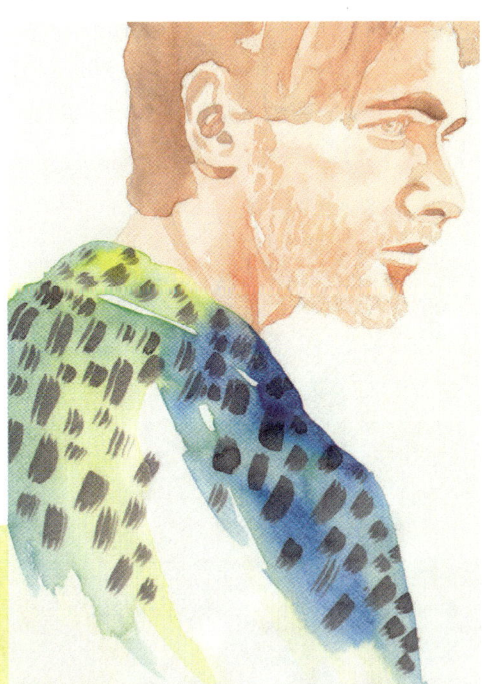

6. Hemdmuster malen

Wenn die Lavurschicht des Hemdes gut durchgetrocknet ist, kannst du das Hemd noch mit einem spannenden Muster finalisieren. Nimm hierfür etwas Schwarz mit etwas mehr Wasseranteil in deinen Pinsel auf. Fächere den Pinselkopf auf und setze dann verschiedene Striche in unterschiedlichen Größen, aber immer in eine Richtung, auf das Hemd. Hier entsteht dann eine zweite dynamische Lasurschicht, die deinem Porträt noch mehr Tiefe gibt.

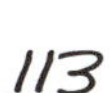

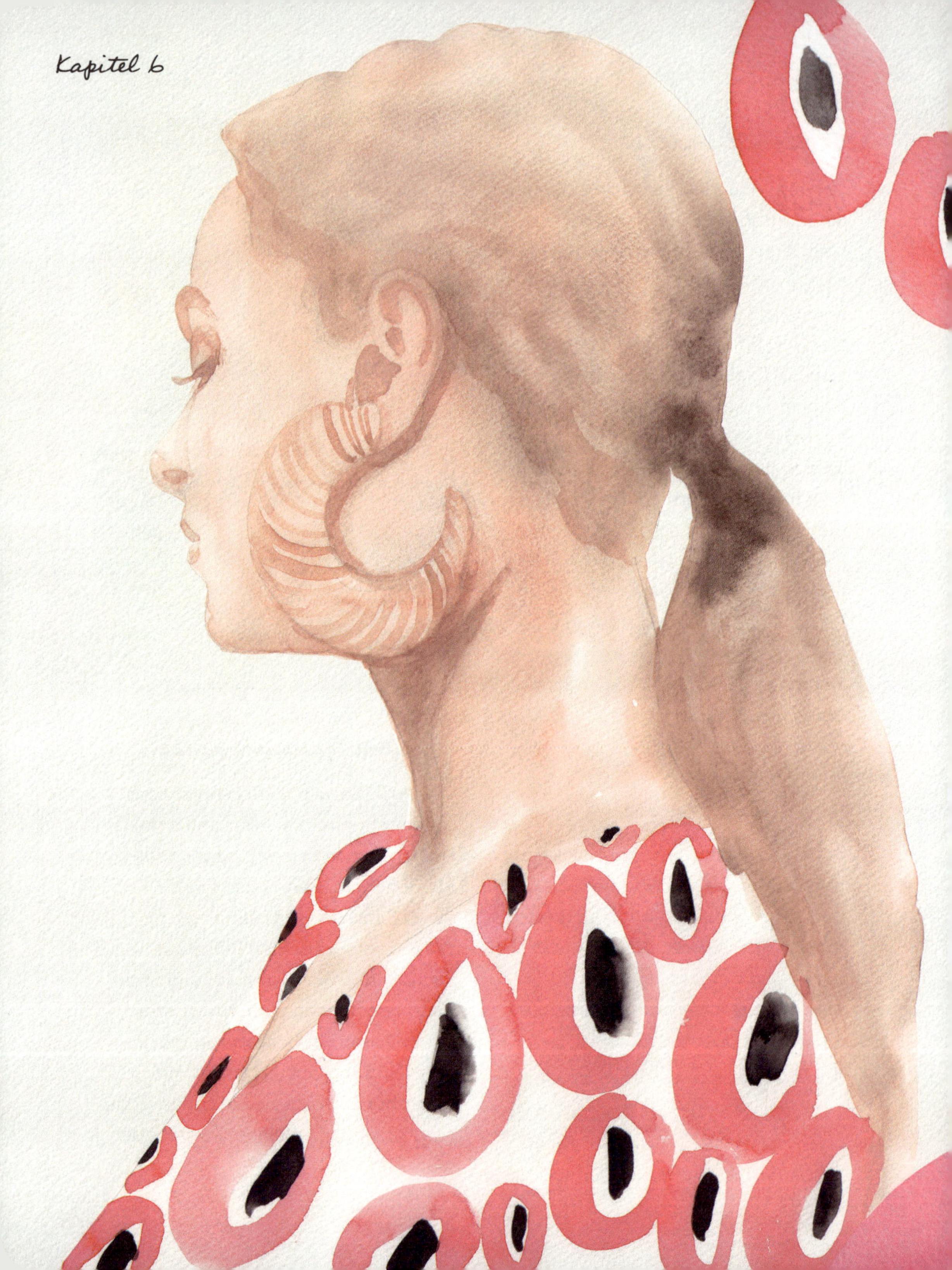
Kapitel 6

6.4 Frau im abgewandten Profil

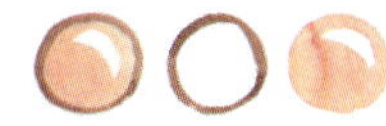

Vorskizze

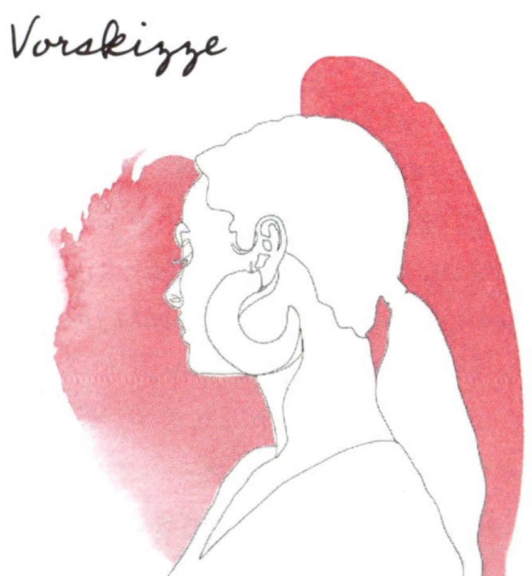

Farbpalette

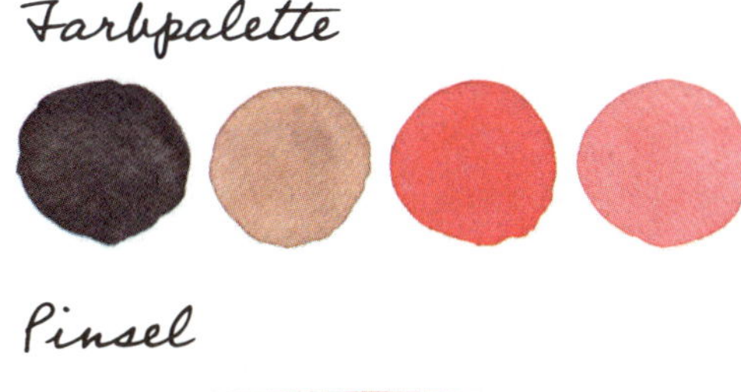

Pinsel

Rundpinsel: Flächen Nr. 6-8, Details Nr. 4-5

1. Vorskizzieren

Beginne mit der Vorskizze und male deine Figur mit zarten Bleistiftkonturen vor.

2. Haut lavieren

Male nun im zweiten Schritt alle Bereiche der Frau aus. Arbeite hier schnell und fülle die Form mutig und großzügig aus. Hier verwendest du wenig Farbe und viel Wasseranteil und erhältst eine zarte Lavur. So entsteht eine erste plastische Ebene.

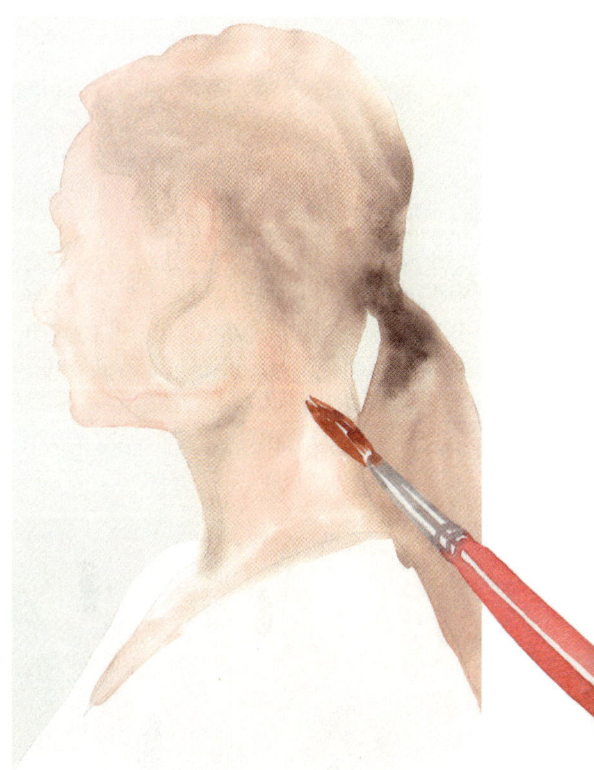

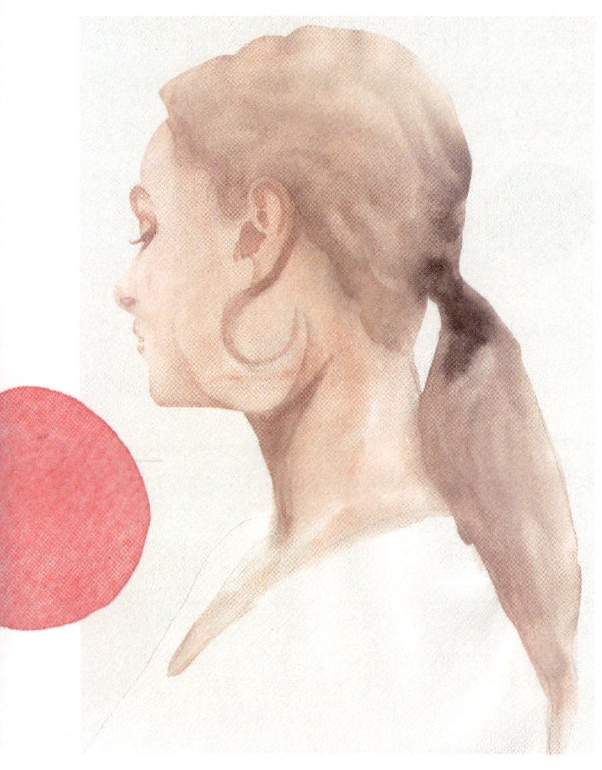

3. Schatten setzen

Nachdem du die Haut gemalt hast, ist es wichtig, dass diese erste Schicht gut durchtrocknet. Male anschließend mit einem warmen angemischten Braunton die Schatten in das Porträt. Hier arbeitest du lasierend mit Braun auf dem getrockneten Hautton. Male nun alle Schatten der Gesichtspartien wie Augen und Ohren flächig aus. Arbeite hier zart und langsam. Diese zweite Malschicht gibt deinem Watercolor-Porträt die Tiefe. Wiederhole diesen Vorgang am Haaransatz und im Zopf.

4. Ohrring malen

Arbeite nun den Ohrring der Frau ganz sanft heraus. Male auch hier mit einem Braunton die Linien des Ohrrings mit Konturlinien nach. In den Ohrring kannst du sanfte Streifen einarbeiten.

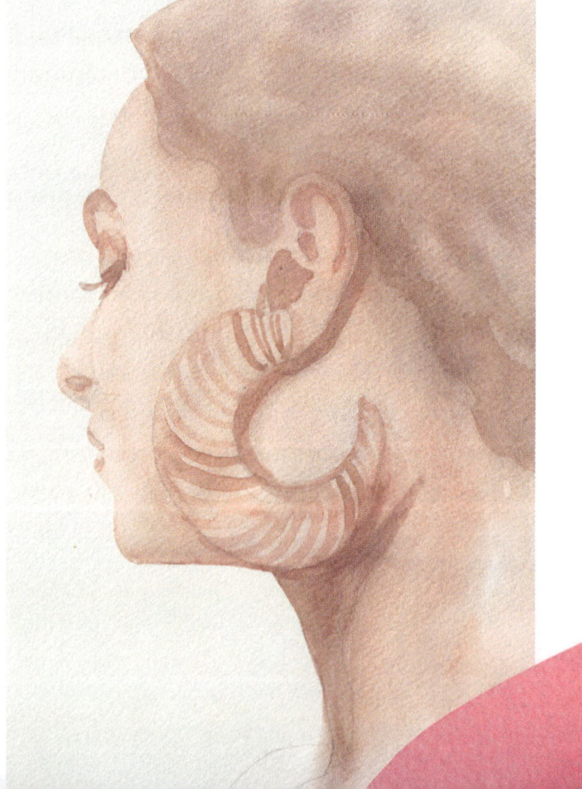

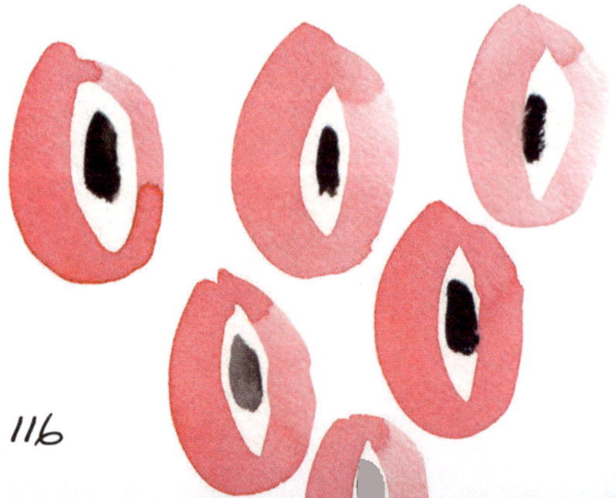

5. Bluse malen

In diesem Porträt kannst du die Bluse nun mit einem Muster füllen. Nimm hier deinen Pinkton und ziehe im ersten Schritt ovale Kreise. Arbeite dich mit den Ovalen am besten von oben nach unten durch und achte darauf, die Ovale jeweils mit einem einzigen Pinselstrich durchzuziehen. Variiere gerne auch in der Größe. Das macht deine Komposition der Bluse spannender. Lasse deine Ovale gut durchtrocknen, bevor du zum letzten Schritt übergehst.

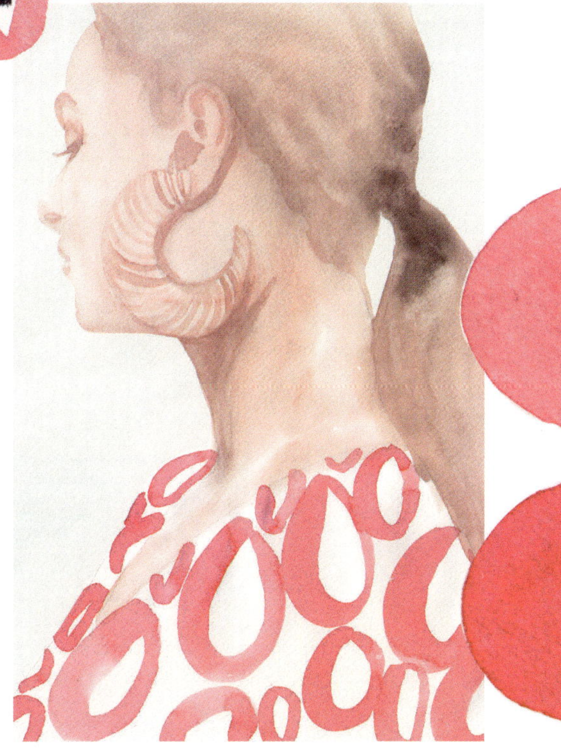

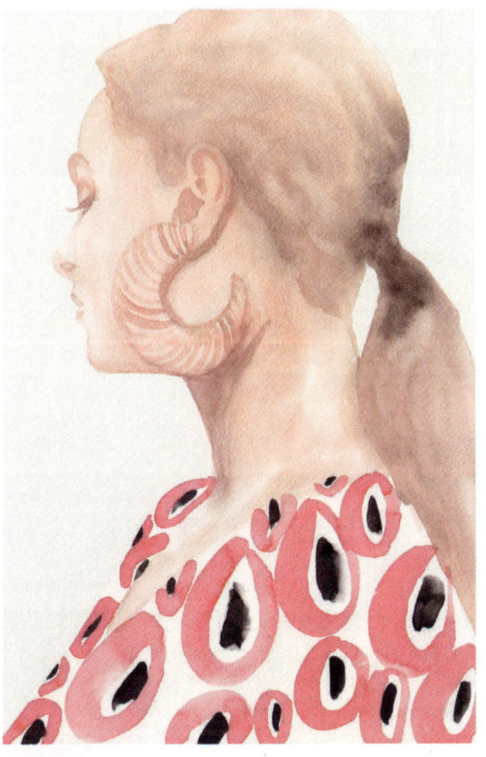

6. Details auf der Bluse

Zum Schluss malst du noch gefüllte schwarze Flächen in deine pinken Ovale. Diese setzt du mit dem flach gehaltenen Pinsel in einem Zug auf das Papier. Durch die längliche Form deines Rundpinsels entsteht automatisch ein Oval, wie eine Art Klecks.

Kapitel 6

6.5 Frau von hinten

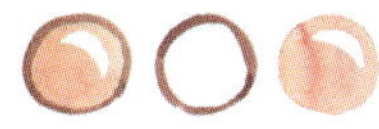

Vorskizze

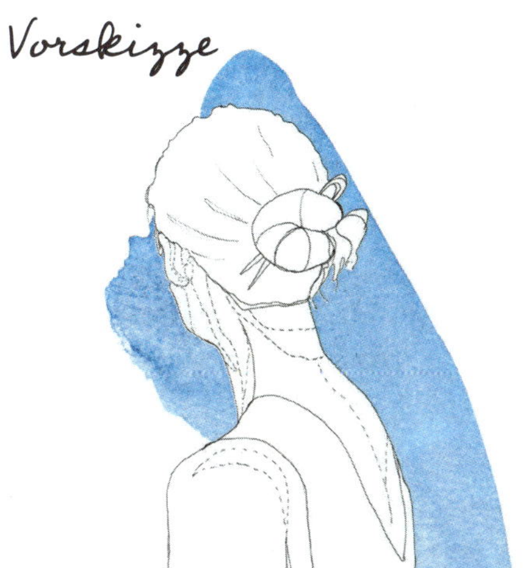

Farbpalette

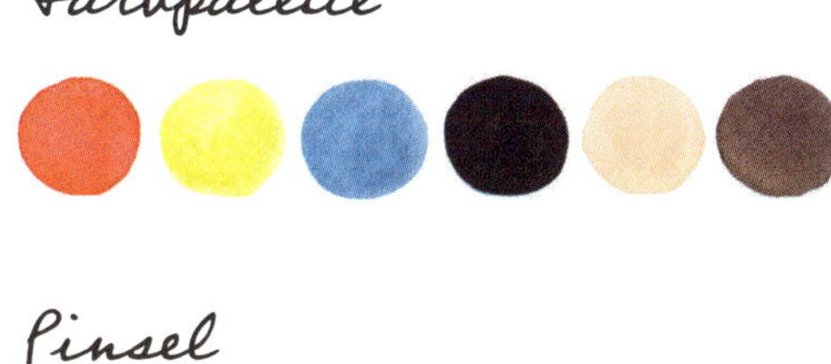

Pinsel

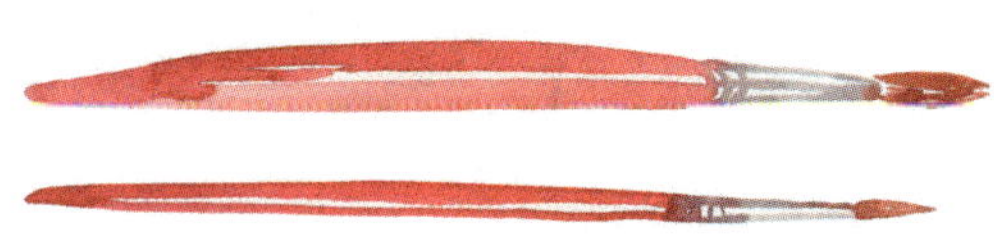

Rundpinsel: Flächen Nr. 6-8, Details Nr. 4-5

1. Vorskizzieren

Bei diesem Porträt in der Rückansicht fällt die Darstellung der Gesichtspartie fast komplett weg. Wichtig sind hier nachher die Haare. Übertrage im ersten Schritt deine Vorskizze mit der Rastertechnik.

2. Haut lavieren

Laviere im zweiten Schritt mit weniger Farbanteil und mehr Wasser im Pinselkopf deinen vorher angemischten Hautton in die passenden Flächen des Frauenmotivs. Fülle die Flächen des Gesichts, des Rückens und der linken Schulter flächig aus. Arbeite hier auslaufend von oben nach unten.

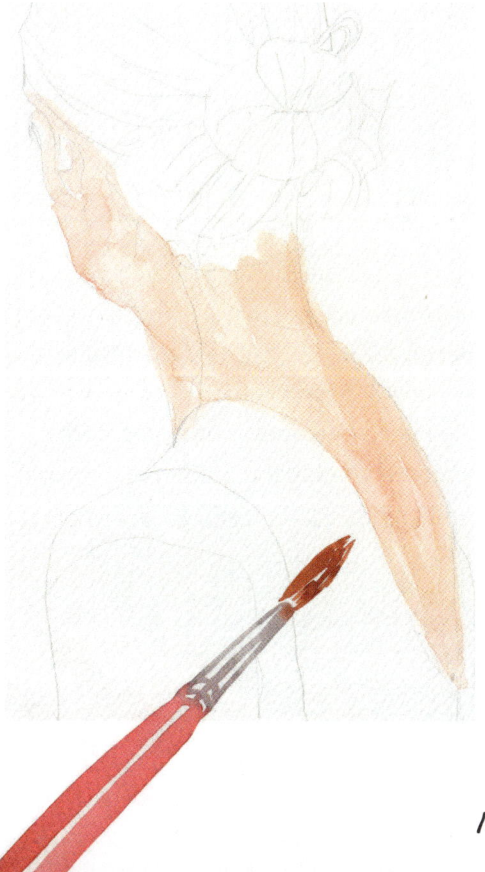

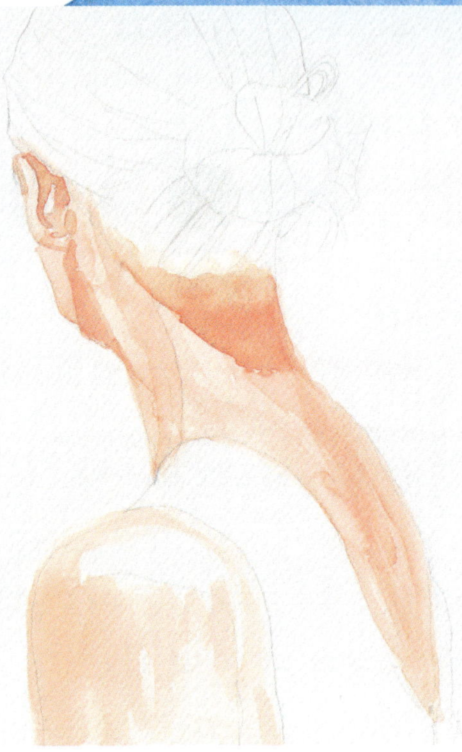

3. Schatten setzen

Male nun, sobald die Schicht mit dem Hautton gut durchgetrocknet ist, mit einem angemischten Braunton die Schatten in die Figur. Hier arbeitest du lasierend mit Braun auf dem Hautton. Male alle Schatten flächig aus. In diesem Motiv findest du Schatten an Hinterkopf, Ohr und Halsbereich. Laviere die Schattenschicht am Halsbereich ein wenig und arbeite bei der zweiten Schicht mit mehr Farbanteil im Pinsel. Lasse an der Rundung der Schulter der Frau einen Weißraum für Licht stehen.

4. Haarreflexion malen

Nun kannst du die erste Schicht der schwarzen Haare malen. Nimm hier ein Bergblauton und ziehe dynamische Pinselstriche in die Richtung, in die sich die Haare bewegen. Setze das Bergblau nur an manche Stellen der Haare.

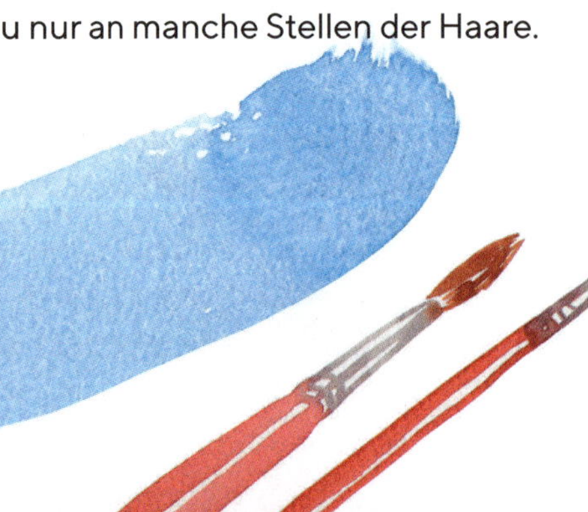

5. Haare malen

Wenn die erste Reflexlicht-Haarschicht getrocknet ist, kannst du mit viel Farbe und wenig Wasseranteil im Pinsel die schwarze Schicht der Haare aus Pinselstrichen malen. Arbeite hier mit unterschiedlichen Tonwerten und ziehe die einzelnen Haarsträhnen in die vorgesehenen Richtungen. Unter dem Dutt kann die Farbe dunkler werden, da dieser Bereich der Haare schattiger ist. Lasse viele Weißräume für die hellen Stellen der Haare stehen. Spare die gelbe Haarklammer, die den Dutt hält, erst einmal aus. Nun siehst du auch, wie die blauen Haarreflexe hervorscheinen.

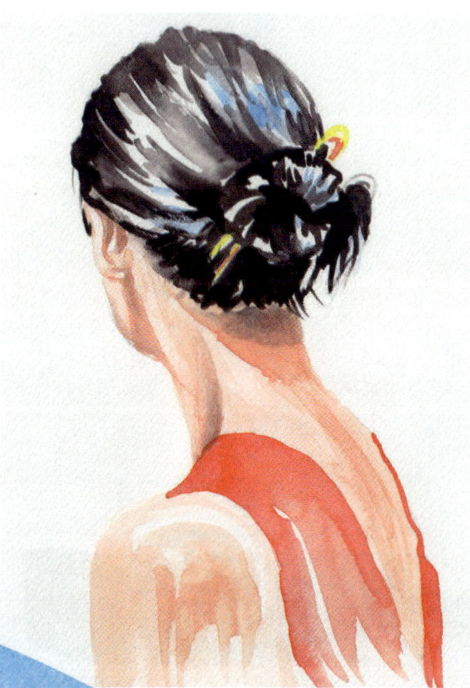

6. Klammer und Top

Als Nächstes malst du die Haarklammer aus einem Gelb- und Orangeton. Male diese mit einfachen Pinselkonturen. Das Orange setzt du zusätzlich, um der Haarklammer etwas Plastizität zu geben. Fülle nun das Oberteil mit dem Orangeton flächig aus. Laviere von der Schulter nach unten und lass deinen Pinselstrich am besten nach unten auslaufen. Zum Schluss kannst du manche Schatten im Hautbereich noch einmal stärker hervorheben. Dafür nimmst du dir einen Braunton und malst eine dritte Lasurschicht an den Hinterkopf, Rücken und den Schulterbereich. So erhält dein Frauenporträt noch mehr Tiefe.

7 Materialmix

7.1 Acryl, Tusche und Pappe

Acryl

Acryl ist eines der vielseitigsten Mixmaterialien. Acrylfarbe besteht aus Pigmenten, Bindemitteln und Lösungsmitteln. Sie lässt sich auf alle fettfreien Materialien auftragen und trocknet zügig. Der Farbauftrag mit Acryl kann sehr dick sein, was eine andere und interessante Struktur auf das Papier zaubert. Als harten Kontrast zum Watercolor kann Acrylfarbe deinem Watercolor-Menschen einen spannenden Pfiff verleihen. Probiere auch hier einmal die Beschaffenheit dieser Farben aus.

Borstenpinsel
Borstenpinsel erzeugen mit Acryl einen intensiven und groben Farbauftrag.

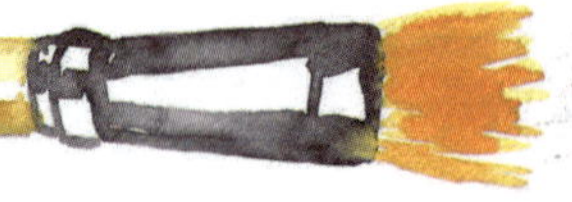

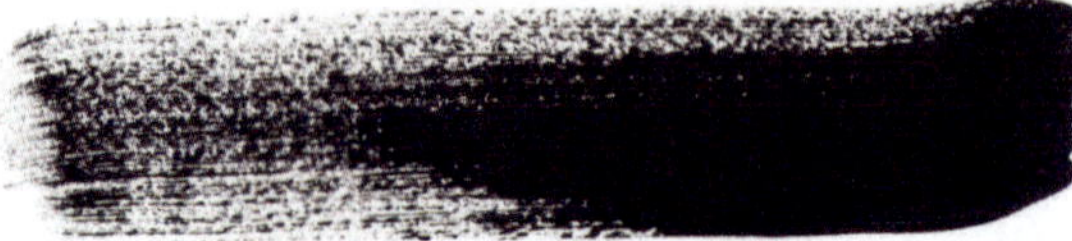

Tusche

Bei Tusche handelt es sich um eine spezielle Form von Tinte. Sie zeichnet sich durch sehr kräftige Farbigkeit aus. Tusche enthält ein Farbpigment und zusätzlich ein Bindemittel, welches das Pigment auf dem Papier haften lässt. Tusche kann man genau wie Watercolor mit Wasser verdünnen, der Farbauftrag ist jedoch viel deckender und farbintensiver als mit Watercolor. Teste dich langsam an diesen Materialmix heran und probiere einmal eine Tuschefarbe aus.

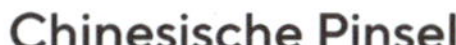

Chinesische Pinsel

Für Tusche verwendest du am besten chinesische Pinsel. Diese können die schwere und intensive Flüssigkeit der Tusche gut halten.

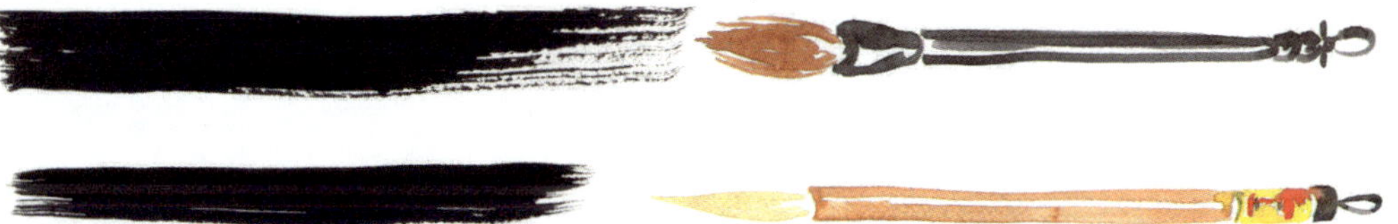

Rohrfeder und Glasfeder

Feine Linien aus Tusche kannst du am besten mit einer Rohr- oder Glasfeder malen. Der Unterschied zwischen den beiden Federn ist, dass die Linie der Rohrfeder organischer und unterschiedlich dick wird, wohingegen die Glasfeder immer gleich dünne Strichstärken malt.

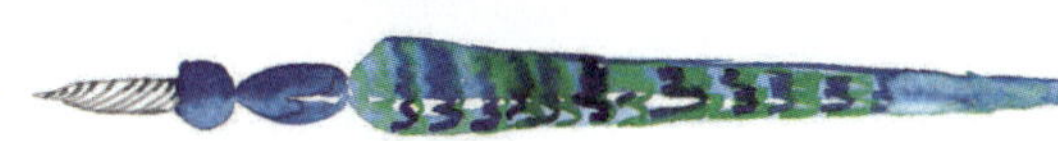

Pappe und Papercuts

Deinem Watercolor-Menschen kannst du durch eine zusätzliche Materialebene noch mehr Tiefe und Spannung geben. Pappe oder Karton eignen sich sehr gut dafür. Du kannst interessante Formen oder Objekte aus Pappe ausschneiden und diese dann über dein Motiv legen oder es mit deinem Motiv verbinden. Pappe und Tonkarton sind in sämtlichen Farben und Grammaturen erhältlich. Hier erhältst du eine gute und vielfältige Auswahl, um dein Motiv noch individueller und spannender zu gestalten. Die Pappe oder den Karton kannst du am besten mit einem Skalpell schneiden. Gerade filigrane Elemente aus Karton lassen sich mit dem Skalpell bestens herausschneiden.

Tonkarton

Tonkarton eignet sich am besten für das Arbeiten mit der Collagentechnik, da dieser Karton nicht so dick und daher leichter zu schneiden ist.

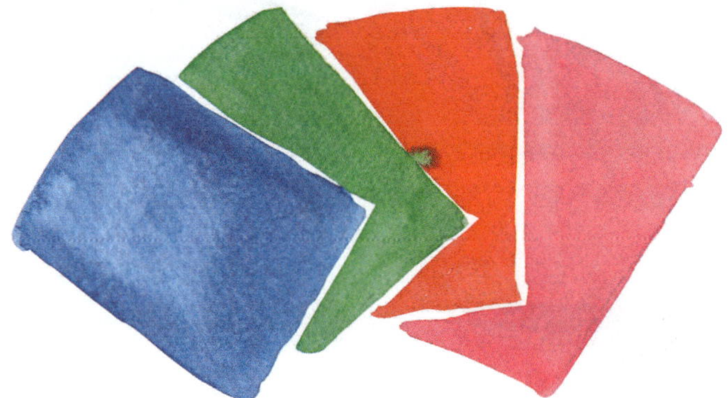

Lineal

Für das Arbeiten mit Pappe besitzt du am besten ein stabiles Lineal mit mindestens 40 cm Länge.

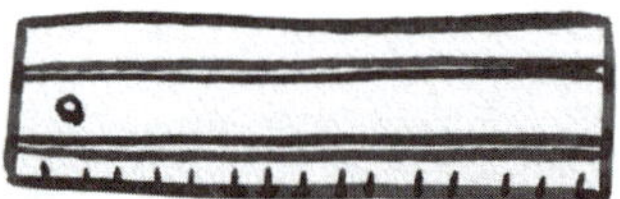

Skalpell und Scheren

Mit einem Skalpell oder einer Schere kannst du interessante Formen und filigrane Details aus deinem Mixmaterial schneiden.

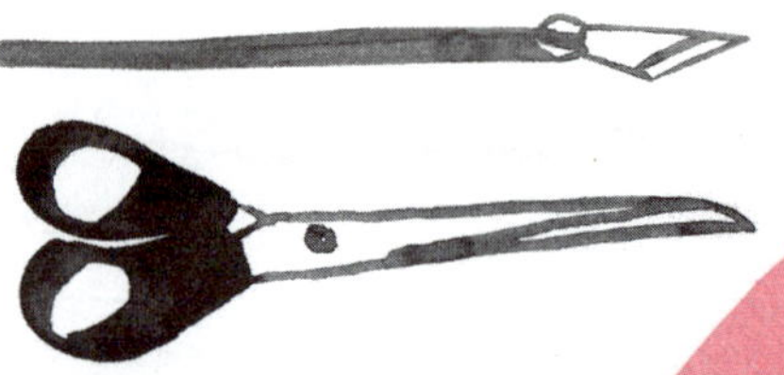

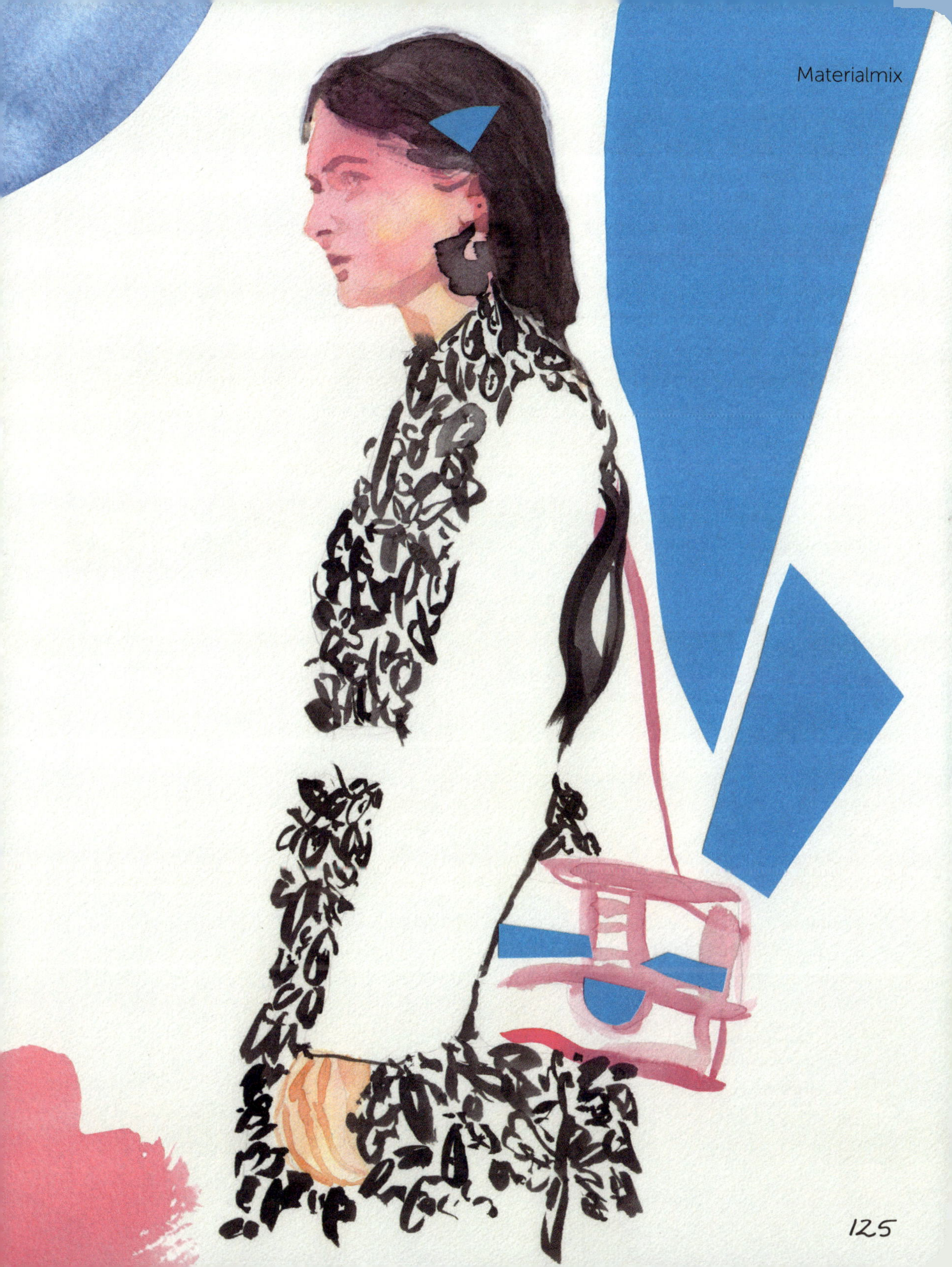

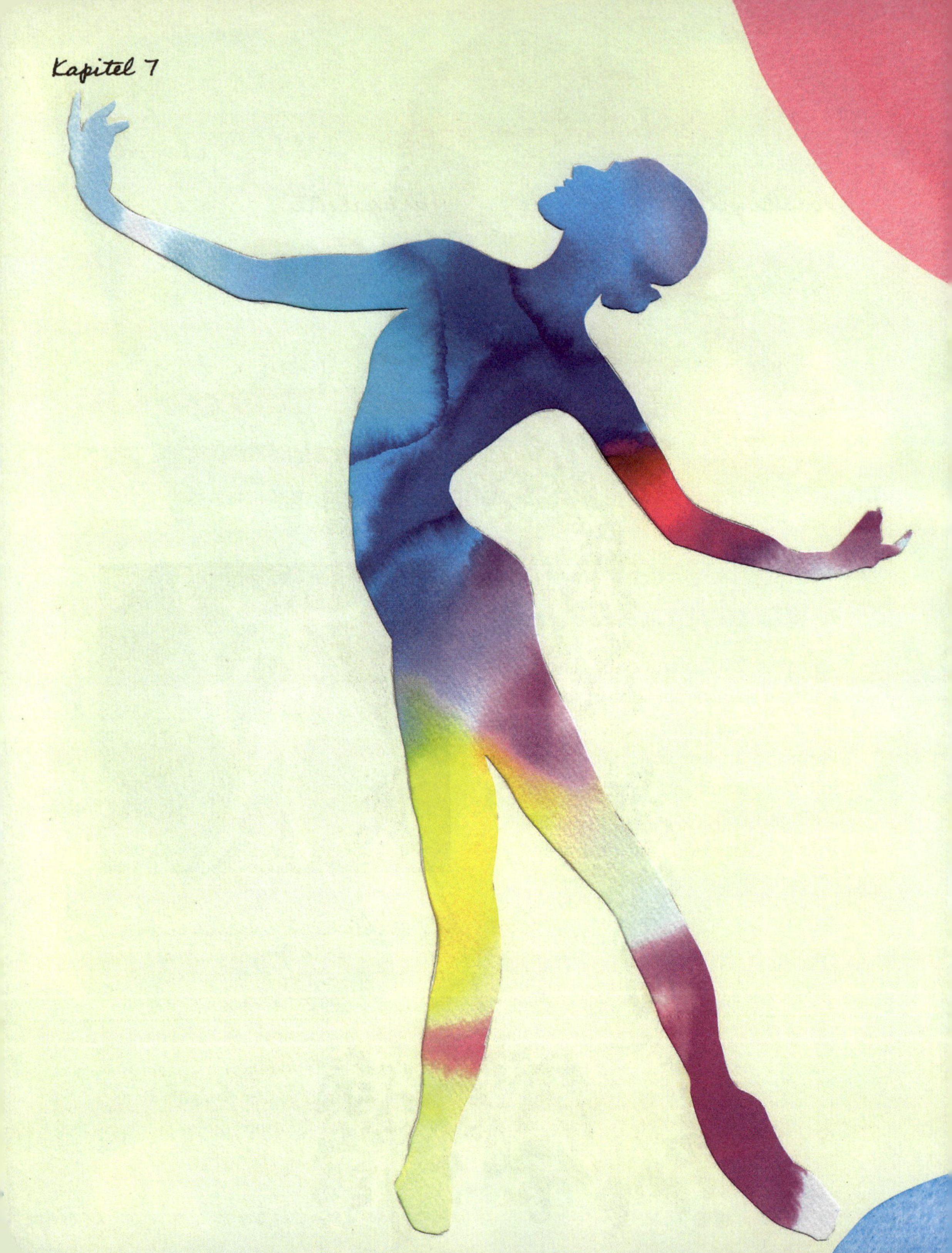
Kapitel 7

7.2 Watercolor und Pappe

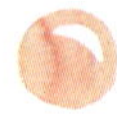

Vorskizze

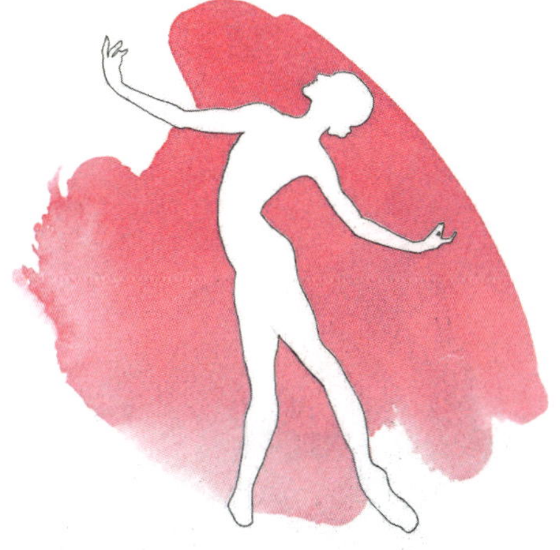

Farbpalette

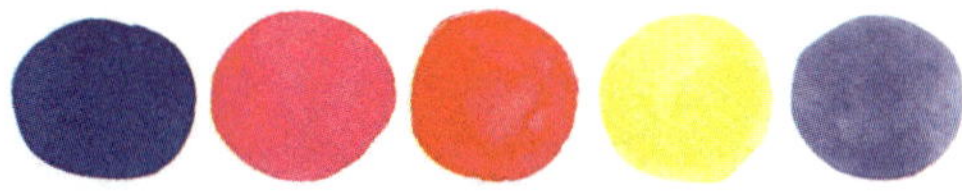

Pinsel

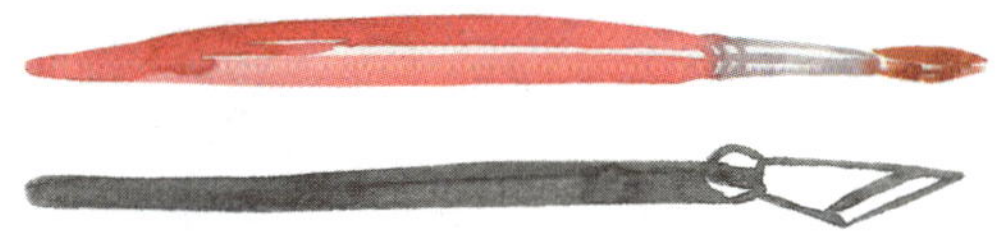

Rundpinsel: große Flächen Nr. 10-12,

Cutter oder ein Skalpell

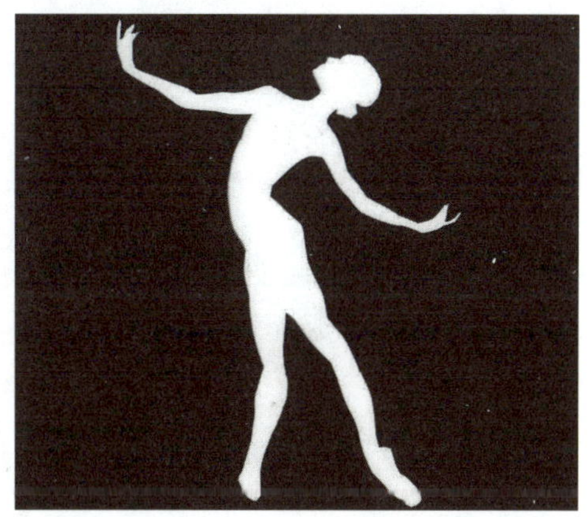

1. Hintergrund lavieren

Zuerst erstellst du für die Collage aus Pappe den farbigen Hintergrund. Hier malst du eine Lavur aus verschiedenen Farben. Male den Untergrund erst nur mit Wasser aus und laviere dann deine kräftigen Watercolorfarben in das Wasser. Lasse den Untergrund anschließend gut durchtrocknen.

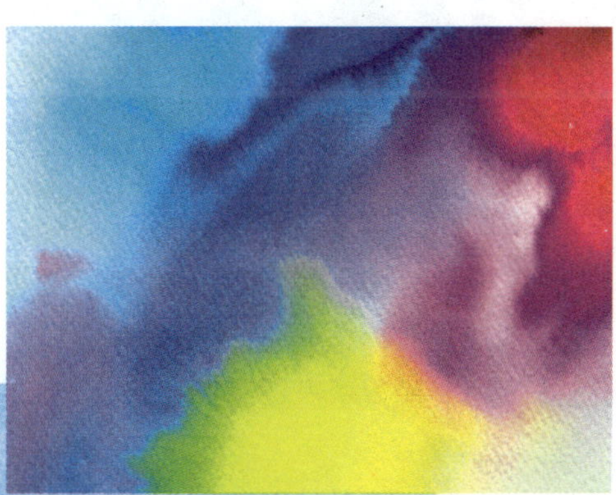

2. Silhouette schneiden

Im zweiten Schritt überträgst du die Silhouette der Ballerina auf deine Pappe. Schneide anschließend die Kontur der Figur mit einem Cutter oder Skalpell aus und positioniere die Pappe mit der ausgeschnittenen Figur einfach auf deinen lavierten Hintergrund.

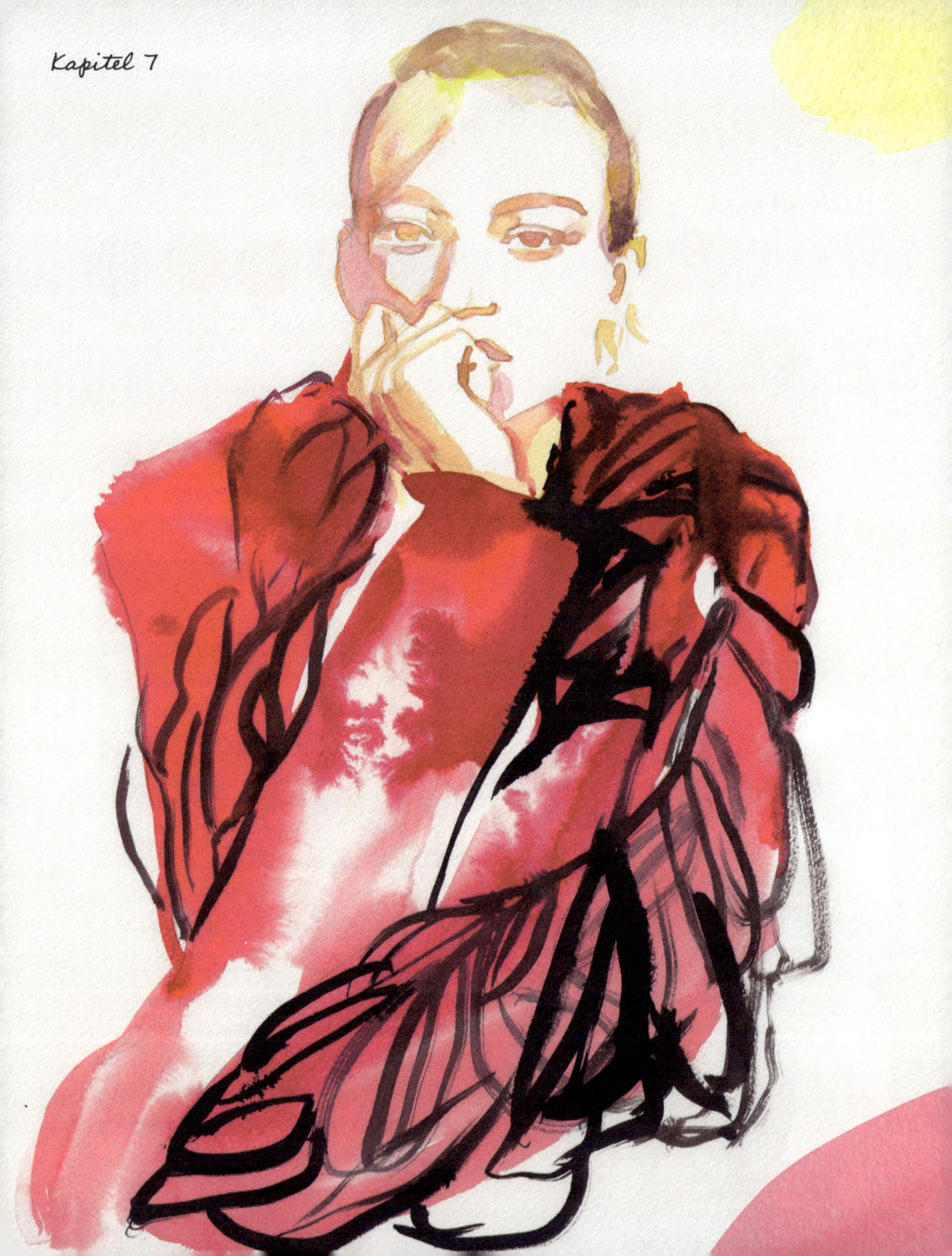
Kapitel 7

7.3 Watercolor und Tusche

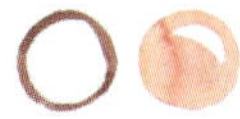

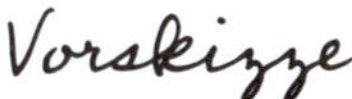

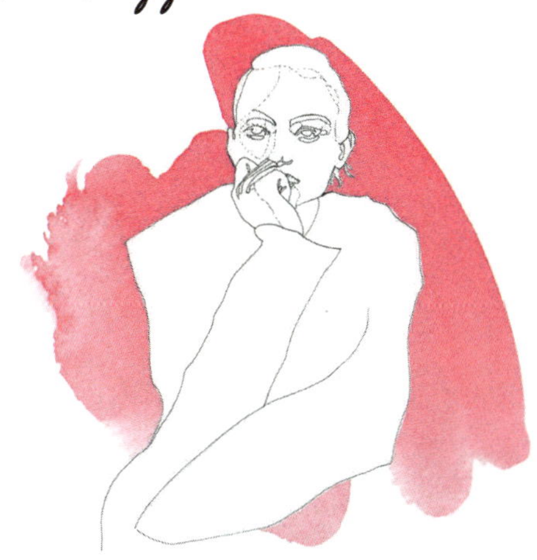

Farbpalette

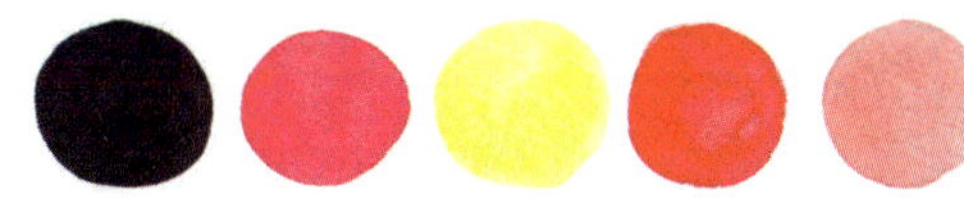

Pinsel

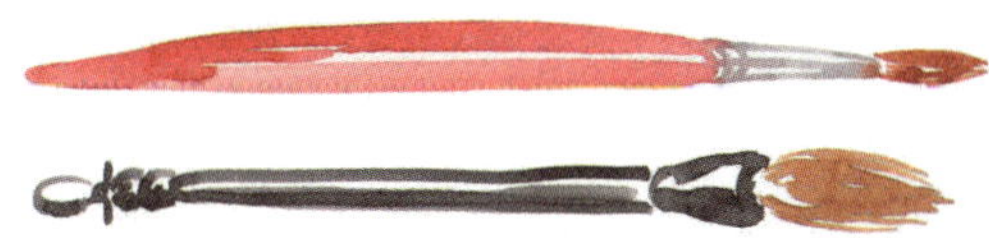

Rundpinsel: kleine Flächen Nr. 4-6

Chinesischer Pinsel: große Flächen Nr. 8-14

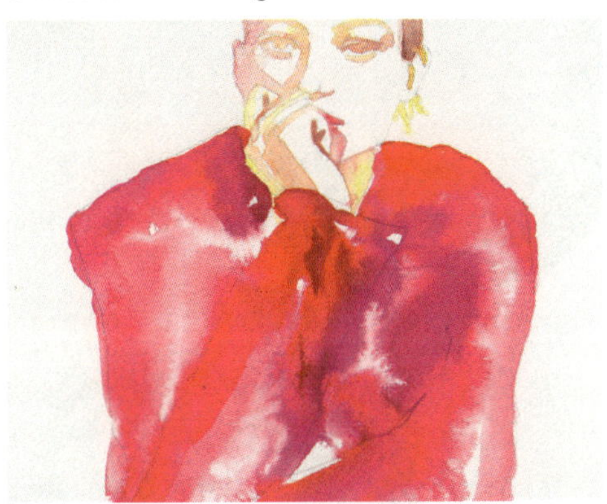

1. Gesicht lavieren

Erstelle im ersten Schritt des Porträts die Silhouette des Gesichts, wie im vorherigen Abschnitt erklärt. Arbeite dich von innen nach außen vor. Beginne mit den Augen und laviere deine Hauttöne ineinander. Laviere etwas gelb als Akzent und Lichtpunkte in die Flächen. Arbeite zügig und nur bei feuchtem Papier.

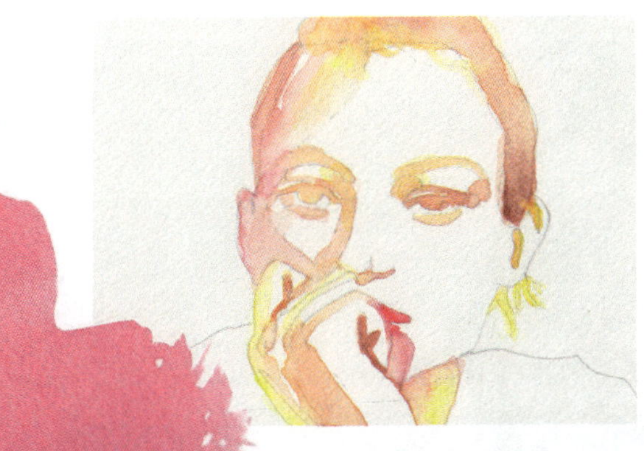

2. Bluse lavieren

Im zweiten Schritt laviere die Bluse großzügig mit pinker Tusche und mische etwas Rotanteil aus Watercolor hinzu. Wenn diese Schicht trocken ist, kannst du ein leichtes Muster mit schwarzer Tusche über die Lavur der Bluse malen. Arbeite hierbei mit einem dynamischen und schnellen Strich.

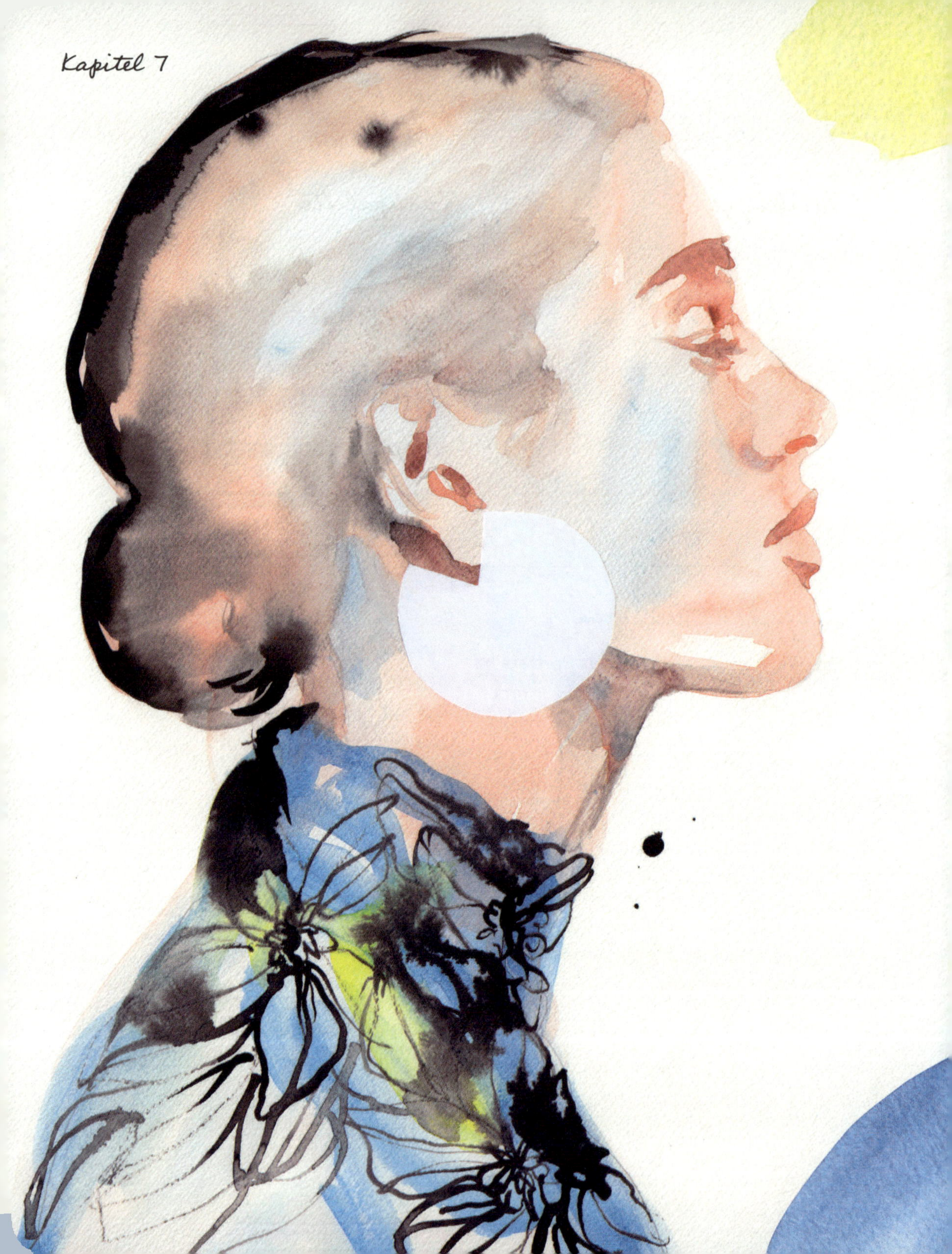
Kapitel 7

7.4 Watercolor, Tusche und Pappe

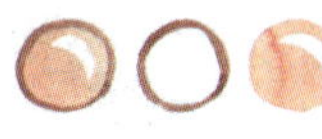

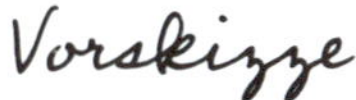

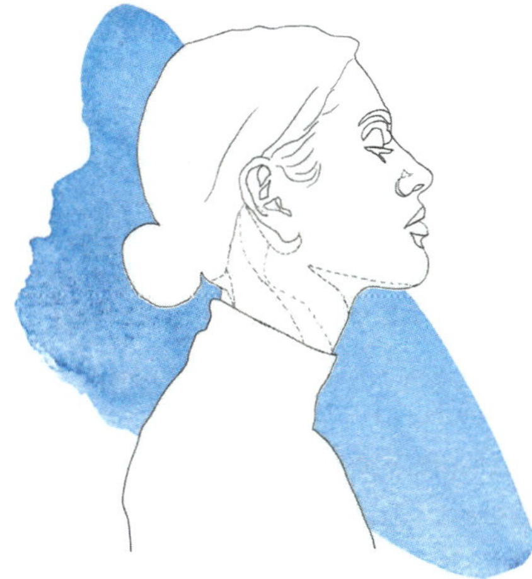

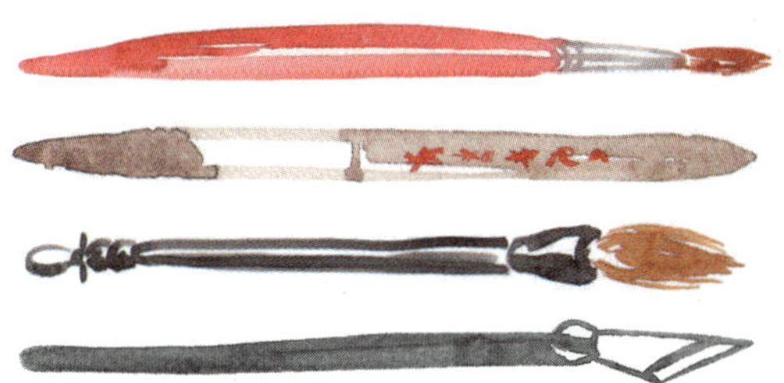

Rundpinsel: Flächen Nr. 8-14, Details Nr. 4-5

Rohrfeder: Muster der Blumen

Chinesischer Pinsel: große Flächen Nr. 10

Cutter oder Skalpell

1. Silhouette lavieren

Übertrage die Vorlage auf dein Papier. Befeuchte als nächstes das Innere der Profilfigur mit etwas Wasser und laviere dann deine vorher angemischten Hauttöne und die Farben Blau und Gelb ineinander. Male das Blau und Gelb hauptsächlich in das Oberteil der Frau und arbeite auch etwas von dem Blau in den Kopfbereich ein. Lasse hierbei entweder den Blau- oder den Gelbton dominieren.

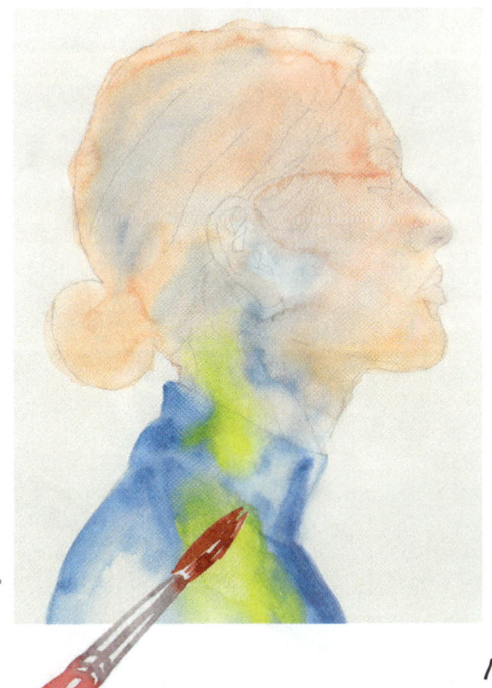

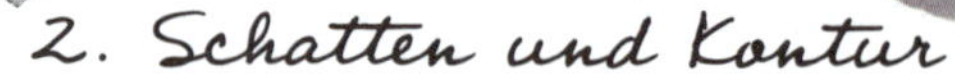

2. Schatten und Kontur

Sobald deine erste Schicht mit der Lavur getrocknet ist, setzt du wieder die Schatten und Konturen im Gesicht mit einem Braunton. Diese befinden sich bei dem Porträt an Augenbrauen, Augen, Nase, Mund, Ohren und Kinnbereich. Arbeite hier mit weniger Farbanteil und mehr Wasser im Pinsel. Zum Schluss verwendest du schwarze Tusche für die Schatten an den Haaren. Befeuchte das Haar und den Bereich im Dutt vorab und laviere dann die schwarze Tusche mit dem chinesischen Pinsel von außen nach innen zum Gesicht hin.

3. Details entstehen

Im Detail siehst du, wie sich die schwarze Tusche sanft in den Innenbereich des Kopfes laviert und die Augen und Gesichtspartien aus der ersten Schicht herausgearbeitet wurden.

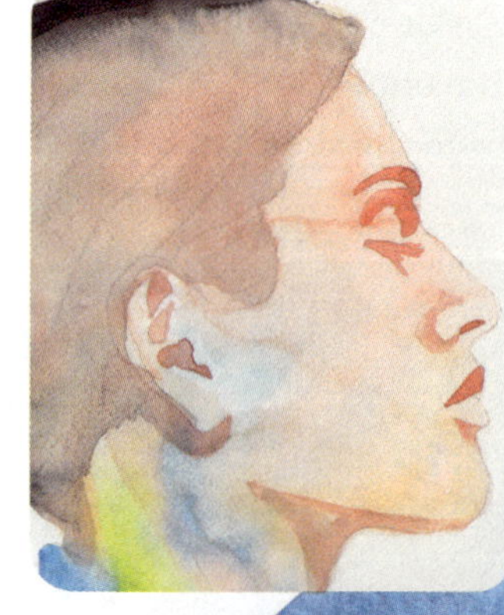

4. Blusenmuster malen

Nun fehlen dir noch die Details der Bluse. Male in einer neuen Farbschicht das Muster über deine erste Lavurschicht. Hierbei nimmst du die schwarze Tusche und eine Rohrfeder. Befeuchte die Rohrfeder und tauche sie in deine schwarze Tusche. Male dann ein Blumenmuster über den Oberteilbereich. Bei dem Arbeiten mit der Rohrfeder musst du öfter in das Wasser gehen, damit sich die Striche durchziehen lassen. Fülle den ganzen Oberteilbereich mit den Blumen aus. Sei hier auch recht frei beim Ziehen der Linien. Die Blumen müssen nicht anatomisch korrekt werden.

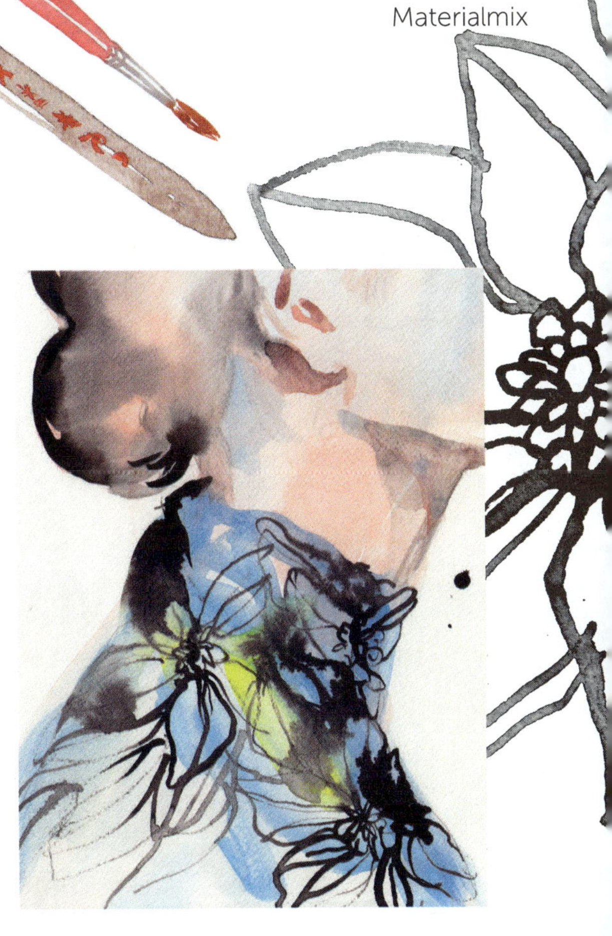

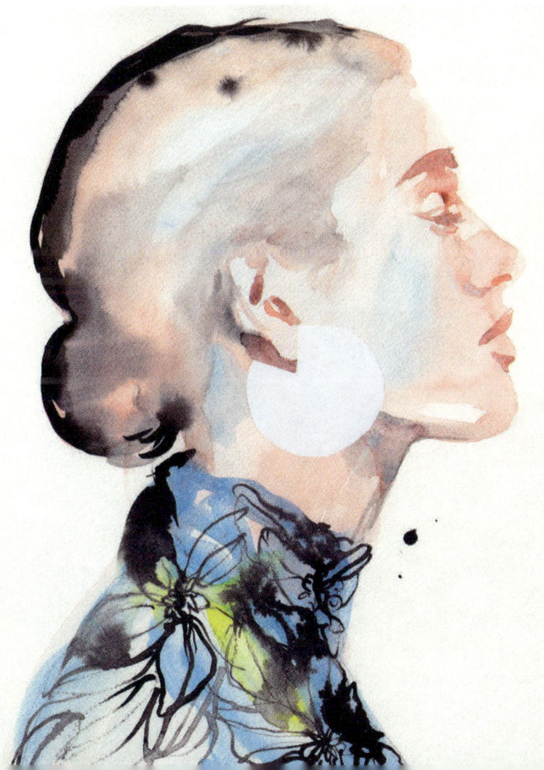

5. Papercut-Ohrring

Am Ende finalisierst du dein Profil-Porträt noch mit einem kleinen Papercut-Detail. Durch die weiße Pappe lässt du noch mehr Tiefe entstehen, da du auf das Motiv eine dritte Ebene setzt. Schneide dir hierfür eine runde Ohrringform aus Pappe oder Papier aus und trenne eine kleine dreieckige Form für das Ohr aus. Ordne den Papierohrring auf dein bereits getrocknetes Motiv an und klebe ihn fest.

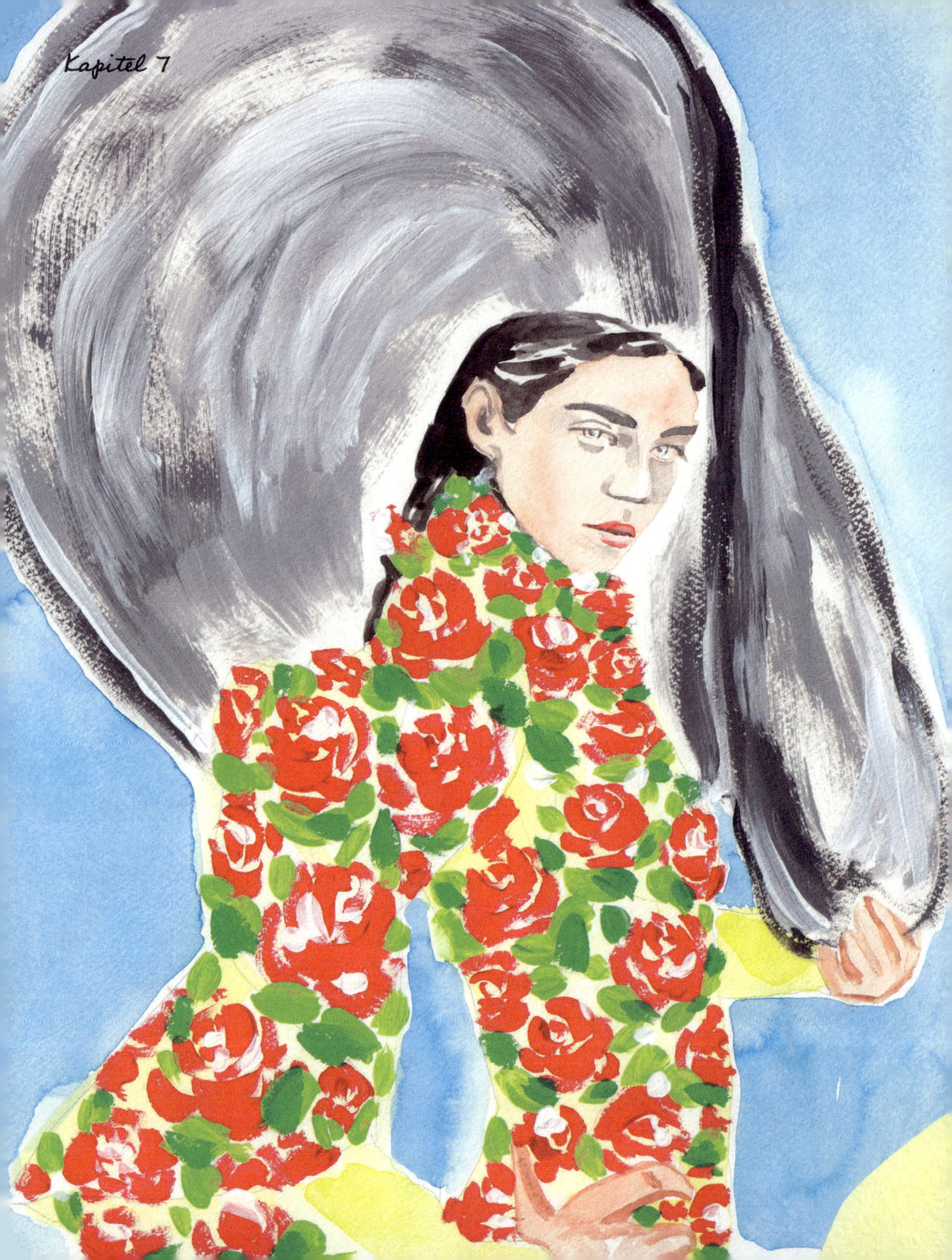
Kapitel 7

7.5 Watercolor und Acryl

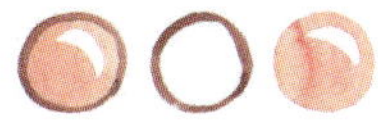

Vorskizze

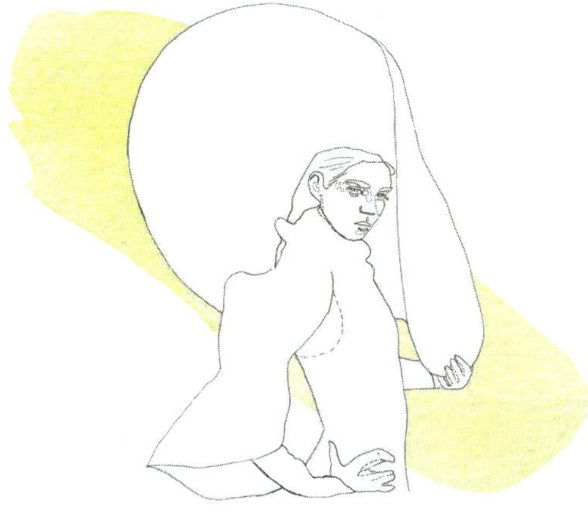

Farbpalette

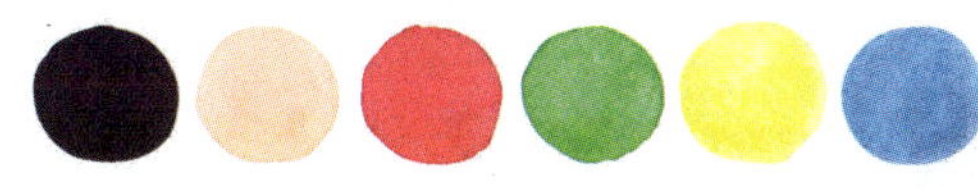

Pinsel

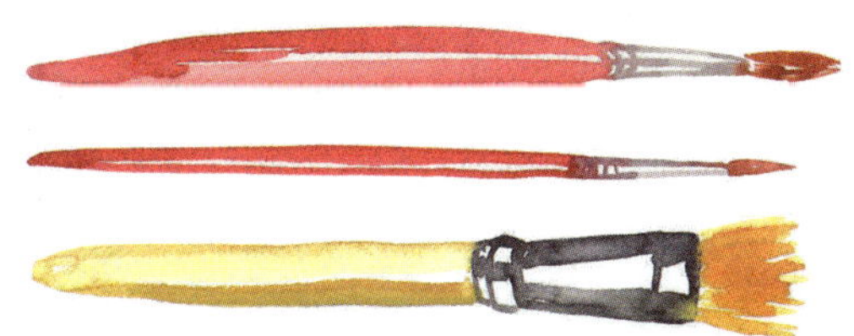

Rundpinsel: Flächen Nr. 8, Details Nr. 0-2

Borstenpinsel: Blumen und Hut Nr. 8

1. Vorskizzieren

Übertrage im ersten Schritt deine Vorskizze der posierenden Frau. Auch hier gilt wieder, wenn du schon sicherer im Malen von Menschen bist, versuche es ohne die Rastertechnik.

2. Haut lavieren

Nachdem du die Vorskizze auf dein Papier übertragen hast, lavierst du mit Watercolor die Haut der Frau. Verwende einen blass angemischten Hautton und male das Gesicht und die Hände damit flächig aus. Laviere leichte Verläufe in das Gesicht und die Hände.

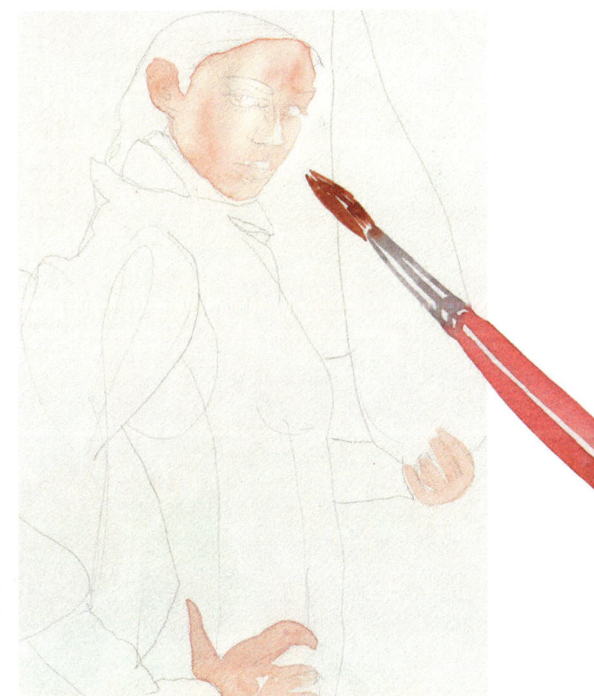

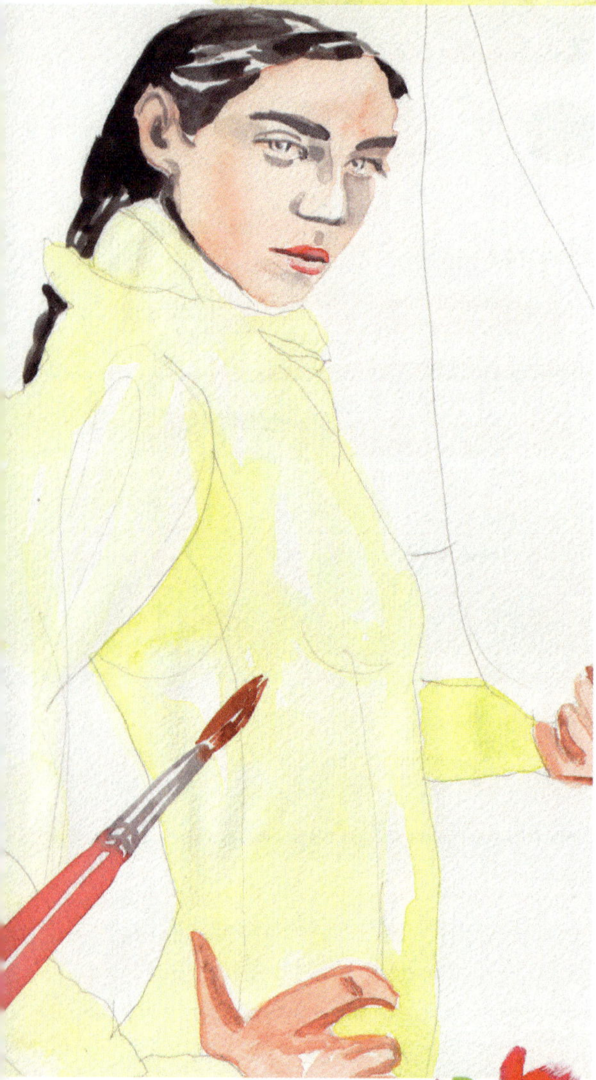

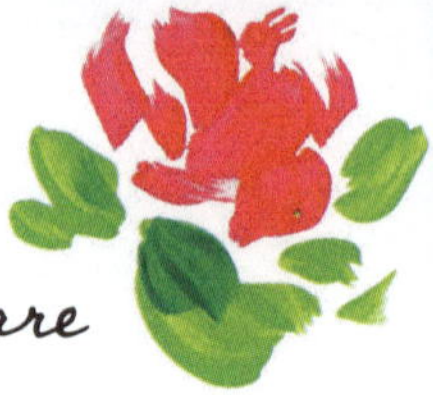

3. Schatten und Haare

Male, nachdem die Schicht gut getrocknet ist, die Schatten im Gesicht und an den Händen mit einem Schwarz- und Braunton. Füge als Nächstes die Konturen der Augenbraue, Augen und Nase mit einem verdünnten Schwarz hinzu. Die Lippen der Frau kannst du z.B. mit einem Karminrot füllen. Die Konturschatten an den Händen sind aus einem dunkleren Braunton. Fülle im gleichen Schritt auch schon das Kleid der Frau mit einem zarten Gelbton flächig aus. Lasse ein paar Weißräume am Bauch und den Schultern stehen. Male im nächsten Schritt die Haare der Frau mit einer flächigen Lasurschicht in Schwarz aus. Denke auch hier daran, Weißräume in den Haaren stehen zu lassen.

4. Acryl Blumenmuster

Nimm dir rote Acrylfarbe und fülle die gelbe Fläche des Kleides mit roten Rosen. Male diese mit abstrakten Tupfern großzügig aus.

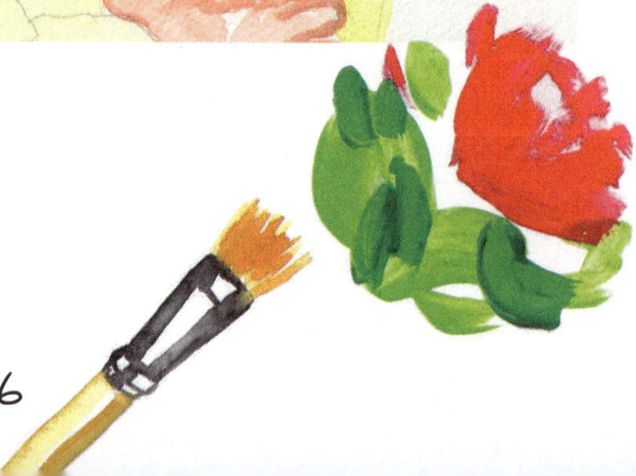

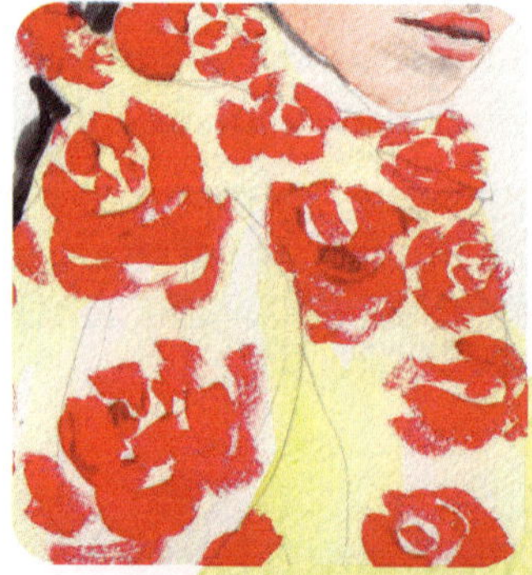

5. Muster finalisieren

Sobald die ersten Acrylrosen getrocknet sind, kannst du nun mit grünem Acryl die Blätter des Musters andeuten. Fülle hierfür die restliche Fläche des Kleides mit grünen Acylfarbtupfern. Nimm hier am besten einen Maigrünton und einen etwas dunkleren Grünton. Fülle die Fläche frei aus und achte nicht darauf, anatomisch korrekte Blumen zu malen, sondern lasse die Objekte durch die Farbe des Acryls entstehen. Zum Schluss kannst du mit weißen Acryltupfern zarte Lichter auf das Rot tupfen.

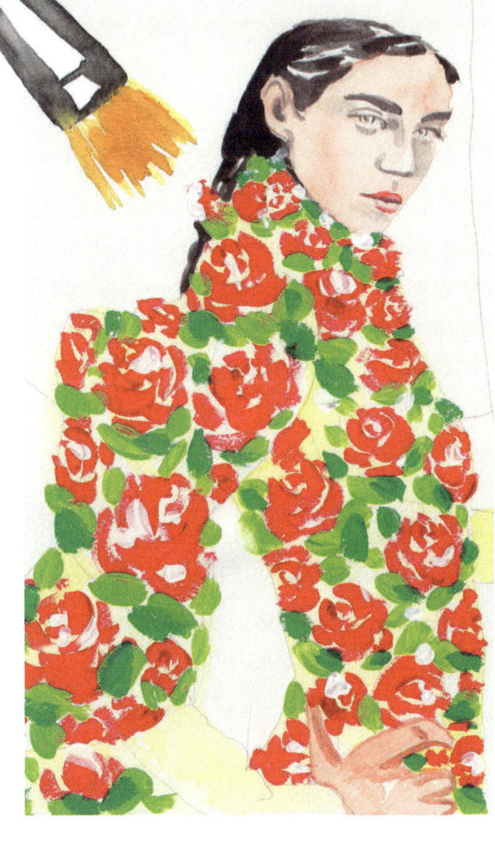

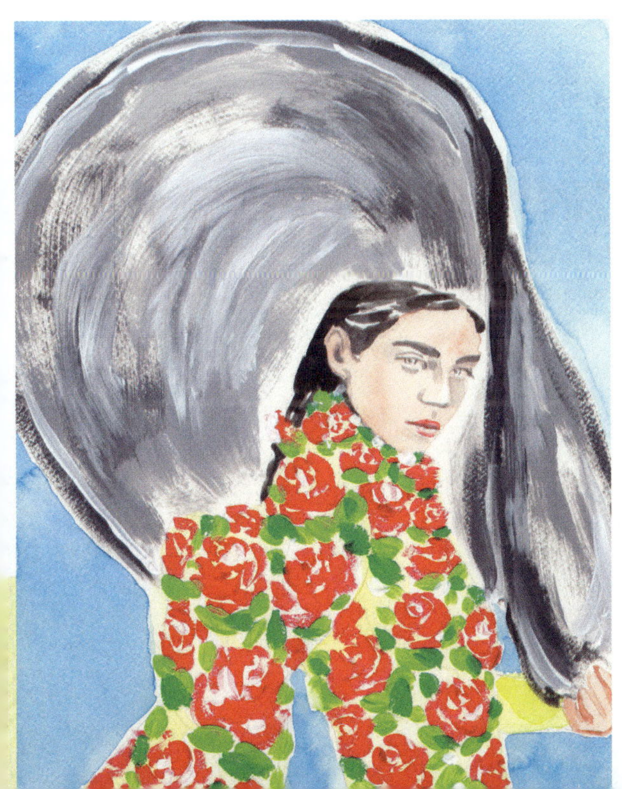

6. Hut und Himmel

Du finalisierst die Frau mit ihrem großen Hut, indem du dir ein helles Grau mit Acryl anmischst. Male den Hut mit einem recht trockenen Farbauftrag und deinem größten Borstenpinsel aus. Setze hier schwungvolle dynamische Acrylpinselstriche und gehe dabei mit der Form des Hutes. Fülle, wenn der Hut getrocknet ist, die restlichen Flächen mit blauem Watercolor aus und deute so einen Himmel an.

Vorskizzen

Vorlagen der Vorskizzen

Alle Vorlagen der Vorskizzen findest du kostenfrei auf meiner Internetseite www.psillustrationen.de. Diese kannst du auf DIN A4 oder DIN A3 ausdrucken. Für die Projekte eignen sich Aquarellpinsel von »Cosmotop Da Vinci« sowie ein Farbkasten von »Schmincke Horadam« mit 12 Näpfen. Die Vorlagen kannst du dir ganz einfach mit der Rastertechnik übertragen (siehe Erklärung auf den Seiten 66-67). Ich wünsche dir viel Spaß beim Malen und Ausprobieren deiner Projekte!

Zum Download:

Website:	**www.psillustrationen.de**
Shop:	**www.psillustrationen.com**
Instagram:	**@psillustrationen.de**

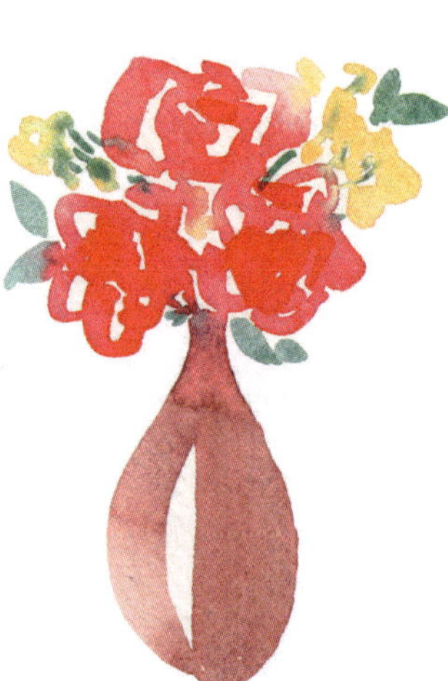

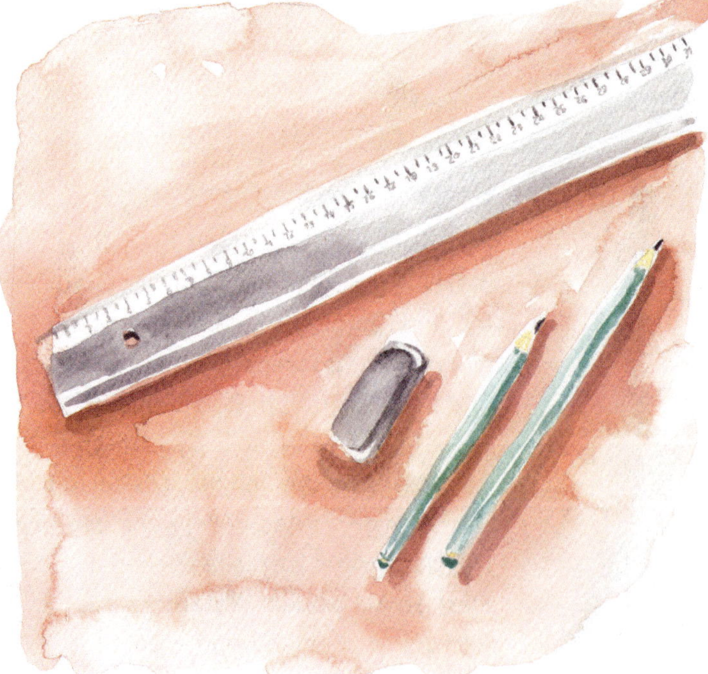

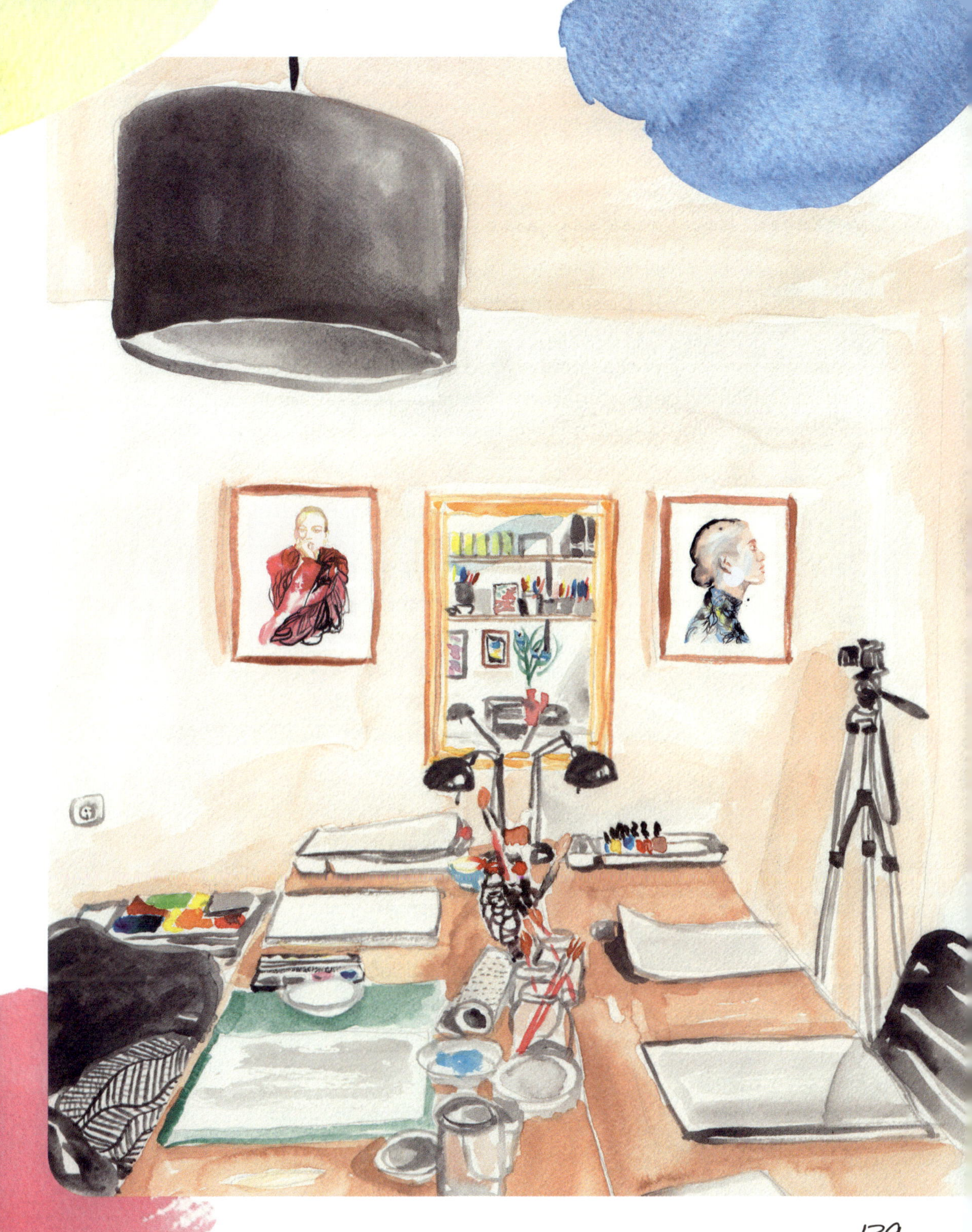

Index

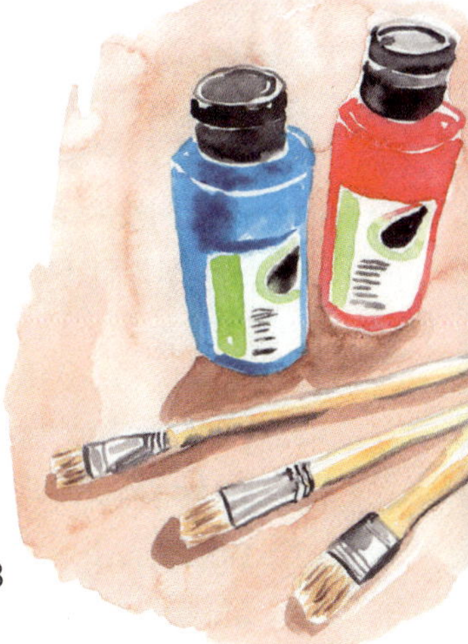

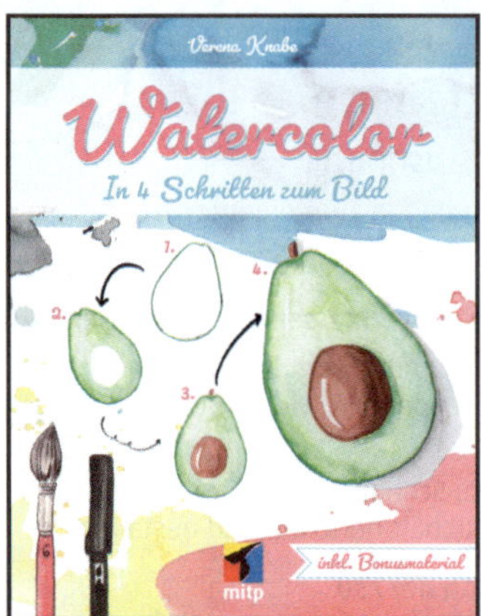

Verena Knabe

Watercolor

In 4 Schritten zum Bild

- Leicht verständliche Anleitungen für über 50 Aquarellbilder
- Besonders für Einsteiger geeignet: jedes Bild entsteht in vier einfachen Schritten
- Mit zahlreichen Motiven für Blumen und Blüten
- Zum Download: Skizzen zum Abpausen

978-3-95845-989-2 • www.mitp.de/989

Verena Knabe

Watercolor

Blüten, Blätter und Kompositionen

Über 60 Schritt-für-Schritt-Anleitungen mit Sketch-Varianten

- Leicht verständliche Schritt-für-Schritt-Anleitungen für über 60 Blüten, Blätter und Kompositionen
- Zu allen Watercolor-Bildern gibt es zusätzlich Anleitungen für eine Sketch-Variante aus einer Kombination aus Watercolor und Fineliner
- Zum Download: Skizzen und Handlettering-Vorlagen zum Abpausen

978-3-7475-0105-4 • www.mitp.de/0105

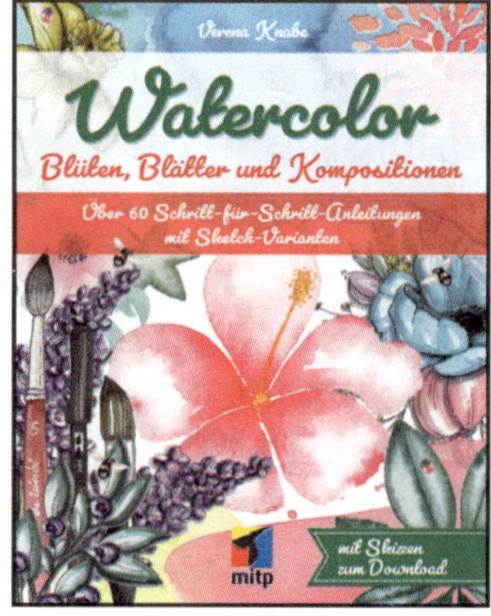

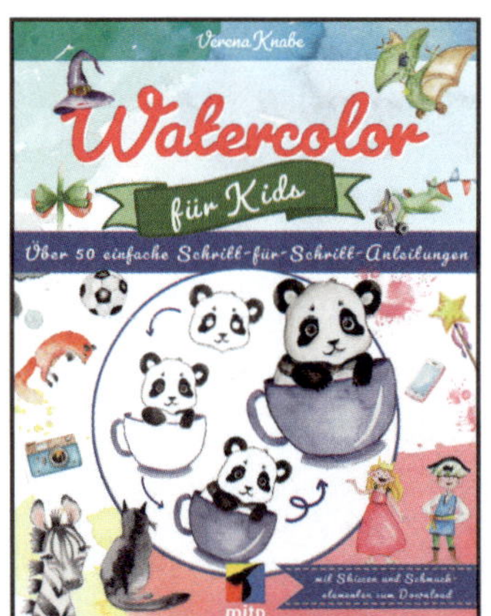

Verena Knabe

Watercolor

für Kids

Über 50 einfache Schritt-für-Schritt-Anleitungen

- Leicht verständliche Anleitungen für über 50 Aquarellbilder
- Alle Bilder in ganz einfachen Schritten kindgerecht zum Nachmalen gezeigt
- Die Motive sind für Mädchen und Jungen geeignet
- Zum Download: Skizzen zum Abpausen

978-3-7475-0143-6 • www.mitp.de/0143

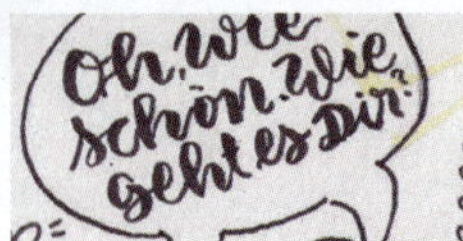

Very good feelings

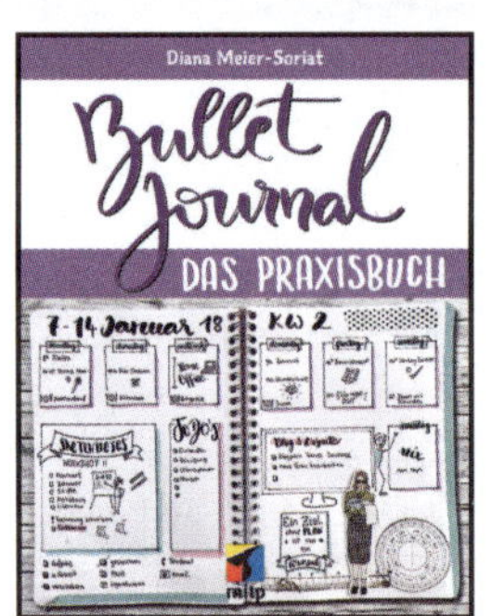

Diana Meier-Soriat

Bullet Journal

Das Praxisbuch

Gestalte dein Bullet Journal

- Materialkunde für Notizbücher und Stifte
- Gestaltung mit Schmuckelementen wie Icons, Banner und Rahmen
- Alphabete für den Einsatz von Schriften
- Deko mit Washi Tape, Stempeln und Co.

978-3-95845-706-5 • www.mitp.de/706

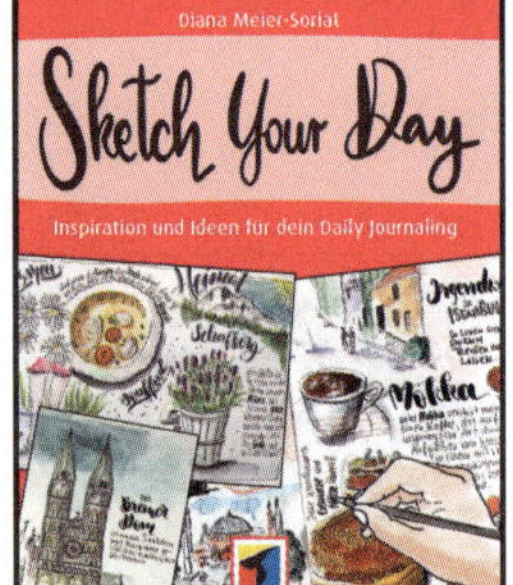

Diana Meier-Soriat

Sketch Your Day

Inspiration und Ideen für dein Daily Journaling

- Mit Daily Journaling dein Leben in Bildern und Texten festhalten
- Motivation und wertvolle Hinweise für den Start sowie praktische Material-Tipps
- Zahlreiche Beispiele und Ideen für Themen und Zeichnungen

978-3-95845-986-1 • www.mitp.de/986

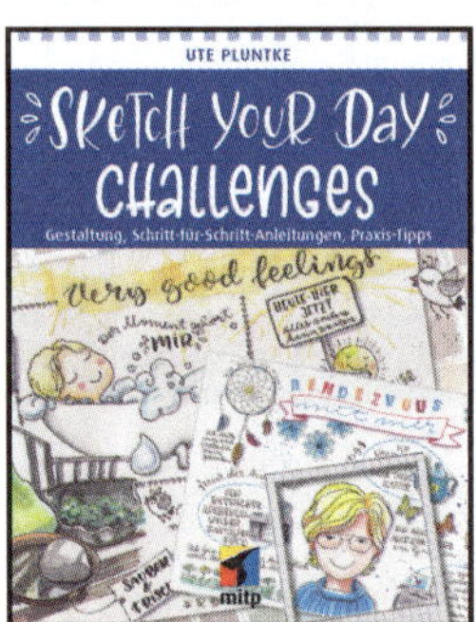

Ute Pluntke

Sketch Your Day Challenges

Gestaltung, Schritt-für-Schritt-Anleitungen, Praxis-Tipps

- Zeichenobjekte, Schrift, Gestaltungselemente, Layout und Komposition
- Konkrete Umsetzung zahlreicher Challenges mit Schritt-für-Schritt-Anleitungen
- Jede Beispiel-Challenge mit unterschiedlichem Gestaltungsfokus und zahlreichen Anregungen für eigene Inhalte

978-3-7475-0188-7 • www.mitp.de/0188

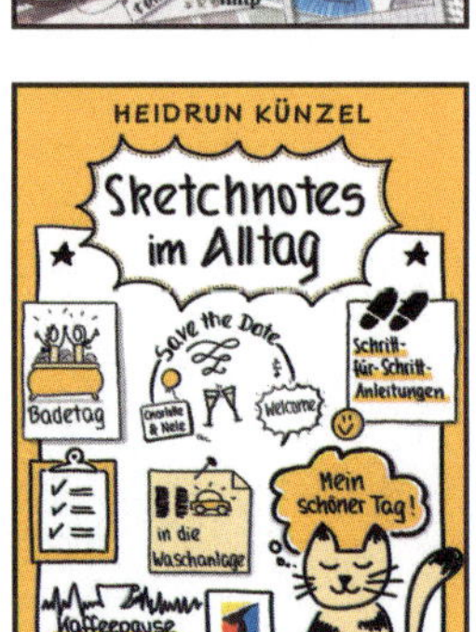

Heidrun Künzel

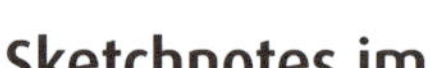

Sketchnotes im Alltag

- Schritt für Schritt Sketchnotes einsetzen und ganz einfach in den Alltag integrieren
- To-do- und Have-fun-Listen, Checklisten, Pläne für Urlaub, Garten und Co.
- Rezepte, persönliche Grüße und Gutscheine, Einladungen und Menükarten sowie Statistiken und Tracker

978-3-95845-748-5 • www.mitp.de/748

Probekapitel und Infos erhalten Sie unter: **www.mitp.de**